AF361971

ATRAPA EL CIELO
CON
ENFOQUE TRIDIMENSIONAL

Guildo Chang G.

EDIQUID

ATRAPA EL CIELO
CON ENFOQUE TRIDIMENSIONAL
© Guildo Chang G.
Editado por: Corporación Ígneo S.A.C
para su sello editorial Ediquid
Av. Arequipa 185 1380,
Urb. Santa Beatriz. Lima - Perú
Primera edición, marzo 2021

ISBN: 978-612-48483-2-2
Impresión bajo demanda
Hecho el Depósito Legal en la Biblioteca Nacional del Perú N° 2021-02383
Se terminó de imprimir en marzo del 2021 en:
ALEPH IMPRESIONES SRL
Jr. Risso Nro. 580
Lince - Lima

www.grupoigneo.com
Correo electrónico: contacto@grupoigneo.com
Facebook: Grupo Ígneo | Twitter: @editorialigneo | Instagram: @grupoigneo

Diseño de portada: Ímpetu Creativo
Corrección: Alejandra Araujo
Diagramación: Dianora Gómez Nessi

Colección: Integrales

Índice

Introducción

Importante antes de leer

Un hecho, un acontecimiento, una circunstancia, algo que ocurre se puede analizar desde tres perspectivas: desde el mundo natural, desde la dimensión espiritual o desde el interior del hombre.

Usted puede ser espectador de un accidente, asistir a una linda fiesta, o ser oyente de una canción o conferencia. ¿En qué va pensar? ¿adónde lo llevan sus pensamientos? Su punto de vista puede diferir del de otra persona por un mismo hecho. ¿Por qué resulta esto? ¡Simplemente por el enfoque!

Cuando un presidente de los Estados Unidos de América habla de construir un muro entre la frontera de su país con la Republica Mexicana, la connotación del pueblo mexicano era distinta a la óptica del presidente estadounidense. ¡El enfoque del muro era diferente! Cuando el Señor Jesucristo dialogaba con Nicodemo sobre el "nacer de nuevo" ambos tenían diferente perspectivas. Nicodemo hablaba del mundo natural, mientras que Jesús lo hacía en lenguaje espiritual. ¡ERAN ENFOQUES DIFERENTES!

En el mundo en que vivimos pregona la conectividad. La ciencia de las comunicaciones preconiza las bondades de estar conectados. Pero la falla estriba en que no todos hablamos el mismo leguaje. He aquí el *BIG* problema de los seres humanos.

Estas páginas se escriben para que nos percatemos del porqué en el mundo haya tantas dificultades: a nivel mundial, regional, sectorial y nacional. Es más: la política está dividida, también la religión. Aun, las familias se desunen por los diferentes puntos de vista, ¡los mismos matrimonios entran en conflicto por «incompatibilidad»! Esta palabrita, muy usada en el campo legal, no es otra cosa que enfoque antagónico.

En medio de esta «Torre de Babel» que desinforma, lo aconsejable es la **reforma**. Tal vez una nueva forma de diálogo que informe de qué estamos hablando. Y aquí surge una nueva palabra: «conformar», que es equivalente a «concordar». Es decir, que las opiniones sean conciliadas. *Enfoque Tridimensional*, programa televisivo, transmitido internacionalmente en una época por la Cadena Televisiva ENLACE, y en otra época por Family Christian Network desde Costa Rica para varios países, abordó interesantes temáticas sobre la vida, ciencia, arte, presente y futuro.

También abordó otros tópicos, como la falta de dominio propio, el autocontrol, el orgullo, los celos enfermizos, la envidia, los complejos que te limitan, la ausencia de autoestima, los traumas, la soberbia y la egolatría, fueron muy debatidos por los panelistas del programa televisivo *Enfoque Tridimensional*.

Temas candentes, como homosexualismo, lesbianismo, prostitución, drogadicción, adulterio o fornicación, también fueron abordados tridimensionalmente. Es decir, desde tres perspectivas: desde el mundo natural, desde el mundo espiritual y desde el interior del hombre.

En Perú, *Enfoque Trimensional* se transmite por emisoras cristianas, como Radio del Pacífico 640 AM, Radio La Familia y Radio Latina, y por las redes del mundo virtual de la cibernética.

Un último razonamiento: ¿qué puede esperar de *Enfoque Tridimensional* en el terreno poco visitado, el espiritual? MUCHO. Diría, en grado superlativo: MUCHÍSIMO.

El creador del Universo es Dios. Su nombre es JEHOVÁ o YAHWE.

Abordemos tridimensionalmente el mundo de Dios, ¡Él quiere que lo hagas! Hay abundantes pruebas de esto último. Existen códigos secretos, no revelados para el común denominador, pero descubiertos por el Espíritu Santo para los que transitan en el mundo espiritual sin dejar el cuerpo y el alma. Sí, sí: ¡se puede vivir en las tres dimensiones! El Señor Jesús lo hizo.

Descorre las páginas de la biblia y comprobaremos que la Palabra de Dios es veraz. No lo hagas con el intelecto, el razonamiento humano o la filosofía popular; tendrás que hacerlo desde la dimensión espiritual, para lo cual se requiere del Espíritu Santo.

En el mundo natural se pone de relieve que para solucionar conflictos se recomienda sentarse a una mesa y dialogar. ¡Esto es defendido por muchos! Pero la realidad, en la historia, muestra que el diálogo no ha solucionado casi nada. Desde los orígenes, el medioevo, la etapa moderna, contemporánea y era electrónica, los problemas del mundo siguen latentes.

En la época de los señores feudales había conflictos. En el tiempo de los reyes, como Luis XIV y Luis XV, y en general durante las monarquías, también existieron diálogos, pero allí estaban los conflictos y las guerras. Los reyes de la vieja Europa transitaban desunidos. Sigos antes, Salomón, David, Azarías, Manases y otros reyes de Israel tuvieron sangrientas guerras y batallas contra reyes de las naciones vecinas.

Los diálogos no han solucionado mucho, pese a los esfuerzos de la diplomacia de cada época. Y la historia de la humanidad nos advierte que los diálogos entusiastas fracasaban en muchos casos. Y ¿por qué fracasaban? Por los diferentes enfoques de cada parte, donde se mezclaba, negativamente, el mundo material con el mundo de los valores y la ética, a los cuales se suma el interior de los protagonistas y actores de la historia, con sus egoísmos, pasiones ocultas, celos y mezquindades.

Todo esto camuflado en una carita risueña. Desde luego que no se trata de desdeñar los diálogos, que a la postre son necesarios. Pero los diálogos con enfoques fijos e inamovibles no ayudan.

Los diálogos conversatorios, fórums, convenciones, seminarios, parlamentos, discusiones y contenciones tendrán mejores opciones de soluciones duraderas si se toman en cuenta los enfoques multidimensionales. De lo contrario, serían caprichos para salirse con la suya o estrategias diseñadas para destruir todo argumento en contra.

Este libro pretende que establezcamos una metodología tridimensional cuando hablamos, opinamos, dialogamos o nos enteramos de hechos y acontecimientos que puedan ocurrir en tu país, centro de trabajo, casa o en cualquier lugar.

El «cómo» lo enfoques será vital para tu opinión definitiva. De ello dependerá tu accionar posterior. Sugiero leer este libro con espíritu abierto, sin dogmatismo preestablecido. Recordemos lo siguiente:

El hombre que sabe y sabe que no sabe está dormido, despiértalo.
El hombre que no sabe y sabe que sabe, es un necio, apártate.
El hombre que sabe y sabe que sabe es sabio, síguelo.

Prólogo

¿Adónde vamos?

Con toda amabilidad y respeto, ¿puedo formularle una pregunta? ¿Qué edad tiene usted? ¿Qué planes tiene para el resto de su vida? Y su querida familia, ¿cómo está? El hombre está viviendo en esta tierra desde hace seis mil años, aproximadamente. Desde que el primer ser humano, Adán vino a la vida, y hasta el presente han transcurrido muchísimas generaciones.

Salomón, un hombre considerado sabio, que existió unos 930 años antes que Cristo, es decir, hace casi tres mil años, escribió que «una generación va y otra generación viene, mas la tierra permanece para siempre».

En la inmensidad del infinito, el hombre como ser individual es un suspiro, comparable a la hierba que crece en la mañana, en la tarde es cortada y se seca. La eternidad y la fragilidad humana no han sido resueltas por la ingeniosidad del sabio, ni por los descubrimientos científicos. Allí están los siglos, transcurriendo, y poco se ha hecho en la busca del elixir de la vida o la piedra filosofal. Los opus mágnum del hombre no han obtenido resultados alentadores.

Los hombres de la antigüedad vivían más tiempo. Noé vivió novecientos cincuenta años; Matusalén, novecientos sesenta y nueve años; Enoc, trescientos sesenta y cinco años, y Abraham, ciento setenta y cinco años. Al final, todos fueron a una tumba, al sepulcro. ¿Eso es todo?

En nuestro programa televisivo, *Enfoque Tridimensional*, que transmitimos desde Costa Rica por la red de canales cristianos a más de doce países a través del satélite, decíamos, en la introducción de cada programa, que los panelistas invitados tenían que analizar un «fenómeno», un hecho o una circunstancia desde tres perspectivas. Primero, desde el mundo natural donde vivimos y vemos; segundo, desde el mundo espiritual, que nos rodea pero no vemos, y tercero, desde el interior del hombre, sus vivencias, conocimientos, sentimientos y pasiones. De allí el nombre del programa, «Tridimensional». Años después incursionamos en la radio, y, eventualmente, en las redes del internet.

¿Qué es lo que nos proponíamos? En lo posible, responder a las tradicionales cuatro preguntas, ¿QUÉ?, ¿CÓMO?, ¿POR QUÉ?, y ¿PARA QUÉ? Pueden existir otras preguntas, pero estas cuatro sintetizan, de alguna manera, las inquietudes de investigadores y curiosos.

Estas páginas no son producto de una construcción literaria, ni muestra de un estilo alambicado, o la exhibición de frases y oraciones bien compuestas. NO. Sería una pretensión querer parangonearse con renombrados escritores. Simplemente son ideas volcadas con la meta prevalente de motivar a que, ante un hecho cualquiera, las investigaciones y análisis se realicen desde varias perspectivas. Así, el panorama será más amplio y las conclusiones tendrán mayor validez.

Mi idea central, como autor, y la de las personas que me ayudaron a editar este libro, entre las que está mi esposa, Marietta Carrillo —que me animó a escribirlo— es **ZARANDEAR** los viejos métodos de examinar lo que acontece en nuestro entorno social. Casi siempre, se averiguan los hechos «químicamente puros» y se dejan de lado los aspectos espirituales.

Los años de vida de una persona transcurren fugazmente. Tan pronto el niño crece, viene la juventud pletórica de vivencias y alegrías, y, de repente, aparece la madurez, que empuja a transitar por sendas azarosas para sobrevivir, problemas económicos, enfermedades, familiares, interrelaciones y pleitos. Y en ese agitar llega la vejez. Así, muchas metas no se cumplieron, planes que quedaron en el papel y sueños se mantuvieron siendo sueños. Lo inexorable llega con la muerte y en el balance aparece lo intrascendente y efímero que es la vida. El punto de vista espiritual fue pateado fuera del arco, y, por más que el futbolista sea una estrella del mundo, el balón no entró y no hubo el gol que los espíritus ansiosos reclamaban y otros gritaban. De esta forma terminó el partido.

Los siglos XX y XXI han cambiado al mundo y al hombre, o a la inversa. Las diversas revoluciones de la historia, la industrial, la cultural, la tecnológica, la económica y la científica, vienen modificando costumbres, tradiciones y prioridades de manera atrevida. ¡El mismo sentido de la vida viene experimentando inusitadas mutaciones! ¡NO BASTA DECIR VAMOS!, es necesario conocer adónde vamos, pero también de dónde venimos y quiénes nos llevan. ¿Conocemos a nuestros conductores?

La confusión se ha incrementado y la brújula parece malograda. Es verdad que novísimos sistemas e innovaciones han cambiado conceptos y percepciones. La vida digital ha modificado horarios y estilos, con exuberante y frondosa creatividad. La comida rápida es otra novedad. ¿Es posible interpretar el sentido de la nueva época, cuando ya no tenemos el viejo revólver, sino un terrible misil, súper arma que viaja más rápido que la velocidad del sonido?

Millones de personas en todas partes están alterando sus formas de vida. Usan novísimas invenciones, comen lo que la publicidad recomienda, se distraen y viajan adonde el sistema los manipula. Se casan según los dictados de las redes, televisión y propaganda subliminal. Se divorcian y vuelven a casarse para estar a la moda. Insertan sus llamadas «proezas sexuales» en WhatsApp o Facebook, o las envían cual «mensajes», con filmaciones, como derechos de libertad de prensa y comunicaciones.

Como secuela de una vida vertiginosa, muchas personas viven un espacio—tiempo superlativo. Hay millones con espacio—tiempo de carencia, pobreza y hambre. Otros aceptan la mediocridad, pero a regañadientes.

La pandemia del coronavirus o COVID—19, acaecida en el año 2020, puso al descubierto la fragilidad del ser humano ante imponderables. Esta vez fue un virus desconocido, la plaga y la mortandad que citan antiguos escritores de la biblia, como Sofonías, Zacarías y Moisés. Ellos anunciaron las plagas y la mortandad tras ellas. Pregonaron el arrepentimiento y dejar la rebeldía. El mortal virus azotó a casi todos los países del planeta. Comenzó en Wuhan, China, y luego se extendió por Europa, Asia, África, Oceanía y América. El número de muertos crecía cada día. Italia, España, Francia, Alemania y Reino Unido tuvieron el mayor número de infectados y muertos. En América, Estados Unidos del Norte, Brasil y Perú fueron muy afectados. A nivel mundial, se calculó que los muertos fueron cerca de tres millones en los primeros doce meses, siendo EUA de América el país con más fallecidos en el mundo. Y, los infectados o contagiados, bordeaban los ciento cincuenta millones a nivel global.

El contagioso virus se transmitió de persona a persona. Las autoridades de salud expidieron medidas restrictivas, siendo obligatorio el uso de mascarillas en todo el orbe. Los gobiernos ordenaron «estados de emergencia», por varios meses y las cuarentenas se prorrogaban cada quince días, y a veces cada treinta días en diferentes países. Fue una dolorosa experiencia que cambió usos y costumbres.

Expresiones, acciones y métodos materialistas pulularon con fuerza a comienzos del siglo XXI. A los cuatro vientos se proclamaron las nuevas tendencias. Los *slogan* y eslóganes se alinearon siguiendo este orden: globalización, internetización, comunicaciones, inversiones, redes informáticas, transportación, economización, consumismo, mercadeo, integración, politización, democracias, religiosidad, dictaduras…

Estos son los actores principales en el drama humano, que muchos aprecian como comedia y otros conciben como tragedia. Hay quienes aseguran que es el primer acto de la catástrofe. La salvedad es que el guionista podría decidir un final diferente. No comedia, ni tragedia.

Otros actores que vienen aumentando apreciablemente sus influencias son las mujeres, especialmente en las cuatro últimas décadas. El rol femenino comenzó a adquirir preponderancia a fines del siglo XX. La ascendencia del sexo bello ha sido piedra angular en Europa y América. Cargos de primeras ministras, presidencia de países, miembros de parlamentos y concejos de alto nivel han sido ocupados por mujeres. Alemania, Reino Unido y Francia son algunos de dichos países. En América del Sur, mujeres han sido presidentas de repúblicas como Chile y Argentina. En Perú, mujeres han sido presidentas del Congreso Nacional, y, en el Poder Ejecutivo, ministras y secretarías, ocupadas paritariamente por hombres y mujeres. Igual en los cargos para alcaldes y gobernadores.

Existen otros actores que se encuentran agazapados en las penumbras, pero direccionan políticas, costumbres y consumismos. El filósofo y metafísico Heidegger denomina a estos personajes como seres o entidades que de alguna manera coexisten. A veces para hacer el bien, otras para causar daños e intrigas.

Entre estos actores están las mentes, los espíritus, los pensamientos y las mentiras. También, las verdades a medias, las pasividades, los emocionalismos, los sentimentalismos, los sueños, las voluntades, los olvidos, los insomnios, las flojeras, los amores, los odios, las concuspiscencias, las obsesiones, las generosidades, las maledicencias, los controles mentales, los sometimientos, las inactividades, las dudas, las obstinaciones…

Como podemos apreciar, el mundo que nos rodea puede ser simple, complicado o controversial, según el enfoque o quien lo enfoque.

Como autor, soy respetuoso de los diferentes puntos de vista. Ramón de Campoamor, en su famoso poema, dice:

«Y EN ESTE MUNDO TRAIDOR,
NO HAY VERDAD NI MENTIRA,
TODO ES SEGÚN EL COLOR
DEL CRISTAL CON QUE SE MIRA».

Y Baltasar Gracián, escritor español del año 1653, escribía la novela *El criticón*, sobre el mundo y la vida humana. Es una visión ambivalente. En su historia, los personajes buscan alcanzar la felicidad en la Isla de la Inmortalidad. La novela es una ficción alegórica. La pregunta es ¿cuánto de verdad tiene un pensamiento?.

Isaías el profeta dijo a Dios: «TU GUARDARÁS EN COMPLETA PAZ A AQUEL CUYO PENSAMIENTO EN TI PERSEVERA». Isaías 26: 3

Campoamor, Gracián e Isaías, cada uno tiene sus seguidores. Sus pensamientos son distintos. La diferencia es que Isaías admite que la paz completa se obtiene cuando el pensamiento va dirigido a Dios.

Los puntos de vista diferenciados son resultado de las capacidades de las personas en construir las ideas y opiniones que sus pensamientos van elucubrando. Reflexionemos. El ser humano no solo es cuerpo, aun cuando es lo que vemos, sea hombre o mujer; también es alma y espíritu. Bienvenidos a la magnitud de lo incognoscible para los ojos naturales. Descubramos con ojos espirituales la otra dimensión, que está el otro lado de nosotros mismos. Hay algo reservado para cada ser humano que él mismo debe descubrir. Isaías ofrece la llave, él ha dicho «tu pensamiento debe dirigirse a la dimensión donde está Dios. Tendrás no solo PAZ, sino también GOZO, AMOR y VIDA ETERNA».

Capítulo I

LA ECUACIÓN QUE NO ENTENDIMOS

El viento sopla y oyes su sonido, pero...
La ecuación espiritual suprema que se plantea es:

$$E.\,S. + E = V.\,E$$

Una ecuación del espíritu tiene dos variables: la primera es que puede ser muy difícil de resolver; la otra es que, al descorrer el velo de la incógnita, la solución caiga de inmediato a tus pies, como la ley de la gravedad.

Cuando el apóstol Pablo escribió el libro de Romanos, el mensaje encapsulado del escritor no está en la línea, o la interlínea. En cualquier carta que alguien escribe a otra persona, deberíamos considerar el texto, el contexto, el pretexto y el concepto. ¿Por qué has escrito?, ¿cómo lo has hecho?, y ¿para quién? Pero ¡no es suficiente!, porque «para quién» no es lo mismo que «para qué» cuando escribimos.

El receptor es quien determina, y puede ser alguien específico o una multitud heterogénea. No es lo mismo escribirle a tu esposa que escribirle a una amante. Tuve oportunidad de escuchar la historia de mi amigo, un comandante de la Marina de Guerra del país. Estando en Nueva Orleans escribió una carta de una sola hoja a su esposa en otro país. En ese mismo momento, escribió otra carta de siete hojas a su adorada amante, una enfermera que había conocido cuando estuvo internado en el hospital naval. Al momento de introducir las cartas se equivocó de sobres. Introdujo la misiva a la amante en el sobre de la esposa, y viceversa. ¡TRÁGICA EQUIVOCACIÓN! Ya deben imaginar la «catástrofe» que sobrevino cuando ellas recibieron las cartas equivocadas. Al prestigioso comandante de la Fuerza Naval le pidieron el divorcio. La separación con la esposa fue inmediata, los hijos del comandante buscaban a la amante para pegarle. Esta última se caía de vergüenza por el escándalo y la polvareda levantada.

Retornando al apóstol Pablo, cuando escribió Romanos 8:2, «PORQUE LA LEY DEL ESPÍRITU DE VIDA EN CRISTO JESÚS ME HA LIBRADO DEL PECADO Y DE LA MUERTE ». A primera vista no lo puedes entender, o tienes que leer el contexto, es decir, quiénes son los receptores de este mensaje clave, qué significa vivir en el espíritu y cuál es la diferencia de vivir en la carne. La comprensión será completa cuando averigüemos para qué vino Jesús a la tierra. Y, lo más importante, para qué clase de personas es el mensaje de Pablo. No todos los lectores asimilarán a Pablo. Leamos Romanos 8:5: «LOS QUE SON CARNE, PIENSAN EN LAS COSAS DE LA CARNE, PERO LOS QUE SON DEL ESPÍRITU, EN LAS COSAS DEL ESPÍRITU». Así como pensamos, así somos. El asunto es tridimensional.

NUESTRO CUERPO ES UNA FLOR QUE SE MARCHITA...

Esta escrito, está escrito. Pero el autor no es ningún escritor, tampoco es literato, poeta o filosofo. ¡Es Dios! Él dice:

**«TODA CARNE ES COMO UNA HIERBA.
Y TODA LA GLORIA DEL HOMBRE ES COMO
LA FLOR DE LA HIERBA. LA HIERBA SE
SECA Y LA FLOR SE CAE.
MAS LA PALABRA DEL SEÑOR PERMANECE
PARA SIEMPRE».**
Pedro 1: 24.

*La vida humana es efímera y
pasa como el viento. El ser
humano hace planes como si fuera
a vivir siempre. Y en este trajinar,
a veces surge el egoísmo, la vanidad,
el egocentrismo acompañado de
dogmatismo. El hombre sin Dios es
impaciente, celoso y sujeto a pasiones.
A veces mata y destruye. Su mente*

*está en vaivenes. Ama
y odia al mismo tiempo. Es
emocional, sentimental y se
enciende en ocasiones.*

El señor Jesucristo, en diálogo con la mujer del pozo que sacaba agua, reveló un código secreto: «Dios es espíritu» le dijo a la mujer «y los que lo adoran deben adorarle en espíritu y verdad». La mujer, una samaritana, no captó la profunda revelación que le hacía el Maestro. Ella pensaba en el agua de pozo para beber, y Jesús se refería al agua de vida, para vida eterna.

El señor tuvo que confrontarla. Le preguntó por su marido, ella dijo que no tenía marido. Entonces, Jesús tuvo que descubrirle su mentira.

**«BIEN HAS DICHO "NO TENGO MARIDO",
PORQUE CINCO MARIDOS HAS TENIDO, Y
EL QUE AHORA TIENES NO ES TU
MARIDO. ESTO HAS DICHO CON VERDAD».**
Juan 4: 17, 1.

Y ¿cómo resolvemos la suprema ecuación?

Es muy fácil si tienes la mente en Cristo. Es difícil si te quedas con la mente de la samaritana. Ella mintió, sin necesidad de hacerlo. Es que la mentira es de este mundo. La verdad es celestial.

Entonces $E.\,S. + E = V.\,E.$

Traducido al idioma espiritual, resulta lo siguiente:

- E.S.   **Espíritu Santo**

- E   **Espíritu de la persona**

- V.E   **Vida eterna**

Si el Espíritu Santo ingresa al espíritu de la persona, el resultado es vida eterna para la persona.

1. Está escrito en 1 Corintios 6: 18:
«PERO EL QUE SE UNE AL SEÑOR UN ESPÍRITU ES CON ÉL».

2. Está escrito en Juan 6: 63:
«EL ESPÍRITU ES EL QUE DA VIDA LA CARNE PARA NADA APROVECHA, LAS PALABRAS QUE YO OS HE HABLADO SON ESPÍRITU Y SON VIDA».

3. Está escrito en Romanos 8: 6:
«PORQUE EL OCUPARSE DE LA CARNE ES MUERTE, PERO EL OCUPARSE DEL ESPÍRITU ES VIDA Y PAZ».

4. Está escrito en 1 Corintios 2: 12:
«Y NOSOTROS NO HEMOS RECIBIDO EL ESPÍRITU DE DIOS, PARA QUE SEPAMOS LO QUE DIOS NOS HA CONCEDIDO».

5. Está escrito en Job 33: 4:
«EL ESPÍRITU DE DIOS ME HIZO Y EL SOPLO DEL OMNIPOTENTE ME DIO VIDA».

6. Está escrito en Éxodo 31: 3:
«Y LO HE LLENADO DEL ESPÍRITU DE DIOS, EN SABIDURÍA Y EN INTELIGENCIA, EN CIENCIA Y EN TODO ARTE».

7. Está escrito en Efesios 1: 13:
«HABIENDO OÍDO LA PALABRA DE VERDAD, EL EVANGELIO DE VUESTRA SALVACIÓN, Y HABIENDO CREÍDO EN ÉL, FUISTEIS SELLADOS CON EL ESPÍRITU SANTO DE LA PROMESA».

Entonces, la fórmula es: **ESPÍRITU SANTO + ESPÍRITU DEL LECTOR
= VIDA ETERNA.**

El lector debe recibir a **CRISTO** *en su corazón con una sincera oración.*

LA DIMENSIÓN SOBRENATURAL NOS ESPERA

En el diálogo privado que Nicodemo sostuvo una noche con Jesús, sucedió algo tridimensional.

¿Quién era Nicodemo? Era un personaje de élite, perteneciente al staff judío; de buena posición social, económica y política. Es más, las opiniones de este hombre eran respetadas, y podríamos afirmar que Nicodemo, como opinólogo y catedrático de Israel, representaba una corriente de opinión. Su imagen era reconocida. Pero, ¿qué pasó en aquel diálogo?

*Es de advertir que Nicodemo es un
estereotipo en el mundo natural
en que vivimos. Hay muchos «Nicodemus»
ahora mismo en las esferas intelectuales y
académicas, pero también empresariales
y burocráticas.*

*Estos personajes coexisten en todas
los niveles. Viven holgados e investigan
cualquier cosa, ya sea por «hobby» o porque está de moda.
Pululan metidos en sectores como el gobierno y la actividad
empresarial, o se vuelven parásitos en la política para vivir de ella.
Hay otros que son exitosos en el comercio, la industria y la producción.
Pocos dan la cara. Y si la dan, lo hacen ocultos, de noche,
en salones privados y lejos de la publicidad
que los puede perjudicar. Los problemas de estos «Nicodemus»
se ubican en sus almas, que se encuentran fragmentadas.*

Jesús le dijo a Nicodemo que era necesario nacer de nuevo —vale decir—, encarar la vida desde una óptica espiritual y no concentrarse tanto en la carne, porque esta es efímera. Nicodemo no captó la información transcendente de

Jesús. Estaba acostumbrado a la practicidad de un Sancho Panza, a diferencia de don Quijote, que era idealista y soñador (ambos son personajes de la novela española de Miguel de Cervantes). Entonces, Nicodemo dedujo que tenía que volver al vientre de su madre.

Jesús insistió en el lenguaje del espíritu. Nicodemo, por su parte, siguió en su carnalidad. Es aquí, en este punto, que el maestro de Galilea recurrió al ejemplo de la naturaleza para abrir la mente cerrada de su interlocutor. Le habló del viento y del sonido del viento, pero «no sabemos de dónde viene el viento, ni adónde va».

—Así es la vida espiritual —le explicó Jesús. Y a continuación le dio una clase de historia, mencionando a Moisés y las implicancias de vivir, pensar y actuar en las tres esferas: espíritu, alma y cuerpo; es decir, tridimensionalmente.

La biblia no reseña cómo terminó el diálogo, pero es seguro que Nicodemo fue sacudido en su lógica humana, y es probable que volviera a escudriñar las escrituras sagradas. No obstante, desde otra posición arista, tal vez quedó algo confundido y motivado a indagar más sobre el dios de Moisés.

Letrados, jurisconsultos, legalistas y
otras áreas del derecho pueden optar
por ser pegados a letra. Ellos gritarán:
«La ley manda que la adultera
debe morir apedreada». Jesús rompió
este dogmatismo legalista, y apeló a
la conciencia y al amor.
La mujer se salvó. Jesús descorrió el velo.
Marcó un hito e hizo comprender que en la
vida coexisten otras dimensiones.

- **¿QUÉ LE DIJO JEHOVÁ A MOISÉS?**
- **¿POR QUÉ, SIGLOS DESPUÉS, UN CARTA A LOS HEBREOS REPITE UN MENSAJE SIMILAR?**
- **¿QUÉ IMPORTANCIA TIENEN AMBOS MENSAJES?**
- **¿QUÉ DICEN LOS MENSAJES?**

En el libro de Éxodo está registrado lo siguiente:

**«Y JEHOVÁ DIJO A MOISÉS:
"VE AL PUEBLO Y SANTIFÍCALO
HOY Y MAÑANA; Y LAVEN SUS
VESTIDOS"».**

El mensaje es preciso: «LAVEN SUS VESTIDOS». El emisor es Dios, el soberano. El receptor es Moisés, el hombre que había sacado a los esclavos israelitas de las manos dictadoras del faraón. Moisés, obediente, cumplió la directiva del altísimo al pie de la letra. Habían cruzado el mar rojo, echando en las aguas al caballo y al jinete egipcio. También había golpeado la peña para que saliera agua. Ahora estaban ante el Sinaí. Solo Moisés subió al monte, mientras el pueblo esperaba abajo. En el versículo, el Señor ordena santificar al pueblo, pero al renglón siguiente dispone que «laven sus vestidos». Si por allí hubiera estado un reportero ansioso, tal vez habría preguntado «¿tan importante es para Dios que el pueblo lave su ropa?». Poco antes, el líder israelita había hecho saber a los ex esclavos que Jehová les consideraba una especie de tesoro especial sobre todos los pueblos de la tierra, y les había pedido que guardaran un pacto. Les prometió que serían un reino de sacerdotes y de gente santa. Pero, al final, «QUE LAVEN SUS VESTIDOS».

Trasladémonos ahora en el espacio—tiempo. Habían transcurrido muchos siglos, Jesús ya había venido a la tierra. Predicó el reino, formó discípulos, fue sacrificado y muerto.

¡Ya había resucitado y vuelto al cielo! Prometió volver por una segunda vez. Es en ese tiempo que un autor anónimo escribió una epístola a los hebreos (70 dC). En ella, se lee:

**«ACERQUÉMONOS CON CORAZÓN SINCERO,
EN PLENA CERTIDUMBRE DE FE,
PURIFICADOS LOS CORAZONES DE MALA
CONCIENCIA Y LAVADOS LOS CUERPOS
CON AGUA PURA».**
Hebreos 10: 22.

El autor de los «Hebreos» vuelve a tocar el asunto de lavarnos. Esta vez no se trata de lavar nuestros vestidos, sino nuestros cuerpos. Hay énfasis en la limpieza de los cuerpos de los hebreos. El mismo énfasis del Señor, cuando Dios ordena que los israelitas laven sus vestidos. Hay coincidencia sobre la purificación de los corazones con el lavado de los vestidos en las faldas del Sinaí.

El apóstol Pablo dice en el 1 Tesalonicenses 5: 23 «**que todo vuestro ser, espíritu, alma y cuerpo, sea guardado irreprensible para la venida de nuestro señor Jesucristo**». Pablo subraya la unidad del hombre en sus tres dimensiones: espíritu, alma y cuerpo. ¿Qué es lo que da vida al hombre? El espíritu es lo que da vida, dice Jesús. Jehová forma a Adán del polvo de la tierra, pero el aliento de vida se lo dio el Creador. Él sopló su espíritu dentro del cuerpo. El verdadero ser es el espíritu. La carne para nada aprovecha. Cuando alguien muere, expira, es decir que el espíritu sale, es exportado en otra dimensión. ¿Y el cuerpo? Vuelve al polvo de donde fue sacado.

¡Lavarte el vestido es lavar tu cuerpo! Porque el cuerpo es el vestido del ser humano. Tal vez los israelitas, en el Sinaí, no captaron la orden del Señor de «lavar sus vestidos». Pero Dios se adelantó para introducir en el alma humana las verdades del ser.

Así como Nicodemo no captó el significado de «nacer de nuevo», así, los israelitas no captaron la naturaleza de Dios, ni sus propias naturalezas.

¡El hombre no se conoce aún! El hombre natural no percibe las cosas de Dios porque le suenan a locura. Y no las puede entender porque se han de discernir espiritualmente. Al contrario, José, el hijo de Jacob, sí captó la verdad divina. Por eso huyó de la mujer de Potifar, cuando esta le pidió acostarse con él. José caminaba en las sendas del espíritu, mientras la libidinosa señora militaba en los deseos de la carne.

Son dos grupos que conviven en este mundo. ¿A cuál debemos pertenecer? Uno nos lleva a la muerte.

El otro, a la vida.

Jesús fue contundente «**el que cree en mí, como dice la escritura, de su interior correrán ríos de agua viva**» Juan 7:38. Pedro, refiriéndose a los depravados, dice: «**Estos son fuentes sin agua, y nubes empujados por la**

tormenta; para los cuales la más densa oscuridad está reservada para siempre» Pedro 2: 17. En ambas situaciones, el agua juega un rol de vida. El agua lava, purifica y santifica. La Divinidad alude al agua como el elemento que sirve para lavar tus vestidos.

Es decir, ¡tu cuerpo! Esta misma agua fue a la que se refirió Jesús en su diálogo con los samaritanos en el pozo. Detengámonos:

«cualquiera que bebiera de esta agua (del pozo) volverá a tener sed; mas el que bebiere del agua que yo le daré, no tendrá sed jamás; sino que el agua que yo le daré será en él una fuente de agua que salte para vida eterna». Juan 4: 13, 14.

Hay aguas de reposo y descanso. «**Junto a aguas de reposo me pastoreará**» dice el salmista.

Toda el agua del mundo está bendecida, pero el hombre ambicioso la contamina. El agua contaminada por el hombre y por el pecado se vuelve contra el hombre, y terminará por destruirlo.

En ese caso, el agua se vuelve enemiga. La acción humana y los actos pecaminosos la enfurecen y se torna en un feroz rival. En caso de que haya arrepentimiento verdadero, las aguas volverán a bendecirnos. De lo contrario, vendrá la maldición. ¡ESTO OCURRIÓ EN EL DILUVIO! El pecado de aquella generación rebosó el vaso de la paciencia de Dios. Las aguas anegaron a todos los pecadores. Solo ocho se salvaron, liderados por Noé, que fue obediente.

El agua limpia y purifica. «**Si las nubes estuvieron llenas de agua, sobre la tierra la derramaron**», Eclesiastes 11: 3. El agua que viene del cielo es pura.

El profeta Isaías reproduce la palabra de Jehová: «**Cuando pases por las AGUAS, yo estaré contigo; y si por los ríos, no te anegarán. Cuando pases por el fuego, no te quemarás, ni la llama arederá en ti**», Isaías 43: 2.

El profeta describe un escenario hostil: el hombre ha vuelto las espaldas a su Creador. Su rebeldía y contumacia han envenenado el agua y la tierra. Solo queda una alternativa válida: que el mismo Santo de Israel camine con su pueblo y las aguas envenenadas no le hagan daño. «**Así dice Jehová, el que abre camino con el mar y sendas en las aguas impetuosas**», Isaías 43: 16.

**«DESPUÉS ME MOSTRÓ UN RÍO LIMPIO
DE AGUA DE VIDA, RESPLANDECIENTE
COMO EL CRISTAL, QUE SALÍA DEL
TRONO DE DIOS Y DEL CORDERO.
EN MEDIO DE LA CALLE DE LA CIUDAD,
Y A UNO Y OTRO LADO DEL RÍO, ESTABA EL ÁRBOL DE VIDA».**
Apocalipsis 22: 1, 2.

Capítulo II

EL MUNDO NATURAL Y EL MUNDO ESPIRITUAL

HAY BELLEZA NATURAL Y BELLEZA CONSTRUIDA

- **En mujeres y lugares:**

En medios publicitarios, conectados a la industria cinematográfica, se publicó una encuesta de opinión pública. Informó que las tres mujeres más bellas de la pantalla grande, en décadas pasadas, habían sido Elizabeth Taylor, Ava Gardner y Sarita Montiel, todas ellas actrices de Hollywood.

En el libro de Job, luego de su recuperación de a enfermedad, la pobreza y la muerte de sus hijos, este siervo de Dios volvió a ser bendecido por el Señor. Al final del libro, se anota que tuvo tres nuevas hijas, Jemina, Cesia y Karen-Hapuc. Sobre las tres jóvenes menciona la biblia que «**no había mujeres tan hermosas en toda la tierra como las hijas de Job**» Job 42: 15.

La belleza en el mundo natural es transitoria. E primer deterioro es la enfermedad. El segundo, una vida estresada, al punto de que algunas bellas actrices se suiciden. El tercer antagonista es la vejez. A una bella e inteligente actriz inglesa, un periódico de la época la calificó de «glor a pasada».

Talento, belleza y cuerpo escultural habían pasado en esta famosa, según el diario. Esto motivó una demanda legal de la molesta «estrella» contra el periodista autor de la nota. Al final, lo dicho estaba dicho.

Todo es efímero en el mundo natural, a causa del pecado y desobediencia del hombre ante su Creador.

- El río Amazonas y la selva peruana son bellezas naturales, mientras que el Jurasic Park o el Sea World de Orlando son bellezas construidas.

- La chica de diecisiete años que practica deportes y es sana de espíritu es una belleza natural, pero la que sale del salón de belleza con los adelantos de la cosmetología y cirugía estética es una belleza construida.

- Las cataratas del Niágara son belleza natural, pero el templo de la Sagrada Familia en Barcelona es belleza construida.

- El limpio de manos y puro de corazón corresponde a belleza auténtica, y el hombre egresado de la academia diplomática y de buenos modales es construido.

- Ambas bellezas son aceptables, pero la primera nace del corazón y la segunda del raciocinio.

ENTRE LO EFÍMERO Y LO PERDURABLE HAY UN MENSAJE DE LA DIVINIDAD

**«TODA CARNE ES COMO HIERBA,
Y TODA LA GLORIA DEL HOMBRE
COMO LA FLOR DE LA HIERBA.
LA HIERBA SE SECA, Y LA FLOR
SE CAE;
MAS LA PALABRA DEL SEÑOR
PERMANECE PARA SIEMPRE».**
1 Pedro 1: 24.

Cuando el Creador descendió aquel día en la zarza ardiendo, Moisés, estupefacto, se confrontaba entre la dimensión en que vivía y la de Dios. Moisés vivía en el tiempo, y la eternidad había descendido para hablar con él. Dios lo enviaba adonde el faraón para liberar a su pueblo.

—¿De parte de quién iré?

La respuesta retumbó:

—YO SOY EL QUE SOY —dile al faraón—. Yo Soy me envió a vosotros.

Esta suprema declaración separa lo efímero de lo perdurable. Moisés, Faraón y Egipto son lo temporal. «Yo soy» es lo eterno, inconmensurable e inmutable. Nada es, todo depende de Él. Pero el Eterno quiere rescatar a su pueblo por la promesa a Abraham. El Eterno quiere honrar su promesa, liberarlos en la esclavitud, trasladarnos a la tierra prometida. Canaán es el lugar, la figura del reino de Dios y la garantía de la vida eterna.

El Dios del Cielo quiere retrotraer al hombre de su trágica caída. La desobediencia del primer gen lo condenó a vivir en el tiempo, en lo temporal; y, después, a la muerte de toda la humanidad.

Pero el gran «YO SOY» tenía su plan B: trasladar al caído desde lo efímero hasta lo perdurable. Moisés, tal vez, pensó en lo circunstancial, solo sacarlos de Egipto a Canaán y que fueran libres de la cárcel egipcia. ¡Dios no pensaba lo mismo! Su enfoque era más amplio, iba más allá del tiempo: quería devolver la eternidad al hombre.

En el libro de Lucas están registradas las palabras del segundo «Moisés», el verdadero libertador: el señor Jesucristo. Él dijo: «EL CIELO Y LA TIERRA PASARÁN, PERO MIS PALABRAS NO PASARÁN» Lucas 21: 33.

Todo podrá pasar a través del tiempo: juventud, fortaleza, belleza, riqueza, salud, poder, popularidad, renombre, halago, reconocimientos. Pero la palabra de Dios no pasará. Esta bendita **PALABRA** garantiza vida eterna en el reino de Dios a aquellos que deciden trasladarse de la oscuridad a la luz. La luz en las tinieblas resplandece, y las tinieblas no prevalecen frente a la luz.

¿Quién no ha leído sobre las pirámides de Egipto? ¿Dónde está la civilización medopersa? ¿Y qué fue de Grecia, con el Peloponeso, la guerra de Troya y la Atenas de los filósofos? ¿Dónde está el imperio inca y sus dioses, Sol y Luna? Hoy solo se visita Machu Picchu y otras glorias incáicas. ¿Y la Roma de los césares? ¿Dónde está Ciro y el reino de Persia? ¿Y las vedas y Brahmanes de la India?

**«NO AMÉIS AL MUNDO
NI LAS COSAS QUE ESTÁN EN EL MUNDO.
SI ALGUNO AMA AL MUNDO,
EL AMOR DEL PADRE
NO ESTÁ EN ÉL,
PORQUE TODO LO QUE HAY
EN EL MUNDO, LOS DESEOS
DE LA CARNE, LOS DESEOS
DE LOS OJOS, Y LA VANAGLORIA
DE LA VIDA, NO PROVIENE
DEL PADRE, SINO
DEL MUNDO».**

I Juan 2: 15, 16.

La disyuntiva está planteada ante la gente del mundo.

¿Vivimos en este mundo, pero no somos parte de este mundo?

¿Cómo aplicamos esta dicotomía?

Tenemos un frente, enfocado desde el mundo natural.

Tenemos un frente, enfocado desde el mundo espiritual.

Tenemos un frente, enfocado desde nosotros mismos.

¿Crees que podríamos hacer una mixtura, de estas tres posiciones?, ¿o hay una cuarta?

Indaguemos con mente abierta, alma acuciosa y espíritu de luz.

ADENTRÉMONOS AL MUNDO NATURAL

¿Qué hay de la política? ¿Cómo deberíamos elegir a los gobernantes del mundo

ELECCIONES PRESIDENCIALES SEGÚN LA BIBLIA

Tres preguntas, amable lector:

1   ¿Se debe elegir éticamente a un presidente de la república?
2   ¿Se debe elegir presidente de la república de un país democrático por el currículum vitae?
3   Tres requisitos bíblicos para elegir a un presidente de la república.

Salomón fue un rey de un país del medio oriente, allá, por los años 970 a 930aC. La reputación de este rey se extendió más allá de los límites geográficos. Causó la admiración de una reina de un país distante llamado SABA. Salomón es admirado por su sabiduría. Él señoreaba en toda la región, al oeste del río Éufrates. Su gestión fue de gran prosperidad. Construyó un lujoso templo para honrar al Dios de su padre, David: a Jehová, el Dios de Abraham y Jacob. Fue un monarca constructor, edificó muchas casas, también un pórtico de columnas con piedras labradas. Usó madera, bronce, oro y plata.

Es conocido el discurso de Salomón, al terminar una de sus obras:

«JEHOVÁ, DIOS DE ISRAEL, NO HAY DIOS COMO TÚ, NI ARRIBA DE LOS CIELOS NI ABAJO, EN LA TIERRA, QUE GUARDAS EL PACTO Y LA MISERICORDIA A TUS SIERVOS, LOS QUE ANDAN DELANTE DE TI CON TODO CORAZÓN».
1 Reyes 8: 23.

Para unos, las palabras de Salomón fueron un discurso. Para otros, una oración.

Otra declaración de Salomón está en un escrito del libro *Proverbios*:

«CUANDO LOS JUSTOS DOMINAN, EL PUEBLO SE ALEGRA, MAS CUANDO DOMINA EL IMPÍO, EL PUEBLO GIME».
Proverbios 29: 2.

Esta puede ser la situación de un país, pueblo o gente, cuando las características son las que detalla Salomón: ¡Se alegra o gime! Revisemos la historia. Gobiernos despóticos y presidentes dictadores hacen sufrir a las mayorías. Pero Salomón es tuitivo, y añade:

«SI UN GOBERNANTE ATIENDE LA PALABRA MENTIROSA,

**TODOS SUS SIERVOS
SERÁN IMPÍOS».**
Proverbios 29: 12.

Y Salomón era un gobernante.

Las mentiras que suelen decir los altos funcionarios que están en eminencia, ocupando curules de diputados y senadores, y cargos como ministros, jueces y directores, a la larga envilecen la función pública. El resultado es que la impiedad se desborda e invade los corazones y mentes de todo el equipo gobernante. Esto es un principio espiritual. Algunos que ocupan altos cargos pasan de largo este principio. ¡Grave error! Una mentira tras otra se multiplica, y la cadena sigue, trayendo maldiciones a toda institución, organismo o área de decisiones. Si quien lo hace es el primer magistrado de un país, la biblia advierte que todos serán impíos. ¡He aquí por qué algunos pueblos permanecen en un atraso deprimente! En otros casos no hay atraso, pero la corrupción, soborno y la coima se generaliza. El declive moral es acuciante y contagioso.

¿HABRÁ UN HOMBRE JUSTO QUE GOBIERNE TU PAÍS?

Dejemos que conteste Samuel, el profeta:

**«EL DIOS DE ISRAEL HA DICHO.
ME HABLÓ LA ROCA DE ISRAEL:
HABRÁ UN JUSTO QUE GOBIERNE
ENTRE LOS HOMBRES,
QUE GOBIERNE EN EL TEMOR
DE DIOS.**

**SERÁ COMO LA LUZ DE LA MAÑANA,
COMO EL RESPLANDOR DEL SOL,
EN UN MAÑANA SIN NUBES,
COMO LA LLUVIA QUE HACE BROTAR
LA HIERBA DE LA TIERRA».**
2 Samuel 23: 3,4.

La divinidad irrumpe en el mundo del hombre y da su punto de vista. La palabra que viene de la otra dimensión descubre que el éxito del que gobierna depende de cuánto es su temor de Dios. Si es en buena dosis, será como la luz de la mañana, que ilumina, resplandece y lo hará tomar buenas decisiones. Si no existe temor, dará tropezones y caerá él y el pueblo que gobierna.

El Dios Supremo respeta el libre albedrío concedido al hombre desde el principio. Dios no quiere robots, sino hijos que lo amen. Ese amor impulsará a la obediencia voluntaria y su fruto se constituirá como la lluvia que hace brotar la hierba de la tierra. El causa-efecto de la física, el principio de la acción y la reacción de Newton ya estaba en la parábola de Jesús sobre la siembra y cosecha: «Todo lo que el hombre siembre cosechará». Si siembras amor, cosecharás amor. Si siembras odio, recogerás odio.

El profeta Isaías hace un distingo. La urdimbre individual se puede tornar colectiva. Un gobernante abusivo y malvado contagiaría a sus súbditos, que también serían abusivos y malvados. Es el principio de una dictadura y la decadencia en picada. Un pueblo corrompido en valores, honradez y moral elegirá a los líderes que los acomode; se harán olvidadizos y dejarán pasar la vigilancia del consumo de drogas, algunos acosos, borracheras, violencia familiar y robos de poca monta. La segunda fase será el tráfico de drogas, violaciones sexuales, muertes y asaltos. La tercera fase será hedonismo, incesto, bestialismo, anarquía, desenfreno, corrupción, robos en gran escala, mafias, sicariato y aparatos de maldad sofisticada.

Isaías lo profetizó setecientos años antes de la venida de Cristo. Es para varias épocas. Los barbaros aparecen y desaparecen, son cíclicos. Y sucederá, dice Isaías, **«Así como el pueblo, también al sacerdote, como al siervo, así a su amo; como a la criada a su ama, como al que compra, al que vende, como al que presta, al que toma prestado; como el que da a logro, como al que lo recibe»**. Isaías 24: 2.

La gran pregunta de Salomón, cuando Dios le dijo que sería rey de Israel, fue de humildad:

**«¿QUIÉN PODRÁ GOBERNARTE ESTE,
TU PUEBLO TAN GRANDE?».**
1 Reyes 3: 9.

Hay pueblos multiculturales, diferentes niveles económicos, varias etnias, razas y colores. ¿Quién podrá gobernar equitativamente?

Salomón no fue elegido por elecciones democráticas, Dios lo escogió. ¿Es teocracia? ¿Monarquía? ¿Democracia? ¿Parlamentarismo? ¿Cuál es el tipo de gobierno ideal?

La pregunta es tridimensional, y la respuesta es multidimensional. Si la respuesta fuese fácil, ¿qué pasó, entonces, con los gobiernos desde que el hombre ha estado sobre la tierra?

No hay un sistema de gobierno que complazca a todos por igual.

Eliú, en su defensa de la desgracia de Job, le preguntó al Omnipotente: «¿Gobernará al que aborrece juicios? ¿Y condenarás tú al que es tan justo? ¿Se dirá al rey "Perverso" y, a los príncipes, "impíos"?» Job 34: 17.

El cuestionamiento de Eliú parece valedero. Pero volvemos a nuestra promesa. ¿Cuál es el enfoque de Eliú y cuál es el de Job? Algo más: ¿cuál es el enfoque de Dios? Recuerden el inicio del problema. Satán cuestiona la integridad de Job porque acusa que recibe, permanentemente, protección de Dios.

—Retírale tu protección —dice Satán—, y Job se volverá contra ti.

Pero Satán se equivocó. Job fue íntegro y fiel en todo momento. El enfoque de Eliú, amigo de Job aparentemente correcto, estaba desvirtuado porque desconocía el tinglado y conversatorio de los hijos de Dios con el Padre Celestial. Entre ellos se encontraba Satán como hijo rebelde, desobediente y cuestionado.

La pregunta de Eliú sobre la forma de gobierno es la misma que millones han formulado en los sistemas políticos de todas las épocas. En el historial del mundo aparecen: Adam Smith, precursor del liberalismo; Bakunin y Kropotkin, anarquistas; Lenin; Vargas Llosa; Haya de la Torre; pensadores, críticos y opinólogos de la política y economía.

LO QUE EL VIENTO TRAJO...
¡UNA CUESTIÓN PREVIA!

Un axioma matemático dice: «dos cosas iguales o una tercera son iguales entre sí».

El axioma es una verdad que no necesita demostración. Si trasladamos este principio a la esfera espiritual, podemos hacer patente algo escondido. Pero, antes, desarrollemos el supracitado axioma matemático.

Si 3+1 =4 y 5-1=4 entonces aplicando el axioma:
«que dos cosas iguales o una tercera son iguales entre sí»,

Si 3+1 que es igual a 4
y 5-1 también es igual a 4
Entonces concluimos

3 + 1   Es igual a   **5 - 1**

Porque ambos dan como resultado «4».

PARALELAMENTE

Si «A» es igual a «B»
y «C» es igual «B»,
entonces

«A» es igual a «C»

¿Correcto? ¡Afirmativo!

Traslada este axioma al mundo espiritual:

Si «A» es el hombre redimico,
«B» es Dios
«C» es Eternidad

Reemplacemos las letras:
«A», que es «hombre redimido», está en «B», que es «Dios»,
y «C», que es la «eternidad».

«A» (hombre redimido) es igual a «C» (eternidad):

 **HOMBRE REDIMIDO TIENE VIDA ETERNA** 

NO TE LO REVELÓ CARNE NI SANGRE, SINO EL ESPÍRITU

Lo que el viento trae en el mundo natural puede ser polvo, semilla, hojas, desperdicio. Pero en el mundo espiritual es diferente. En el encuentro privado que sostuvo un alto personaje de la comunidad israelita con Jesús, se infiere un desencuentro. ¿Por qué?

Por el enfoque de observación. Mientras Jesús trataba de ser didáctico con Nicodemo, este, a pesar de ser erudito, era bisoño en el lenguaje del espíritu. El maestro de Galilea tuvo que recurrir al ejemplo del viento que sopla, pero Nicodemo ignoraba de dónde venía y adónde iba. ¡Aquí está la cuestión!

Dios puede hablarnos de muchas formas, pero si nuestra mente está cerrada o bloqueada por situaciones exógenas, entonces tenemos que reaccionar. Si es nuestra mente la que está cerrada, debemos abrirla. La tradición, el costumbrismo, la propaganda publicitaria, la manipulación, la filosofía, la política o la religión nos pueden amoldar a «DETERMINADOS MODOS VIVENDI». Es necesario reaccionar. Jesús quería que Nicodemo reaccionara.

Siglos atrás, Moisés reaccionó. David se arrepintió. Pedro captó los nuevos vientos y se transformó. Pablo tuvo que estar ciego, un buen tiempo, para entender.

Revestirse del espíritu es resolver el enigma. RE-VESTIDOS es vestirse dos veces. Al ser engendrados, Dios da el espíritu de vida al embrión en formación, el aliento de vida. Pero, para obtener la vida eterna, es necesario nacer de nuevo del agua y del espíritu. Jesucristo lo dijo a sus discípulos, dijo que enviaría al Espíritu Santo, el CONSOLADOR, que nos sella para vida eterna. Nos das «las arras del Espíritu en nuestro corazón» 2 Corintios 1: 22. ¡La garantía que nos otorga el Supremo es sólida! Él es el Eterno y sus hijos también.

Cuando Pablo cambió de enfoque, explicó la necesidad de vestirse de nuevo:

«DESPOJADO DEL VIEJO HOMBRE CON SUS HECHOS Y REVESTIDOS DEL NUEVO, EL CUAL, CONFORME A LA IMAGEN DEL QUE LO CREÓ, SE VA RENOVANDO HASTA EL CONOCIMIENTO PLENO».
Colosenses 3: 9, 10.

«Y POR ESTO TAMBIÉN GEMIMOS, DESEANDO SER REVESTIDOS DE AQUELLA, NUESTRA HABITACIÓN CELESTIAL».
2 Corintios 5: 2.

Pablo descorre el velo y trae el nuevo viento con frescura para aliviarnos. Un día de calor intenso, hambre y sed recibiremos con alegría y beneplácito el nuevo viento.

Hubo una película, en los días exitosos de Hollywood, hace algunas décadas. Se titulaba *Lo que el viento se llevó*, con Clark Gaole y Vivian Leigh. ¡Fue un éxito de taquilla en varios países!

¿Qué se llevó el viento en aquel *film*? ¡Todo! Murieron los terratenientes de la tierra. Hubo una guerra de secesión en el nuevo país llamado Estados Unidos de América. El negro era esclavo. La muerte y el divisionismo destruyó familias y legados. Las dotes se diluyeron. El sur ganó al norte, o el norte ganó al sur, poco importaba, en medio del final de la guerra fratricida ¡TODOS HABÍAN PERDIDO! Al final del film, en medio de todo lo destruido, una mujer llorosa se tiró en el campo desolado; con sus manos, cogió un poco de tierra de los escombros, y, lanzando al viento, clamó:

—¡SÍ! ¡QUEDA ALGO! ¡LA TIERRA!

Luego, vuelve a lanzar lo que le quedaba, mostrando que había un nuevo amanecer: volver a reconstruir sobre los escombros.

El revestirse no es vestirse bien. Los diseños de París, Nueva York, Miami o Dubai pueden ser atractivos. La mejor moda en ropa fina, las mejores marcas y estilistas, las elegantes y exclusivas casas de modas, los malls y tiendas de las mejores capitales del mundo. Todo este variopinto abanico de vestuarios no aplicaría si el dictado de la «MODA» no lo aprobase. Hay una matriz, un eje. La rueda gira, pero está bajo control. La moda es una dictadura. Hoy te dice que el color azul es la «distinción». Mañana cambia al negro y tiempo después te dice que es el blanco. Igualmente, en las faldas. Las damas deben usarlas cortas porque las largas son huachaferías. Y, cuando el «Dios Moda» decide que las faldas largas son las elegantes, las cortas son indecencia. Muchas lo harán. Pero las faldas pasaron. El «Dios Moda» obliga a las mujeres a usar pantalones; así, la moda tienes sus reglas y caprichos. En el mundo espiritual, el vestirse, revestirse, desnudarse, despojarse o semivestirse son variables que se producen.

El apóstol Pablo anota que hay diversidad de dones, ministerios, operaciones, llamados y asignaciones; pero hay un solo espíritu. Unos hacen milagros, otros profetizan y realizan sanaciones. Hay quienes tienen discernimiento de espíritus, hablan lenguas o son intercesores. La oración es un ministerio de intimidad con Dios. Está escrito: «LA ORACIÓN EFICAZ DEL JUSTO PUEDE MUCHO».

¿Dónde reside el paralelismo que queremos encontrar entre los sucesos de la moda en el mundo natural con la diversidad de dones y ministerios de la dimensión espiritual?

Ambos tienen reglas. Hay variedad, son multiformes. Operan bajo un mando único. En el mundo, es la «moda». En el área invisible, es el ESPÍRITU. En los hijos de Dios, es el Espíritu Santo.

«Y HAY DIVERSIDAD DE MINISTERIOS,
PERO EL SEÑOR ES EL MISMO.
Y HAY DIVERSIDAD DE OPERACIONES
PERO DIOS HACE TODAS LAS COSAS,
ES ÉL MISMO».
1 Corintios 12: 5-6.

Si sistematizamos ambas ocurrencias, la «moda» en el mundo natural y el Espíritu en el mundo sobrenatural, encontraremos que ambas ejercen influencias decisivas. En el caminar de las gentes, la «moda» no solo incursiona en la vestimenta. ¿Craso error? Interviene en lo que comemos, compramos, vemos, visitamos y conversamos. La agenda del mundo la pone el mundo.

Subliminalmente nos manipula a escoger qué ver en la televisión y la propaganda nos invita sobre qué comprar.

—Viaja adonde yo te sugiera —dice el sistema, y pone en marcha una maquinaria publicitaria con agencias profesionales.

—Escucha la música que yo pongo de moda, para que grites o enmudezcas.

—Pon tatuajes en tu piel y anillos en la oreja o nariz.

—Compra las cosas que yo te diga, aunque no las necesites, pero *estoquéate*.

—La ropa que no has usado y los electrodomésticos, aunque funcionen bien, ya debes de cambiarlos.

—Nosotros dictamos las normas de lo que deben comprar cada año. Tenemos últimos diseños y modelos. ¡Ah!, no te olvides, tú eres el que toma las decisiones. Eres libre… pero en el mundo mando yo y tienes que obedecerme. La moda, tecnología, modelos, colores; todo en los parámetros que he establecido. Tengo un subsistema de *marketing*, del cual es difícil que la gente se atreva a DESMARCARSE.

¡YO SOY EL SISTEMA!

<table>
<tr><td>«DIVIÉRTETE, QUE DESPUÉS DE ESTA NO HAY OTRA»</td><td>LA FRASE</td></tr>
</table>

LA FRASE TIENE CUATRO NEGACIONES

1.   **NIEGA LA EXISTENCIA DEL ESPÍRITU.**
2.   **NIEGA LA PALABRA DE DIOS SOBRE LA VIDA ETERNA.**
3.   **NIEGA AL SEÑOR JESUCRISTO, QUE HABLÓ DE MORADAS CELESTIALES.**
4.   **NIEGA A DIOS, QUE ES ETERNO.**

Hay muchos que piensan que la frase es cierta. Y como tal, niegan otra vida. Pedro también negó a Jesús tres veces. Pero, cuando entró a la dimensión espiritual, se liberó del mundo de la negación.

Engels sostuvo: «LA NEGACIÓN DE LA NEGACIÓN ES AFIRMACIÓN».

Dejando la metafísica y filosofía, Pedro, en la praxis se autoexcluyó de la moda y del marketing.

El nuevo Pedro se corrigió y tres veces afirmó, rotundamente, que amaba a Jesús. «La LUZ en las tinieblas resplandece y las tinieblas no prevalecen frente a la LUZ».

El salmo 30: 3 del rey David atestigua: «OH, JEHOVÁ, HICISTEÍS SUBIR MI ALMA DEL SEOL; ME DISTE VIDA, PARA QUE NO DESCENDIESE A LA SEPULTURA». El señor Jesucristo, al resucitar a Lázaro después de varios días, destruyó la frase. Más aún, él dijo: «YO SOY LA RESURRECCIÓN Y LA VIDA».

Los que se mantienen en que «después de esta no hay otra» es porque prefieren vivir en el ostracismo. Algunos tratan de justificarse para mantener una existencia pecaminosa, dando rienda suelta a los pecados de la carne, placeres y desenfrenos.

De la población mundial, el mundo cristiano no llega a los dos mil millones. Pero esta cantidad no significa que todos sean malos. «Muchos serán los llamados, pero pocos los escogidos». Como la paja y el trigo, deben ser zarandeados. Dos estarán en la misma cama, uno será tomado, el otro será dejado. Los ángeles de Dios intervendrán en esta hora crucial de separar las ovejas de las cabras.

Pedro advierte rigurosamente que habrán muchas deserciones. Volverán al mundo contaminado.

**«PERO LES HA ACONTECIDO LO DEL
VERDADERO PROVERBIO: EL PERRO
VUELVE A SU VÓMITO, Y LA
PUERCA LAVADA A REVOLCARSE
EN EL CIENO».**
2 Pedro 2: 22

El profeta Daniel dio algunos detalles prevalentes:

**«MUCHOS CORRERÁN DE AQUÍ PARA ALLÁ,
Y LA CIENCIA SE AUMENTARÁ.
MUCHOS SERÁN LIMPIOS, Y EMBLANQUECIDOS
Y PURIFICADOS; LOS IMPÍOS PROCEDERÁN
IMPÍAMENTE, Y NINGUNO DE LOS
IMPÍOS ENTENDERÁ, PERO LOS ENTENDIDOS
COMPRENDERÁN».**
Daniel 12: 4, 10.

Habrá dos grupos definidos en los últimos tiempos. La criba separará a los limpios de los impíos. Pero el segundo grupo es el que estará en el claro-oscuro. Son y no son. Pregonarán que creen en Dios, pero sus actos delatarán quiénes son en realidad.

El Señor dijo a sus discípulos: «Por sus frutos los conoceréis. ¿Acaso se recogen uvas de los espinos, o higos de los abrojos? Así, todo buen árbol da buenos frutos, pero el árbol malo da frutos malos. No puede el buen árbol dar frutos malos, ni el árbol malo dar buenos frutos. Todo árbol que no da buen fruto es cortado y echado en el fuego. Así que por sus frutos los conoceréis» Mateo 7: 16-20.

El segundo grupo pretende vivir en el reino de Dios y vivir en el mundo. ¡Es un grupo especial! Puede mostrar buen talante. Usa la empatía y trata de acomodarse a la situación del momento. ¡Son las grandes medianías! El escritor José Ingenieros, en su libro *El hombre mediocre,* explicó esta multitud que quiere agradar a todos. Actúa como el camaleón, de diversos colores, según la ocasión.

Este grupo puede parecer cómodo a primera vista, pero peligroso en el tramo final.

HAY UN CÓDIGO DE ACCESO

 Al mundo espiritual de Dios.

El *password* infinitud.

¿Cuál es el código que Dios nos revela para mostrarnos las cosas ocultas que no conocemos? ¿El Creador está interesado en enviar información valiosa? La respuesta es «sí, pero no a todos». Dios no es CNN, ni la BBC de Londres. No confundirnos, que el Señor es el mejor «Noticiero del Mundo».

Cuando el profeta Daniel le inquirió cuándo sería el fin de esas cosas, él respondió:

«Anda, Daniel, pues estas palabras están cerradas y selladas hasta el tiempo del fin».

En el caso de Jeremías, la escritura anota: «**"He aquí, vienen días" dice Jehová, "en que confirmaré la buena palabra que he hablado a la casa de Israel, a la casa de Juda"**» Jeremías 33: 14. En ambos casos, Dios responde que hay sellos que serán quitados progresivamente. La información no es para todos. Al profeta Jeremías le confirma que la «buena palabra» es solo para su pueblo. Y, a partir de la venida del señor Jesucristo, el discípulo Juan afirma taxativamente «**mas a todos los que le recibieron, a los que creen en su nombre, les dio la potestad de ser hechos hijos de Dios**» Juan 1: 12.

La palabra nueva testamentaria, escrita por los discípulos y seguidores de Jesús, puede ser leída por todos. Pero los códigos secretos son revelados solo a los hijos, y es condición sobrenatural tener el Espíritu Santo. La predicación del evangelio o buenas noticias, el anuncio del reino de Dios a la tierra, el plan de salvación para las almas perdidas y el conocer la verdad constituyen urgentes razones para difundirlas. Esta es la tarea que mandó Jesús a sus seguidores. Está vigente. Pero Dios solo ha reservado las cosas grandes y ocultas a sus fieles seguidores. «CLAMA A MÍ, Y YO TE RESPONDERÉ Y TE ENSEÑARÉ COSAS GRANDES Y OCULTAS QUE TÚ NO CONOCES», «HE AQUÍ QUE YO LES TRAERÉ SANIDAD Y MEDICINA; Y LOS CURARÉ Y LES REVELARÉ ABUNDANCIA DE PAZ Y DE VERDAD» Jeremías 33: 3-6.

La transferencia de los misterios de Dios a su pueblo viene con una gratificación adicional: ABUNDANCIA DE PAZ Y DE VERDAD.

Las cosas ocultas del tercer cielo, los acontecimientos futuristas del gran terremoto, la batalla del Armagedón y la tribulación descrita en el Apocalipsis han traído diferentes interpretaciones. Existen posiciones sobre los acontecimientos que sobrevendrán. Las diferencias han dado lugar a la atomización, divisionismo y aparición de religiosos, sectas y agrupaciones diversas en el mundo cristiano. En el sector católico, los avances del carismatismo son notorios, y han surgido ciertas diferencias entre los tradicionalistas y el modernismo. En las esferas evangélicas, el fraccionamiento es evidente: Bautistas, adventistas, pentecostales, ortodoxos, asambleístas… Dentro de ellos hay subdivisiones. Se habla de una contrareforma y avivamiento.

Entre las iglesias a nivel mundial con asistencias dominicales que superan cientos de miles de personas, se menciona la CALVARY TEMPLE en la India, YOIDO FULL GOSPEL de Corea del Sur, REEDMED CHURCH de Nigeria. También en Australia, Estados Unidos y en América Latina existe una tendencia ascendente, impulsada preponderantemente por el carisma de sus pastores y líderes. El fenómeno de las mega iglesias es atribuido —según los opinólogos de las ciencias sociales— a la calidad del mensaje, la carencia de respuestas ante los problemas acuciantes y la personalidad de los oradores.

EL QUE SE CREE SABIO EN EL ACTUAL SISTEMA DEBE HACERSE EL IGNORANTE

¿POR QUÉ EL ALTÍSIMO DESNUDA LA SABIDURÍA DE ESTE MUNDO Y LA CALIFICA DE INSENSATEZ?

Cada vez que el hombre contradice a Dios, el resultado no es el esperado. «Oh, hombre, él te ha declarado lo que es bueno y que pide Jehová de ti: solamente hacer justicia, y amar misericordia, y humillarte ante tu Dios». Miqueas 6: 8.

De las tres cosas que pide Dios, en la última está el código revelado: **Ser humilde ante Dios**.

Las dos anteriores peticiones de Dios están ubicadas en el arca del alma: Hacer justicia es una decisión personal, y amar la misericordia también, pero, además, estar en el campo del espíritu. Si solo amásemos la misericordia por obediencia, sin comprender la connotación espiritual, estaríamos comportándonos como una computadora.

El último pedido de Dios es que te humilles. Pero te dijo algo más: ¡Humillaos ante mí! En realidad, el gran «YO SOY EL QUE SOY» te está enviando el mensaje central del Ser. «Mira» dice el Eterno, «YO SOY, Y SOLAMENTE YO. ¡Nadie es en realidad y nada es!».

El Increado te envía el mensaje de la verdad: «Todas las cosas existen por mí. Y, sin mí, nada de lo que existe hubiera existido». En otras palabras, «todo depende de mí y está conectado a mí, que soy la fuente de la vida. Si se desconectan de mí, vuelven a la nada y a la no existencia». El único que tiene vida en sí mismo es Jehová, el gran YO SOY el que SOY.

La humildad no es falta de autoestima. No es renunciar a tu personalidad como creación de Dios. La humildad es ubicarte correctamente como hijo de Dios. La ausencia de humildad puede envanecer y ocurrir, lo que pasó con Luzbel, que pretendió subir a lo alto, «junto a las estrellas de Dios» y levantar su trono. Entonces, en el monte del testimonio, se sentó a los lados del norte, sobre las alturas de las nubes, y Luzbel pretendió ser semejante al Altísimo. Esa ambición lo trajo por tierra, derribado al abismo, hasta convertirse en Satán, el Diablo, un opositor cuyo final está cerca, en el lago de fuego y azufre.

LA HUMILDAD ES UN ESCALA PARA ALTURAS INSOSPECHADAS

Riquezas, honra y vida son la remuneración de la humildad y el temor de Jehová. Está escrito en Proverbios 22: 4. Las riquezas por las que tanto se afanan ciertos hombres de negocios, empresarios e inversionistas tendrían un fuerte aliado en una actitud humilde. Los políticos de aquí, allá y acullá, que empiezan ofreciendo salud, educación, trabajo y mejores condiciones de vida a sus pueblos, terminan cayendo en las redes de elogio, el halago popular y la vanidad. Muchos dejaron la humildad inicial —si la tuvieron—

y cayeron en los tiempos del dinero, el poder y la fama. En varios países, cuando juramentan un cargo, lo hacen por Dios y por la patria con la biblia en la mano, pero, en la práctica, el juramento es olvidado por las artimañas del sistema mundano.

EL OLOR DE VIDA Y EL OLOR DE MUERTE

La industria mundial de la perfumería ha producido fragancias para los olfatos más exigentes. Diversos países se encuentran a la vanguardia, produciendo aromas que cautivan a hombres y mujeres en todo el orbe. Fantasías e ilusiones inculcan a los cerebros a través de un olor agradable. Sueños a través del olfato.

Para algunos hombres, ciertos aromas son irresistibles en una mujer, y para las mujeres las fantasías se agudizan cuando perciben en el hombre un perfume que les encanta.

En este mundo competitivo, países con tradición en agradar a través de una fragancia hoy redoblan esfuerzos ante nuevos capitales y marcas que surgen en el horizonte del medio ambiente social, familiar y en los salones exclusivos de la dulce vida. La publicidad se esmera en crear ilusiones y activar recuerdos que impulsen la adquisición de colonias y ambientadores.

El apóstol Pablo, hombre que se movía en varias dimensiones, como viajó, en el espíritu, al tercer cielo, presenta una situación: ¡Hay un olor de conocimiento! Y este olor es para vida, pues se salvan. Pero los que optan por no olfatear el conocimiento despiden olor de muerte, porque han perdido su primer olor, o no lo han captado, 2 Corintios 2: 14- 16.

¿Qué está diciendo Pablo? El apóstol utiliza el olor y establece un paralelismo en olfatear lo que viene del mundo natural y del mundo espiritual. Hay un olor espiritual que supera en distancias galácticas al olor natural. Es lo que no comprendieron los discípulos cuando la mujer rompió el alabastro y derramó el perfume sobre los pies de Cristo. «¡¿Para qué este desperdicio?!» «¡Podía haberse vendido a gran precio y haberse dado a los pobres!». El razonamiento utilitario de los discípulos parecía correcto. El enfoque del señor Jesucristo sobre este caso fue diferente:

«BUENA OBRA ME HA HECHO. SIEMPRE TENDRÉIS A LOS POBRES CON VO-SOTROS, Y CUANDO QUERÁIS LE PODRÉIS HACER BIEN; PERO A MÍ NO SIEMPRE ME TENDRÉIS» Marcos 14: 6-7.

¿PARA QUÉ SIRVE UN PERFUME? Es para agradar, para oler bien y no ser rechazado. Quien regala un perfume es para halagar a quien lo recibe, proporcionarle una fragancia que a su vez agrada a quienes lo rodean. Esa fue la intención de la mujer del alabastro. El objetivo final del perfume es que la persona que lo use huela agradablemente.

En el libro de Eclesiastés, el autor advierte que «LAS MOSCAS MUERTAS HACEN HEDER Y DAN MAL OLOR AL PERFUME DEL PERFUMISTA. ASÍ, UNA PEQUEÑA LOCURA, AL QUE ES ESTIMADO COMO SABIO Y HONORABLE» Eclesiastés 10: 1.

Podemos rociarnos los perfumes más caros de las mejores marcas del mundo, pero, si hemos delinquido, nuestro humor será apestoso. Un asesino, ladrón o violador expelerá un fétido olor que causa repulsión. Mantendrán distancias de estas personas. El perfume que usamos deberá corresponder al olor de nuestros espíritus. ¿Qué espíritu tenemos? ¿Espíritus de egoísmo, mezquindades, envidias, celos y adulterios? Estos espíritus dan un mal olor.

Los espíritus generosos, de amor y bondad, nos llevan de victoria en victoria.

**«MAS A DIOS GRACIAS, EL CUAL
NOS LLEVA SIEMPRE EN TRIUNFO
EN CRISTO JESÚS, Y POR MEDIO
DE NOSOTROS MANIFIESTA, EN TODO
LUGAR, EL OLOR DE SU CONOCIMIENTO».**
2 Corintios 2: 14.

EL apóstol Pablo, por inspiración divina, asegura que Dios nos lleva siempre en triunfo y que, mediante nosotros transfiere el supremo conocimiento. Usa, para este transferir, un recurso paralelo al olor de un perfume: el olor de su conocimiento. La Divinidad emplea procedimientos humanos con el fin de dejarse entender por los hombres carnales. El señor Jesucristo empleaba alegorías para llegar a las mentes simples. Aludía a figuras típicas, como las semillas, el viento y las piedras, como formas de llegar al corazón humano.

«PORQUE PARA DIOS SOMOS GRATO OLOR DE CRISTO EN LOS QUE SE SALVAN, Y EN LOS QUE PIERDEN, A ESTOS CIERTAMENTE, OLOR DE MUERTE PARA MUERTE, Y A AQUELLOS, OLOR DE VIDA PARA VIDA».
2 Corintios 2: 15, 16.

Las revelaciones en el libro de Corintios —como lo señala 1 Corintios 2: 9, 10— tienen un propósito:

Dejar al espíritu de Dios espiritualizar lo corpóreo.

Vale decir que la materia tiene que dar paso al espíritu. De lo contrario, lo encapsulado bloqueará la liberación del espíritu. El científico Einstein, en su teoría de la relatividad, trató de plantear la hipótesis de que en realidad la materia no existe: todo es energía, movimiento. Halló que el átomo se divide en protones, electrones y neutrones que giran tan rápido que parece sólidos, pero que son infinitesimales. Sin embargo, hay partículas más pequeñísimas, si más como el fotón y positrón. Einstein dijo que la materia que viaja a la velocidad de la luz al cuadrado (300,000 kilómetros por segundo) ya no es materia, sino energía ($E = M.C^2$ es la ecuación de Einstein).

Los entendidos de la ciencia nuclear se han aproximado a los misterios del universo, pero la biblia ya nos ha revelado, desde hace siglos, los códigos secretos sobre el espíritu del hombre y el Espíritu Sarto.

«ANTES BIEN, COMO ESTÁ ESCRITO: COSAS QUE EL OJO NO VIO, NI OÍDO OYÓ, NI HAN SUBIDO EN CORAZÓN DE HOMBRE, SON LAS QUE DIOS HA PREPARADO PARA LOS QUE LE AMAN.

PERO DIOS NOS LA REVELÓ A NOSOTROS POR EL ESPÍRITU, PORQUE EL ESPÍRITU

**TODO LO ESCUDRIÑA; AUN LO PROFUNDO
DE DIOS.**

**PORQUE ¿QUIÉN DE LOS HOMBRES
SABE LAS COSAS DEL HOMBRE,
SINO EL ESPÍRITU DEL HOMBRE
QUE ESTÁ EN ÉL?
ASÍ TAMPOCO, NADIE CONOCIÓ
LAS COSAS DE DIOS, SINO
EL ESPÍRITU DE DIOS.**

**Y NOSOTROS NO HEMOS PERCIBIDO
EL ESPÍRITU DEL MUNDO, SINO
DEL ESPÍRITU QUE PROVIENE
DE DIOS, PARA QUE SEPÁIS LO
QUE DIOS NOS HA CONCEDIDO,
LO CUAL TAMBIÉN HABLAMOS, NO CON
PALABRAS ENSEÑADAS POR
SABIDURÍA HUMANA, SINO CON
LAS QUE ENSEÑA EL ESPÍRITU,
ACOMODANDO LO ESPIRITUAL, A LO
ESPIRITUAL».**
1 Corintios 2: 9-13.

Nótese lo que dice el escritor:

«PARA QUE SEPÁIS» lo revelado.
¿DE QUÉ FUENTE? No es de este mundo.
¿CUÁL ES EL MENSAJE? Algo que nos conceden.
¿ES UN MENSAJE ENCUBIERTO? Es encubierto.
¿CÓMO DESCIFRARLO? Solo con el espíritu.
¿MI ESPÍRITU? Sí y no.
¿CÓMO ES ESO? Vuelve a leer el mensaje.
¿Qué PARTE? Acomodar lo espiritual a lo espiritual.

Por favor, ¿PUEDES EXPLICARLO MEJOR? Tu parte espiritual no es suficiente, tienes que unirlo al Espíritu de Dios y tendrás la comprensión del mensaje.

El escritor dice, además, que el hombre natural no percibe las cosas que son del espíritu, porque le son locura. No las puede entender, se han de discernir espiritualmente. ¡El enigma resuelto! No es con razonamiento humano, filosofía escolástica o lógica del pensamiento. Estas tres corrientes pueden ser atractivas y tener seguidores. Aparecen Sócrates, Platón, Aristóteles, Santo Tomas de Aquino, Descartes, Kant, Siddharta Gautama, Brahma, Vichnu, Upanicad y Mahoma. Estos hombres y corrientes de pensamiento han tenido y tienen sus propias ópticas en descifrar al hombre y mundo. Una parte de la humanidad va tras estas líneas de creencias. El cristianismo representa menos de la tercera parte de la población mundial, pero aun el cristianismo está también dividido.

El OLOR A MUERTE se percibe por doquier. En los césares de los romanos, los que entraban a la arena del coliseo saludaban al emperador, diciendo «los que van a morir te saludan». El espectáculo era sangriento y la gente quería sangre. ¡Pero hay dos clases de sangres! La que te lleva a la muerte eterna y la sangre del redentor, que te conduce a la vida.

Los «grandes» hombres de todas las épocas, que conquistaron reinos y derribaron muros, murieron y están muertos. El Redentor también fue muerto, pero ¡RESUCITÓ! Los otros filósofos y «padres» de muchas religiones murieron, pero no han resucitado. ¡Solo Cristo resucitó! Está sentado a la diestra del Padre y fue enfático cuando dijo: «**Yo soy la resurrección y la vida. El que cree en MÍ, aunque esté muerto, vivirá**».

PONTE EL PERFUME PARA LA NUEVA MARCA: CPV

(CONOCIMIENTO PARA LA VIDA)

EL OLOR PARA LA VIDA no se percibe claramente. ¡Pero está!

El texto bíblico que hemos leído en 2 Corintios 2: 15,16 alude a los tipos de olores: el primero es el olor de vida, que resulta del conocimiento. Esta fragancia es vida para vida. El rompecabezas se arma cuando el misterio oculto es revelado a los que han alcanzado madurez y sabiduría, no religiosa, ni ritualista. El segundo es el olor de muerte para muerte. ¿Por qué? Por la ausencia de los dos espíritus: El de la propia persona, que es el espíritu de aliento de vida, el que se da al momento de ser engendrado (aunque hay otros que sostienen que en la concepción). Este espíritu, en el hombre carnal, se encuentra deprimido, disminuido, casi inerte. Solo da vida por unos cuantos años. Pueden ser sesenta u ochenta; en los más robustos, superan estas cifras. El otro espíritu (en muchos ausente), es el Espíritu Santo, porque esta persona no ha recibido a Cristo en su corazón. Por ende, no tiene el espíritu santo. El texto es claro en 1 Corintios 2: 13:

«Lo cual también hablamos
no con palabras enseñadas
por sabiduría humana,
sino con las que enseña
el ESPÍRITU, acomodando
lo espiritual a lo espiritual»

Lo espiritual a lo espiritual es un acomodo fuera de lo natural. El espíritu de la persona se une al Espíritu Santo, y ambos constituyen un solo espíritu (lo espiritual a lo espiritual).

«PERO EL QUE SE UNE
AL SEÑOR, UN ESPÍRITU
ES CON ÉL».
1 Corintios 6: 17.

A esta persona se le recomienda tomar conocimiento de su Padre Espiritual, que es Dios. Es más, el Creador anhela que sus hijos le conozcan, para darles, además del Espíritu Santo, su gracia y gloria.

«PORQUE SOL Y ESCUDO ES JEHOVÁ DIOS;
GRACIA Y GLORIA DARÁ JEHOVÁ.
NO QUITARÁ EL BIEN A LOS QUE
ANDAN EN INTEGRIDAD»
Salmos 84: 11.

Entonces:

¿Cuál es el código que Dios te revela?

¿Cuál el *password* del infinito?

La respuesta es el espíritu. ¿Cuál? No solo tu espíritu. Se requiere que el Espíritu Santo venga a ti y se fusione con tu espíritu (aliento de vida), y ambos sean UN SOLO ESPÍRITU. Es decir, ¡**Dios dentro de ti**! Este es el código que te revelará «cosas grandes y ocultas que tú no conoces».

El señor Jesucristo, en una oración privada al Padre, le rogó por este código:

**«MAS NO RUEGO SOLAMENTE POR ESTOS,
SINO TAMBIÉN POR LOS QUE HAN
DE CREER EN MÍ POR LA PALABRA DE
ELLOS, PARA QUE TODOS SEAN UNO, COMO
TÚ, OH PADRE, EN MÍ, Y YO EN TI.
QUE TAMBIÉN ELLOS SEAN UNO EN
NOSOTROS, PARA QUE EL MUNDO
CREA QUE TÚ ME ENVIASTE.
LA GLORIA QUE ME DISTE, YO
LES HE DADO, PARA QUE SEAN
UNO, ASÍ COMO NOSOTROS SOMOS UNO».**
Juan 17: 20-22.

En esta oración se descubre que el ruego del Señor fue aceptado por el «ALTO Y SUBLIME, el que habita la eternidad y cuyo nombre es el Santo». El inmenso e inigualable amor de Dios por sus hijos humanos transciende toda teología. No hay escatología que pretenda explicar los caminos de Dios con su creación. Menos en las criaturas que él formó. Y, menos aun, con sus hijos.

Por lo tanto, el misterio es revelado a los que van alcanzando madurez y sabiduría. No religiosidad, ni ritualismo. Tampoco el conocimiento intelectual y académico, ex cátedra. El requisito es sabiduría, no de esta o cual universidad o colegiado, sino la sabiduría que viene de lo alto. Indudablemente, la universidad y los estudios son importantes para este sistema, y es loable estudiar, pero recordemos que para buscar un rey para la nación de Israel —victoriosa en muchas batallas—, Dios no escogió al más caracterizado según el ojo humano. Seleccionó a un experto en honda, un chico que pastoreaba las ovejas en el campo. En otra ocasión, Dios escogió a un asno para hacer retroceder al profeta Balaam. También a la ramera Rahab para derribar los muros de Jericó.

La metodología, la agenda y la estrategia para el plan de Dios no son del hombre. El hombre actúa, con todo su potencial, en el mundo transitorio en que vivimos. Se esfuerza de sobremanera, con gran desgaste de todas sus energías, para vivir temporalmente en esta tierra.

Sus años acaban como un tris. La porción de tiempo es pequeñísima en este sistema mundano, que es diabólico, con apariencias atractivas. Pero su fin es muerte, y puede ser muerte eterna, si no les ha amanecido la ley de las buenas noticias de Cristo, el restaurador. En realidad, el actual mundo no vive en un drama, sino en tragedia. Pero la tragedia tiene una máscara divertida, que se llama «PLACER». Y esta mascara del PLACER tiene un sustituto, que recibe el nombre de «DESDICHA». Un escritor francés decía que «el hombre tiene placer por la desdicha». Shakespeare lanzó la interrogante de los siglos: «SER O NO SER». Y un poeta español escribió «qué descansada vida, la que huye del mundanal ruido. Y sigue la escondida senda, por donde han ido los pocos sabios que en el mundo han sido».

El hombre siempre se ha deleitado entre sus conflictos interiores y el mundo que lo rodea. Por eso, la luz del evangelio eterno surge como la aurora, hasta que el día amanezca y el lucero de la mañana salga en los corazones.

La disyuntiva vuelve a plantearse en cada humano «¿Ser o no ser?». Y, en ese loco afán, acude al ocultismo, brujería, espiritismo, consulta a los muertos, horóscopos, drogadicción, adivinación, hechicería, magia y sortilegio. Olvidan o ignoran que hace siglos fue dicho que quien practica tales cosas, COMETE ABOMINACIONES. SERÁN IRREMEDIABLEMENTE DESTRUIDOS. ¡Solo un arrepentimiento genuino puede salvarles!

El Espíritu y la Palabra descorren el velo de la esperanza y anuncian la pronta implantación del reino de Dios aquí en la tierra.

¡El misterio es revelado. ¡Lo oculto es descubierto! Y la palabra de Dios se expresa claramente:

**«SIN EMBARGO, HABLAMOS SABIDURÍA
ENTRE LOS QUE HAN ALCANZADO MADUREZ;
Y SABIDURÍA, NO DE ESTE SIGLO, NI DE LOS
PÍNCIPES DE ESTE SIGLO, QUE PERECEN.**

**MAS HABLAMOS SABIDURÍA DE DIOS EN
MISTERIOS, LA SABIDURÍA OCULTA, LA CUAL
DIOS PREDESTINÓ ANTES DE LOS SIGLOS
PARA NUESTRA GLORIA,**

**LA QUE NINGUNO DE LOS PRÍNCIPES
DE ESTE SIGLO CONOCIÓ, PORQUE SI
LA HUBIERAN CONOCIDO, NUNCA
HUBIERAN CRUCIFICADO AL SEÑOR DE
GLORIA.**

**ANTES BIEN, COMO ESTÁ ESCRITO:
COSAS QUE OJO NO VIÓ, NI OÍDO OYÓ,
NI HAN SUBIDO EN CORAZÓN DE HOMBRE,
SON LAS QUE DIOS HA PREPARADO
PARA LOS QUE LE AMAN.**

**PERO DIOS NOS LA REVELÓ A NOSOTROS,
POR EL ESPÍRITU; PORQUE EL ESPÍRITU
TODO LO ESCUDRIÑA, AUN LO
PROFUNDO DE DIOS».**

1 Corintios 2: 6-10.

La diferencia está establecida. ¡Dios revela y Dios oculta! ¿A quién oculta? A Satanás, el diablo, el príncipe de la mentira. Dios ocultó a este personaje y a sus súbditos humanos, hombres carnales, rebeldes a los mandamientos, contumaces en pecar. Los que llaman verdad a la mentira y mentira a la verdad. Precisamente, el Señor ocultó a las tinieblas que Jesús tenía que morir, porque al morir redimía al ser humano del pecado original y recuperaba al hombre caído a su estado PRIMIGENIO. Es decir, que el hombre recuperaba su relación con el Creador y volvía a tener vida eterna. En otras palabras, Dios le dio «jaque mate» al diablo y a los intonsos seres humanos que en la plaza le gritaban a Poncio Pilato: «¡CRUCIFÍCALO, CRUCIFICA A JESÚS!». Ignoraban que Jesús, al morir, volvía las cosas a cero. ¡Empezaba un nuevo renacer!

En el libro de Romanos, están muy claras las explicaciones de por qué era conveniente que Jesús muriera:

**«ASÍ QUE, COMO POR LA TRANSGRESIÓN
DE UNO VINO LA CONDENACIÓN A TODOS
LOS HOMBRES, DE LA MISMA MANERA,
POR LA JUSTICIA DE UNO VINO A TODOS
LOS HOMBRES LA JUSTIFICACIÓN
DE VIDA».**
Romanos 5: 18

Asimismo, el apóstol Pablo, quien tenía el Espíritu Santo y fue llamado por el propio Jesús, agrega lo siguiente: «**Por tanto, como el pecado entró en el mundo por un hombre, y por el pecado la muerte, así, la muerte pasó a todos los hombres por cuanto todos pecaron**» Romanos 5:12.

«Así también» continúa Pablo, por inspiración de lo alto, «**por la obediencia de uno, los muchos serán constituidos justos**». ¡ALBRICIAS! ¡GLORIA AL ALTÍSIMO!: ¡El hombre obtenía la REDENCIÓN por Jesús! ¡Él es la JUSTICIA, él pagó todos los delitos y pecados del hombre caído! Los volvió a hacer justos. Les devolvió la vida eterna. Les sanó sus enfermedades y quitó sus dolores.

Los judíos, fariseos, romanos y toda la multitud que pedía la muerte de Jesús IGNORABAN el plan del Soberano. Regresaba la vida, volvía el Reino de Dios, la Restauración y la Paz. Pero la sangre de Jesús era el precio. El *cordero* debía ser sacrificado. El maestro se entregó voluntariamente. Dios, su Padre, el Altísimo, entregaba a su hijo unigénito para rescatar a la humanidad del pecado, la oscuridad y la muerte. LA EVOLUCIÓN SE DETENÍA, LA INVOLUCIÓN A LA LUZ EMPEZABA.

La resurrección del cuerpo se tornaba realidad. Dios había triunfado. ¡GLORIA A DIOS! El diablo y sus seguidores creían haber vencido al matar a Jesús. ¡Pero estaban derrotados!

Capítulo III

CÓDIGOS SECRETOS
QUE AHORA SE REVELAN

NO TE DESAMPARARÉ

Las tormentas del mundo braman cíclicamente en la de muchas personas. Desgracias y sinsabores vienen y van. En ocasiones, duran largos periodos de tiempo. En algunos, se extienden casi toda la vida. Los que sufren pueden o no ser religiosos, otros, son agnósticos. En la práctica, algunos de quienes profesan una creencia no obedecen la catequesis del credo al que afirman pertenecer.

Otra gran legión que va en aumento se autodenomina *libertarios*, «que creemos a nuestra manera». Hay grupos parecidos, señalan: «somos creyentes de Dios, pero nos mantenemos independientes».

En realidad, el mundo religioso parece una torre de Babel que habla distintos idiomas, y la confusión es una característica resaltante. Una cosa los identifica: las inclemencias del diario vivir, que azotan a todos por igual; ricos, pobres, blancos, negros, chicos y grandes; y suelen sufrir cuando las desgracias llegan de un momento a otro. El Predicador dice que hay un mal que ha visto debajo del cielo, y muy común entre los hombres. El del hombre, a quien Dios da riquezas, bienes y honra, y nada, de todo lo que su alma desea, le falta. Pero Dios no le da facultad de disfrutar de ello, sino que lo disfrutan los extraños. Esto es vanidad y un mal doloroso, a palabras del Predicador.

Job, en su tiempo de desgracia, se lamentó con amargura del alma y dijo que estaba hastiado de su vida, llegando a maldecir el día en que nació. Un mal día, el chofer de una princesa llamada Diana del Reino Unido, al salir a la calle en su lujoso auto, en París, hizo una maniobra errada y se estrelló al ingresar a un puente, perdiendo la vida la princesa y el conductor. Muchas actrices de Hollywood cinematográfico se han suicidado, y famosos toreros y corredores de auto han perecido en las plazas de toros o en pistas y rallies de gran velocidad con los aerodinámicos autos de la fórmula uno.

El espectro de las adversidades en la vida humana es variable. Abarcan las enfermedades, dolores, violencia familiar y la pobreza extrema. También a los que están cautivos en vicios, como juegos de azar, alcoholismo y drogadicción. O el desempleo, divorcio, traiciones, pleitos, divisionismos, discriminación, *bullying*, problemas psicológicos o psiquiátricos, tensiones, estrés, orgullos, vanidades, egocentrismo y una caterva de situaciones, complejos y circunstancias, ninguna favorable para mostrar una vida de paz y saludable.

Frente al horizonte mundano de dificultades, la palabra de los siglos insurge como el chofar de Josué, cuando los cielos espirituales escuchan el mensaje de la Eternidad que promete: «**NO TE DEJARÉ, NI TE DESAMPARARÉ. ESFUÉRZATE Y SÉ VALIENTE**» Josué 1: 5, 6.

Las palabras del Eterno no son solo para Josué, son para todos los decepcionados en los sinuosos caminos del mundo. Se le insta a volver sus ojos al autor de la vida, a implorar por ayuda y protección para salir del pozo de la desesperación y del lodo cenagoso. Y aquel Eterno, que es plenitud del amor, promete perdonar al más vil pecador y acogerlo cariñosamente en su seno. «NO TEMAS, NO TE DESAMPARARÉ», le susurra.

Siglos después, el escritor de los hebreos reitera la promesa que se le hiciera a Josué, y anota «sean vuestras costumbres sin avaricia, contentos en lo que tenéis ahora: porque él dijo: "NO TE DESAMPARARÉ, NI TE DEJARÉ"; de manera que podemos decir, confiadamente: "El Señor es mi ayudador, no temeré lo que me pueda hacer el hombre"» Hebreos 13: 5, 6.

Pablo, al destacar la solemnidad de la promesa de Dios, hace la transferencia de esta promesa a los primeros cristianos en los tiempos del imperio romano. Y este transferir es continuo, en su accionar, a todo gentil que se convirtiera a Cristo. ¡Es una migración espiritual! Como triangulación, que se origina en Abraham, cuando el Eterno le promete que en el serán bendecidas todas las familias de la tierra.

El mismo Pablo aclara en Gálatas 3: 20, «y si vosotros sois de Cristo, ciertamente linaje de Abraham sois y herederos según la promesa». Ciertamente, el ser heredero por ser de Cristo le convierte, además, coheredero con Cristo, que recibe el galardón y cetro como Rey de Reyes y Señor de Señores. Su autoridad es total en cielo, tierra y debajo de la tierra.

A la luz de este código revelado, el temor y el desamparo deberían esfumarse del corazón de todo creyente. Debería aceptar que es heredero de la tierra y su plenitud. La tierra es su herencia. La promesa del Altísimo es dominio sobre este plantea, dominio que perdió Adán y robó el diablo. Ahora, ese dominio regresa a los auténticos herederos, los que han recibido al libertador y redentor Jesucristo, exaltado y reconocido por las miriadas de ángeles, que lo reconocen como Rey de Reyes y Señor de Señores. ¿Quiénes son esos reyes y señores que obedecen al gran Rey? ¿Pudieran ser los redimidos por la sangre del cordero (Jesús), que los convierte en reyes y sacerdotes?

Ellos han aceptado a Jesucristo, creen en él (Juan 1: 17). Por esta entrega, pasan a otro plano y se convierten en:

1. Hijos de Dios.
2. Salvados por el sacrificio de Jesús.
3. Herederos y coherederos en Cristo, en cumplimiento al pacto de Dios con Abraham.
4. Son entronizados como reyes en la corte de Cristo.
5. Se les honra como señores en la corte de Cristo.
6. Son los nuevos dueños de la tierra como legítima heredad.
7. Tienen acceso al Cielo, que es el trono de Dios.
8. Son nacidos de nuevo y ahora tienen vida eterna.

¿QUIÉNES SON ESTOS DIGNATARIOS Y HEREDEREOS QUE RECIBEN LA INVESTIDURA DE REYES Y SEÑORES?

La respuesta está en 1 Pedro 2: 9, Apocalipsis 1: 6 y Apocalipsis 17: 14:

**«MAS VOSOTROS SOIS LINAJE ESCOGIDO,
REAL SACERDOCIO, NACIÓN SANTA,
PUEBLO ADQUIRIDO POR DIOS, PARA
QUE ANUNCIÉIS LAS VIRTUDES DE AQUEL**

**QUE OS LLAMÓ DE LAS TINIEBLAS A
SU LUZ ADMIRABLE».**

1 Pedro 2: 9.

**«Y NOS HIZO REYES Y SACERDOTES
PARA DIOS, SU PADRE. A ÉL SEA
GLORIA E IMPERIO POR LOS SIGLOS
DE LOS SIGLOS».**

Apocalipsis 1: 6.

**«PELEARÁN CONTRA EL CORDERO, Y
EL CORDERO LOS VENCERÁ,
PORQUE ÉL ES SEÑOR DE SEÑORES
Y REY DE REYES, Y LOS QUE ESTÁN
CON ÉL SON LLAMADOS Y ELEGIDOS Y
FIELES».**

Apocalipsis 17: 14.

El desamparo es una estrategia satánica para hacer dudar al creyente e inocularle dudas y temores. El plan diabólico es golpear con un *uppercut* constante, como en el boxeo, y bajar al mínimo los valores de tu FE. Recordemos que la fe es un escudo como arma defensiva, pero, cuando el justo vive por fe, se convierte en un arma ofensiva. De allí que el diablo, sabiendo los altos valores de la Fe, trata por todos los medios de debilitarla en cada ser humano. «Sin fe, es imposible, agradar a Dios». La táctica de las tinieblas es apuntar en el bull, debilitando la fe. De allí que nuestro rey consagra, en Mateo 11: 28, un axioma espiritual: «VENID A MÍ TODOS LOS QUE ESTÁIS TRABAJADOS Y CARGADOS, Y YO OS HARÉ DESCANSAR». Y el Salmo 37: 5 recomienda «ENCOMIENDA A JEHOVÁ TU CAMINO, CONFÍA EN ÉL, Y ÉL HARÁ». Ambos mensajes son de protección, amparo y refugio. El versículo treinta y cuatro de este mismo salmo es muy preciso: «ESPERA EN JEHOVÁ, Y GUARDA SU CAMINO, Y ÉL TE EXALTARÁ PARA HEREDAR LA TIERRA; CUANDO SEAN DESTRUIDOS LOS PECADORES, LO VERÁS». Aquí aparece una sentencia contra los pecadores e impíos: su destrucción. Y, simultáneamente, la promesa de exaltar al que aguantó y fue acosado por el diablo, el mundo y la carne. Para ellos, la promesa es la exaltación y la herencia de una tierra renovada, limpia y bendecida.

Recordemos siempre: Dios nos dice «**No te desampararé**».

SELLOS SE ABREN Y REVELAN LOS CÓDIGOS SECRETOS

—EL SECRETISMO CONFUNDE A LOS ADVERSARIOS—

Mientras el mundo físico, en sus diversos sistemas, contiene la vorágine voluptuosa, mezclada en la tecnología de los siglos XX y XXI, en la dimensión espiritual se descorren misterios, puertas se abren y los ojos y oídos pueden ver y escuchar lo que el soberano reveló a aquellas que disponen sus corazones, o hurgar más allá del entorno que pretende mantenerlos entumecidos.

En paralelismo al *boom* tecnológico desde fines del siglo anterior y el renovado impulso de la era electrónica en lo que va del siglo XXI, el despertar espiritual de una minoría de seguidores del Dios personal se acrecienta. El propio Creador del universo ha rechazado a aquellos adoradores nominales, que han constituido «religiones» como forma de religarse a Él, pero al modo y estilo humano y materialista del joven rico, que desistió de seguir a Jesús por el costo de dejar sus riquezas.

Este paralelismo es evidente cuando, a la par que el mundo busca una cosmovisión para las comunicaciones, el intercambio comercial internacional, la explotación desenfrenada de los recursos naturales y la sumisión a la bolsa de valores; a un costado, una minoría intrascendente desinteresada de notoriedad e ignorada por los medios, silenciosamente, «de boca a boca», comunica y revela ciertos misterios que Dios está dando a conocer como «señales» de los acontecimientos que están ocurriendo y van a ocurrir. No solo en el mundo natural, sino esencialmente en la dimensión espiritual, que influencia en el mundo físico.

Las palabras de Pablo, cuando se refiere a lo que el profeta Isaías dijera siglos atrás, toman fuerza:

**«COSAS QUE OJO NO VIO
NI OÍDO OYÓ, NI HAN
SUBIDO EN CORAZÓN DE
HOMBRE, SON LAS QUE
DIOS HA PREPARADO PARA
LOS QUE LE AMAN».**
1 Corintios 2: 9.

Ambas predicciones de Isaías y Pablo se conjugan. Lo incognoscible de una profecía suele dar lugar a diversas interpretaciones y debates, cuando el que interpreta no viene de Dios. Los antagónicos se confabulan y agrupan para hacer escarnio, ridiculizando cualquier anuncio que incomode sus estilos de vida. Noé fue víctima de la burla grotesca cuando anunció el diluvio. Los expertos meteorólogos de aquella época nunca habían visto una lluvia sobre el planeta, pues nunca había llovido sobre la faz de la tierra, según la escatología e investigaciones históricas. La lluvia llegó a cántaros cuarenta días y cuarenta noches, la predicción se cumplió.

En el libro del Apocalipsis, llamado también *Revelación*, el visionario Juan describe un escenario celestial donde aparece un cordero. Este animal es manso y humilde, y representa al Señor Jesucristo, que fue a la muerte de la cruz sin ninguna protesta, sufriendo inocentemente para expiar el pecado del hombre caído. Lo relevante en este escenario descrito por el joven visionario son los sellos que se abren. El primer sello es abierto por el cordero. Al momento en que se abre, uno de los cuatro seres vivientes dice con poderosa voz, como de trueno, «VEN Y MIRA», Apocalipsis 6: 1.

Debemos discernir lo que dice y lo que quiere decir el ser viviente. Lo primero es un llamado a que se acerque, luego lo insta a que sus ojos observen con detenimiento lo que está sucediendo en esos instantes. Se trata de un caballo blanco. Este animal, a juicio de muchos, representa pureza, agilidad, carrera. Hay caballos de varias razas, son erguidos, y en la historia universal, desde la época de los bárbaros, han sido protagonistas de innumerables batallas. En la Roma de los césares, en la Europa de los reyes y en las guerras napoleónicas fueron factores determinantes. En la independencia de los pueblos colonizados de Sudamérica, los libertadores usaban los briosos corceles, trasladándose por los virreinatos de la cordillera de los Andes. En el norte americano, la conquista del oeste fue con los briosos potros de los *cow boys* y en sus batallas con los sioux y cheyenes. La fiebre del oro tuvo factor de ayuda a los equinos, que usaban los buscadores para ser ricos

Lo segundo que ofrecía el visionario es quién monta al caballo blanco: el que lo montaba tenía un arco y una corona. Lo que aprecia Juan es que este jinete «salió venciendo y para vencer».

Si unimos a jinete y caballo con los atuendos que se mencionan, están mostrando un escenario de batalla. Juan deduce que este dúo va a la victoria. En el versículo dos de Apocalipsis 6, el autor escribe: «SALIÓ VENCIENDO Y PARA VENCER». Aquí está el meollo y la sustancia de la manifestación divina.

Todo lo que va ocurriendo en las revelaciones es <u>resultado</u> incuestionable a un acto previo: <u>abrir uno de los sellos</u>. Si no se hubiera desellado, no habría oído ni mirado nada. ¡La clave estaba en los sellos!

Similar situación la tuvo el profeta Daniel, cuando el varón vestido de lino, que estaba sobre las aguas del río, respondiendo la pregunta y curiosidad de Daniel por saber el fin de todas las cosas, le respondió:

**«ANDA, DANIEL, PUES ESTAS PALABRAS
ESTÁN CERRADAS Y SELLADAS HASTA
EL TIEMPO DEL FIN».**
Daniel 12: 9

Lo curioso es que al mismo Daniel, al ser informado sobre los tiempos de angustia que habrían de ocurrir en un futuro lejano (Daniel vivió seiscientos años, aproximadamente, antes del nacimiento de Jesús), se le ordena lo siguiente:

**«PERO TÚ, DANIEL, CIERRA LAS
PALABRAS Y SELLA EL LIBRO HASTA
EL TIEMPO DEL FIN».**
Daniel 12: 9.

El Altísimo dio a Daniel solo un adelanto de información sobre el futuro y el fin. Mas no le informó todo. La orden de Dios a Daniel fue «¡sella las palabras y ciérralas!». ¿Cuándo ocurre la apertura de los sellos? Después de Cristo. A Juan, desterrado en la isla de Patmos, se le permite «ver» y «mirar» luego de que los sellos fueran abiertos.

Armemos el rompecabezas de las profecías. Cuando Jesús y Juan el bautista, anunciando que el Reino de Dios se venía manifestando, dando inicio a una nueva etapa, Jesús dijo en su ministerio: «El reino de Dios no vendrá con advertencia, ni dirán: "He aquí o helo allí", porque he aquí que el reino de Dios está entre vosotros» Lucas 17: 20-21.

Cuando uno escucha la palabra de salvación, y acepta recibir a Cristo en su corazón, ocurre un hecho sobrenatural. El Espíritu Santo viene a morar en esa persona.

El cuerpo del genuinamente convertido es templo del Espíritu Santo. Vale decir, Dios habita dentro él. Pero sucede algo más: «EL QUE SE UNE AL SEÑOR, UN ESPÍRITU ES CON ÉL» 1 Corintios 6: 17. En Pentecostés, mucho recibieron grupalmente al Espíritu Santo, y «comienzan a hablar en otra lengua, según el Espíritu les daba que hablasen». El apóstol Pablo explica que la unión del espíritu del hombre con el Espíritu de Dios es una dádiva de la Divinidad, y no es fácil de comprender para el pensamiento humano. Los cuerpos, por sí solos, no tienen vida. El salmista aclara que el Divino, al enviar su Espíritu, es creado y remueve la faz de la tierra, Salmos 104: 30.

Si atamos los cabos y concordamos los factores, espíritu y cuerpo humano, con espíritu de Dios, la incógnita del Reino se resuelve. ¿Por qué Juan el bautista dijo «ARREPENTIDOS, PORQUE EL REINO DE LOS CIELOS SE HA ACERCADO»? Luego el prístino mensaje de Jesús, en sus inicios, fue: «ARREPENTIDOS, PORQUE EL REINO DE LOS CIELOS SE HA ACERCADO». En esta línea, ordenó a sus discípulos hacer lo mismo.

El reino de Dios ya está en este mundo. No está en el mercado, no está en el *mall*. Tampoco está aquí o allá. «Entonces, ¿dónde está y por qué decimos que está en el mundo?» interrogará un acucioso observador en el juego de palabras. La respuesta la dio Jesús: «EL REINO DE DIOS ESTÁ ENTRE VOSOTROS», «EL REINO DE DIOS ESTÁ DENTRO DE TI», «EL REINO DE DIOS ESTÁ EN MEDIO DE TI». Anoto estas respuestas de varias versiones de las Sagradas Escrituras porque si volvemos a analizar el factor espíritu, encontraremos gran parte de las incógnitas sobre el reino de Dios. Cuando recibimos al Espíritu Santo, a quien recibimos es a Dios, y por lo tanto Dios está dentro de nosotros, y, por ende, el reino de Dios ha llegado a nosotros. Pero, si tenemos el pensamiento del discípulo Tomás, ver para creer, nos vamos a decepcionar. Primero en lo espiritual y luego lo material. Es indudable que el reino de Dios se hará visible, aquí, en toda la tierra, cuando el viejo sistema mundano desaparezca. ¡Habrá nuevos cielos y nueva tierra, y la muerte dejará de ser!

HAY UN PUNTO DE ENCUENTRO

El Señor Jesucristo vino a esta tierra a salvar lo que se había perdido. Él pagó con su muerte el pecado de Adán, y por ende de todos los descendientes del caído Adán. La condición «SINE QUA NOM» es que los descendientes del primer hombre, es decir, toda la humanidad, para acogerse a esta provisión de salvación y vida eterna, tienen que aceptar el sacrificio de Cristo, asimilarlo en su corazón y creer, por fe, que Jesús de Nazaret es la ofrenda propiciatoria. Este acto de fe no es solo un recurso legalista, tiene una connotación multidimensional, porque abarca cielo, tierra, el interés de cada ser humano que tiene libre albedrio, la multitud de seres angelicales, el propio corazón de Dios y el grupo de ángeles rebeldes, que se constituyeron en demonios y gobernantes de las tinieblas.

La obra de Cristo es de tal magnitud que en la mano derecha, el Ser Supremo, que estaba sentado en su trono, tenía un libro que nadie podía abrir, ni siquiera mirar. El libro estaba escrito por dentro y por fuera, y sellado con siete sellos, indicativo de que nada podía ser añadido. En el *Apocalipsis* se menciona que Juan, ante la visión celestial, lloró mucho, porque no existía un ser, ni en el cielo, ni en la tierra, ni debajo de la tierra, que pudiera abrir el libro. Uno de los veinticuatro ancianos que estaban postrados delante del que setaba sentado en el trono le dijo a Juan:

«NO LLORES. HE AQUÍ QUE EL LEÓN DE LA TRIBU DE JUDÁ, LA RAÍZ DE DAVID, HA VENCIDO PARA ABRIR EL LIBRO Y DESATAR SUS SIETE SELLOS», Apocalipsis 5: 5.

Aquí está la revelación que comprende varias dimensiones. El león y la raíz a los que se refiere el anciano son, indudablemente, Jesús. Por eso lo califica como león de Judá (pueblo de Israel aquí en la tierra), y la raíz de David (viene de la promesa a Abraham). Los acontecimientos y personajes son terrenales, pero en la visión de Juan aparece el trono de Dios (celestial), los veinticuatro ancianos (celestial), el libro sellado por dentro y por fuera (en el cielo, pero con los sucesos de la tierra), el ángel que pregona (celestial) y los cuatro seres vivientes (celestial). Nótese que el que puede abrir el libro es uno de la tribu de Judá, la raíz de David. Es decir, un humano terrenal. Pero antes, el ángel que pregonaba a gran voz dijo que no había nadie, ni en el cielo, tierra y debajo de la tierra, que pudiera abrirlo. Aquí el se refiere a un Ser Especial, Único, más allá de toda dimensión. Si se fusionan ambos requerimientos, **trascendemos lo humano y lo espiritual**.

¿Hacia dónde lleva la visión de Juan?, ¿al superpoder, al dominio absoluto o suprema autoridad?

Es probable. Esta idea de Gran Dominio se acrecienta más cuando no solo se postran los cuatro seres vivientes que están alrededor del trono, sino también los veinticuatro ancianos. Lo hacen delante del león de la tribu de Judá, que es Jesús. Este escenario celestial ubica a Jesús de Nazaret ahora en el cielo, como ungido. Ahora es Jesucristo, con todos los poderes y sentado a la diestra del Dios Padre.

El Señor Jesucristo, con la plenitud de todos los poderes, es, sin embargo, humilde como un cordero, como oveja que va al matadero. La mansedumbre y obediencia de Jesús, que lo llevó hasta la muerte, son los verdaderos cimientos de todo el andamiaje multidimensional.

El reconocimiento unísono de los ángeles, los seres vivientes, y los ancianos, todos ellos alrededor del Trono, es una demostración celestial de adoración y reconocimiento al Señor Jesucristo. «El número de ellos era millones de millones, que decían a gran voz:

**EL CORDERO QUE FUE INMOLADO
ES DIGNO DE TOMAR EL PODER,
LAS RIQUEZAS, LA SABIDURÍA,
LA FORTALEZA, LA HONRA,
LA GLORIA Y LA ALABANZA.**

**Y A TODO LO CREADO QUE ESTÁ EN
EL CIELO, Y SOBRE LA TIERRA Y
EN EL MAR, Y A TODAS LAS
COSAS QUE EN ELLOS HAY, OÍ
DECIR:**

**AL QUE ESTÁ SENTADO EN
EL TRONO Y AL CORDERO,
SEA LA ALABANZA, LA HONRA, LA GLORIA**

CÓDIGO DESCUBIERTO

Este Jesús, glorioso y poderoso, tiene un punto de encuentro en lo natural y espiritual. El corazón de un creyente está en un cuerpo físico, con sus latidos, sístole y diástole. Este creyente tiene el Espíritu Santo y su cuerpo es templo del Espíritu. Vive en una ciudad cualquiera, en un país de un determinado continente, que puede ser Africa, América u otro.

Miremos en retrospectiva. Jesús, al resucitar, ascendió a los cielos y está sentado al lado derecho de Jehová, el Dios Supremo. Con los poderes recibidos, él tiene dominio en cielo y tierra. La tierra, sin embargo, está cautiva por las tinieblas; además de que la población mundial, en considerable número, no se muestra amorosa ni obediente al Rey y Señor Jesucristo. ¡Hay un espacio tiempo que se está viviendo desde que Jesucristo fue entronizado en el cielo y abrió el libro al que se refiere el Apocalipsis en el capítulo 5! En este lapso (comparable al ojo de un huracán) todo es aparente quietud en la tierra, hasta que la tormenta se mueva. Entonces, vendrán los destrozos y asolamientos, y será el fin.

El misterio que se revela en este tiempo crucial es dar a conocer la voluntad del señor Jesucristo según su beneplácito de reunir todas las cosas en Él, las que están en los cielos y las que están en la tierra. ¿Es esto posible? Afirmativo. Si tenemos la mente de Cristo nos guiará a discernir las cosas del espíritu, recordando lo que Jesús dijo cuando estuvo en la tierra: «LA CARNE PARA NADA APROVECHA, EL ESPÍRITU ES EL QUE DA VIDA. LAS PALABRAS QUE YO OS HE HABLADO SON ESPÍRITU Y SON VIDA» Juan 6: 63.

Cuando una persona recibe a Cristo en su corazón y se convierte, el espíritu de esa persona ya está sentado en lugares celestiales con Cristo. Su cuerpo aún está en la tierra. Trabaja, estudia, come, viaja y vive una vida natural, pero su espíritu está en lugares celestiales en el Señor.

Alguien se preguntará sin el espíritu estaría muerto. Sí y no. Sí, en el caso de un incrédulo. No, en un creyente. El espíritu del creyente está en dos dimensiones: sentado en lugares celestiales y también está en su cuerpo mortal, por la presencia del Espíritu Santo.

Recordemos lo que dice la escritura: El que se une al Señor, un espíritu es con Él. ¿Por qué? Su Espíritu y el espíritu están unidos. El Espíritu Santo es la eternidad y es multidimensional. Opera aquí, allá, acullá; en toda esfera, porque es espíritu. Entendamos, con mente espiritual, el beneplácito del señor Jesucristo de reunir las cosas del cielo con las de la tierra. El punto de encuentro es el mismo Jesucristo.

Por favor, lea Efesios 1: 9-10:

**«DÁNDONOS A CONOCER EL MISTERIO
DE SU VOLUNTAD, SEGÚN SU BENEPLÁCITO,
EL CUAL SE HABÍA PROPUESTO EN
SÍ MISMO**

**DE REUNIR TODAS LAS COSAS EN CRISTO,
EN LA DISPENSACIÓN DEL CUMPLIMIENTO
 DE LOS TIEMPOS, ASÍ LAS QUE ESTÁN
EN LOS CIELOS, COMO LAS QUE ESTÁN
EN LA TIERRA».**

El misterio aclarado: se produce la conexión, o unión, del cielo con la tierra. No en toda la tierra (el hombre fue formado de la tierra, «del polvo eres y al polvo volverás»), sino en quienes aceptaron recibirlo como Salvador. Esta es la premisa por la cual Cristo envía el Espíritu Santo al hombre terrenal, como las arras de la salvación o garantía para la vida eterna.

¿Cuándo se produjo la aclaración de este misterio?
En la dispensación del cumplimiento del tiempo, dice el libro de Efesios.

¿Qué es la dispensación?

Según el diccionario de la lengua española, dispensación es concesión y otorgamiento de un favor u obligación. Según la industria farmacéutica, es la entrega de la medicación prescrita por el médico al paciente. En teología, es administración o mayordomía. Si aplicamos el significado teológico al texto que hemos mencionado, «REUNIR TODAS LAS COSAS EN CRISTO, EN LA DISPENSACIÓN DEL CUMPLIMIENTO DEL TIEMPO», podríamos inferir que la reunión, unión o conexión se produce según la administración y mayordomía del tiempo. También podríamos aceptar que esta «reunión, unión» se realiza como concesión de otorgamiento del Señor Jesucristo de unir las cosas con la tierra (los hombres redimidos por la sangre de Cristo).

Si aplicamos lo que la industria farmacéutica sostiene, dispensación sería entregar la medicina al paciente. ¿Quién sería el medico? El Señor Jesucristo. ¿Y quién el paciente? El hombre terrenal y pecador. Al recibir la medicina sería totalmente curado, trayendo sanidad, bendición y redención, no solo a él, sino también a su hábitat, casa o morada, es decir, al planeta tierra. Este misterio aclarado recibe un espaldarazo sustantivo en el libro de Colosenses 1: 16-20:

**«PORQUE EN ÉL FUERON CREADAS TODAS
LAS COSAS, LAS QUE HAY EN LOS CIELOS Y
LAS QUE HAY EN LA TIERRA, VISIBLES E INVISIBLES,
SEAN TRONOS, SEAN DOMINIOS, SEAN PRINCIPADOS,
SEAN POTESTADES. TODO FUE CREADO POR MEDIO
DE ÉL Y PARA ÉL.**

**Y ÉL ES ANTES DE TODAS LAS COSAS, Y TODAS
EN ÉL SE SUBSISTEN.**

**Y ÉL ES LA CABEZA DEL CUERPO, QUE ES LA
IGLESIA, EL QUE ES EL PRINCIPIO, EL
PRIMOGÉNITO DE ENTRE LOS MUERTOS,
PARA QUE EN TODO TENGA LA PREEMINENCIA;**

**POR CUANTO AGRADÓ AL PADRE QUE EN ÉL
HABITASE TODA LA PLENITUD**

**Y POR MEDIO DE ÉL RECONCILIAR CONSIGO
TODAS LAS COSAS, ASÍ LAS QUE ESTÁN EN
LA TIERRA, COMO LAS QUE ESTÁN EN
LOS CIELOS, HACIENDO LA PAZ MEDIANTE
LA SANGRE DE SU CRUZ».**

El bebito que vino del mundo y nació en su pesebre con todas las limitaciones cumplió su misión terrenal. Jesús, el hijo amado, en quien el Padre manifestó toda su complacencia al culminar su obra redentora, recibe el poder (versículo dieciséis). Algo más. La revelación da a conocer con énfasis superlativo la preexistencia que tuvo Jesús antes de venir al mundo.

El apóstol Pablo lo certifica como si fuera un Notario Celestial, dando fe de lo que Juan escribe sobre Jesús. Lo llama «EL VERBO», «EL VERBO ERA CON DIOS», y «EL VERBO ERA DIOS», «TODAS LAS COSAS POR ÉL FUERON HECHAS, Y SIN ÉL, NADA DE LO QUE HA SIDO HECHO FUE HECHO". Juan y Pablo coinciden en la deidad de Cristo.

El poder y dominio del señor Jesucristo es revelado en estas escrituras. El inmenso amor por el hombre caído en el pecado es mostrado, en la práctica, al sacrificarse el mismo Dios, como el «VERBO», a morir en la cruz. Como está escrito también, «Dios es luz y las tinieblas de la muerte no prevalecen frente a la luz». ¡Hubo Resurrección! El diablo parece haber olvidado que Dios es omnipotente. La resurrección sorprendió al tentador de Jesús. «Vanidad de vanidades» exclamó Salomón, «todo es vanidad cuando se ignora, desobedece y desconoce al Omnipotente».

El dominio del Señor Jesucristo es descrito con precisión cuando el versículo dieciséis señala con formato directo que «todas las cosas en Él subsisten». Para comprender mejor este enunciado, se debe dar valores a la escena antigua, cuando Moisés le preguntó a Dios cuál era su nombre y de parte de quién iba a presentarse a los israelitas y al faraón. La respuesta del Eterno fue la siguiente: «YO SOY EL QUE SOY, ASÍ DIRÁS A LOS HIJOS DE ISRAEL: YO SOY ME ENVIÓ A VOSOTROS».

La infinitud de la respuesta de Dios nos aproxima un poco a comprender la naturaleza del Creador. Al decir el señor «YO SOY EL QUE SOY», está diciendo algo más: Nada es, las cosas de la tierra, del cielo, debajo en la tierra. ¡Nada son!

¡Todo lo que puedes pensar o imaginar en realidad no es! Porque, en forma subyacente existe una dependencia, una ligazón, al único que puede afirmar «yo soy». ¡Incluso la «nada», o «lo que no es», «lo que no existe», también depende del «yo soy»!

Como dicen ciertos maestros bíblicos:

«CREER PARA VER ES LO RECOMENDABLE», y no «VER PARA CREER».

La percepción puede ser resultado de la investigación científica, indagación profesional, testimonio de garantía y estudios matemáticos. El Señor Jesucristo aclaró que «SI CREES, VERÁS LA GLORIA DE DIOS».

Fue cuando resucitó a Lázaro. El dominio del Señor no debe ser interpretado con la terminología del mundo actual. No es dictadura, prepotencia, ni despotismo. Estos son formas políticas de gobiernos humanos efímeros.

El dominio en la nueva tierra será con amor, como el de un papá advirtiéndole al vástago que no beba de la botella que contiene veneno.

El dominio de Jesús, hijo del hombre, quien fuera entronizado a las alturas de la suprema dignidad, tiene una finalidad principal: **dar vida eterna**. La clave para tener la eternidad es el sometimiento al Todopoderoso, Santiago 4: 7-10.

El misterio es revelado al abrirse uno de los sellos. Pero no todos captan la revelación. El versículo veinte nos habla de una «reconciliación».

¿Quiénes estaban irreconciliados?

Cuando Adán y Eva desobedecieron a Dios, hubo una sentencia. Esta comprendió a la propia pareja, a la serpiente y a las simientes de ambos. Por derivación, la tierra fue maldecida. Espinas y cardos produciría. El hombre, con el sudor de su rostro, comería el pan, tenía que trabajar.

El trabajo fue como una carga para sobrevivir. La humanidad experimentaría dolores. La conexión con el Cielo se rompió. El cielo de Dios y la Tierra del hombre se separaron. La serpiente, figura del opositor satán, trajo tinieblas, sombras y nubarrones. El horrible castigo flagelaría al hombre por muchos siglos. Duraría hasta el cumplimiento del tiempo.

¿Cuándo se revela el misterio de los siglos?

Cristo, resucitado, asciende al cielo y se presenta ante el Trono de Dios, exhibiendo su sacrificio en la cruz como el cordero inmolado. Aquí suceden dos cosas importantes. La primera es que el Padre la otorga al Señor Jesucristo toda la PLENITUD. A partir de esa solemne entrega, algo portentoso ocurre, conmoviendo los cielos ante el gozo de los ángeles. Cielo y Tierra se vuelven a unir, y la paz retorna a estas dos dimensiones. Lo segundo que ocurre es la reunión de las cosas que están en los cielos con las cosas que están en la tierra. ¿Cómo se produce esto? Por la PLENITUD de Cristo. La plenitud es la capacidad absoluta y total del poder divino en la persona de Cristo.

El misterio deja de ser misterio. La unión, reunión y conexión es el resultado de la reconciliación lograda por Cristo. A partir de ese memorable instante, los que están en el cielo pueden viajar a la tierra, y los que están en la tierra pueden viajar al cielo. ¡Es turismo celestial! ¡Qué nuevas maravillas se podrán ver y experimentar! No habrá restricciones para los accesos al mundo cósmico y las dimensiones espirituales. El antiguo viaje de Pablo al tercer cielo será una cosa del pasado. En la nueva tierra y los nuevos cielos habrá novedades no pensadas ni imaginadas. La antigua mentalidad del hombre caído habrá desaparecido. Las sustancias de las cosas podrán percibirse libremente. La nueva paz que logró Cristo en las batallas contra el diablo y las tinieblas será ahora el talón de fondo de la real convivencia humana.

EL ACTO IRRESPETUOSO DEL DIABLO, CUANDO TENTÓ A JESÚS, ENCIERRA UNA LECCIÓN QUE MUESTRA UN ATAJO. AL LLEVAR AL SEÑOR A LA CUMBRE DE LAS MONTAÑAS PARA MOSTRARLE Y OFRECERLE LOS REINOS DEL MUNDO (A CAMBIO DE UN ACTO DE ADORACIÓN HACIA ÉL), EVIDENCIA EL TRIUNFO DEL MAESTRO DE GALILEA SOBRE LA TENTACIÓN, ¡ÉXITO INDUBITADO!

El ataque del diablo fue un *boomerang* para él mismo.

Cada prueba resistida y tentación vencida es el atajo para acortar el camino al Reino de Dios. La victoria sobre la tentación es como el ladrillo que se coloca para construir la estructura del nuevo hombre.

Pedro enseña que las diversas pruebas que afligen al creyente abonan su hoja de vida, «para que también en la revelación de su gloria, os gocéis una gran alegría» 1 Pedro 2: 12,13.

El perfil psicológico del nuevo hombre deberá acercarse a lo pacifico, amoroso, paciente y benigno. Tendrá vida eterna. Mostrará en su rostro el resplandor del Alto y Sublime. Llevará dentro de él la gloria y la gracia del Creador.

PODRÁ, COMO HIJO DE DIOS, VISITAR EL CIELO Y DISFRUTAR DE TODAS SUS MARAVILLAS, SEÑOREAR EN LA TIERRA, CONVIRTIÉNDOLA EN TODO UN PARAÍSO, TAL CUAL FUE EL PROPÓSITO INICIAL DEL CREADOR.

LO EFÍMERO Y LO PERDURABLE

LA BELLEZA FEMENINA Y LAS CORONAS DE PAPEL

En el concurso *Miss Universo,* la ganadora del certamen, una bella y escultural joven, fue llamada al estrado en medio de los aplausos. El maestro de ceremonia, con la cara sonriente, procedió a colocar la corona de reina. En el escenario, varias filas de las otras concursantes en traje de baño lucían esbeltas, atractivas y gráciles. Las cámaras de televisión captaban todos los detalles. De pronto, dos caballeros y una dama, al parecer del jurado, se acercaron al maestro de la ceremonia, susurrándole al oído. Entonces, uno de los caballeros, ante el micrófono, proclamó como ganadora a la que, se suponía, quedaba de segunda. Le quitaron la corona a la proclamada y se la colocaron a la otra bella joven, explicando un error en la entrega de las tarjetas.

Los aplausos se dieron, ante la extrañeza de los presentes, pero el fino tacto del animador aclaró la sorpresa de muchos. Se leyeron las tarjetas correctas de calificación y se pidieron disculpas al público y a los millones de televidentes de varios países.

En Perú, hubo dos casos parecidos. La bella Melissa, una atractiva joven que también incursionaba en la actuación teatral, había ganado el concurso de *Miss Perú.* Melissa recibió el aplauso multitudinario y fue ceñida como «Señorita Perú». Ella, entusiasmada y alegre, días después decidió ser entrevistada por una revista internacional, famosa en publicar fotos de modelos, actrices y personajes de la farándula. La revista salió al mercado y a los organizadores del concurso no les fueron de agrado las fotos de Melissa que salieron en la publicidad. A los pocos días le quitaron la corona y Melissa perdió el título de Miss Perú.

El otro caso, también en Perú, fue cuando Anyella, ganadora del concurso de las *miss*, triunfadora como la nueva «Miss Perú» de aquel año, se fue a celebrar con sus amigas el título. En dicha reunión, al parecer, ingirieron más licor de la cuenta, y a Anyella le tomaron fotos algo ebria, las cuales enviaron a los organizadores del concurso. Ellos le quitaron la corona a Anyella, por ir contra la ética, reglamento del concurso y las buenas costumbres. La sancionaron por tomar licor en exceso.

Los títulos honoríficos, condecoraciones, premiaciones, diplomas, reconocimientos y toda variedad de honras a veces resultan fugaces. Salomón, haciendo un análisis de los vaivenes de las vidas, se preguntó: «¿Qué provecho tiene el hombre de todo su trabajo en que se afana debajo del sol?» y agregó «Miré todas las obras que se hacen debajo del Sol; y he aquí que todo ello es vanidad y aflicción de espíritu». Salomón, que fue rey, reconocido por su sabiduría, llega a la conclusión de su análisis y experiencia, de que «NADA HAY NUEVO DEBAJO DEL SOL, QUE LO QUE AHORA SUCEDE, YA HA SUCEDIDO EN LOS SIGLOS PRECEDIDOS Y VOLVERÁ A SUCEDER».

LOS GOBERNANTES Y LOS POLÍTICOS TAMBIÉN SON FUGACES

Las competencias por encontrar a la más bella entre las mujeres de un país, región o continente —siguiendo la línea de pensamiento de Salomón—, podrían ser comparables, en sus esencias, con la vida de las figuras públicas que quieren competir para ser gobernantes, exhibiendo sus dones y talentos, programas de gobierno y grandes planes de ejecución de obras.

En el pasado, las noticias del mundo ocuparon mucho espacio en la vida de algunos personajes, como el líder alemán Adolfo Hitler. En un momento, tuvo a Europa a sus pies, debido al poder de sus tanques de guerra. A la postre, cuando la guerra mundial le era adversa, se suicidó sin pena ni gloria. Otro hombre del mundo que conquistó mucho fue Napoleón Bonaparte, quien terminó sus días desterrado en una isla, abandonado y abatido.

Muchos presidentes de repúblicas, henchidos de poder y popularidad, terminaron odiados, criticados y abandonados por sus pueblos. Europa es testigo de estos sucesos. En el medio oriente, los constantes problemas de los países árabes a veces disminuyen o aumentan. En América Latina, suben y caen los gobernantes. Allí está la historia. Hubo en Argentina, Venezuela, Brasil, Cuba, Perú y otros países presidentes muy cuestionados. En Perú se dio el extraño caso de que cinco presidentes seguidos fueron acusados de recibir sobornos millonarios, coimas, cohecho y sobrevaloración de obras por miles de millones de dólares. La prisión, cárcel y denuncias judiciales y penales aumentaron para los ex presidentes. Cayeron en horribles desgracias.

La prisión, la cárcel y los procesos judiciales y penales siguieron a estos líderes políticos, a quienes un día el pueblo eligió, aplaudió y encumbró. Los cinco ex presidentes peruanos tuvieron su hora de gloria. Cuando la hora del derrumbe llegó, el primero en ser encarcelado fue Alberto Fujimori. La ola de corrupción dejó de ser ola, para convertirse en tsunami, y así cayó otro ex presidente, Alejandro Toledo, acusado de recibir una coima de treinta y un millones de dólares. El tercero ex presidente en ser encarcelado fue Ollanta Humala, junto a su esposa, Nadine, que también estuvo presa, pero antes fue la glamurosa primera dama, que concitó la admiración de muchos y también la repulsa de otros. El cuarto ex presidente que cayó fue el economista Pedro Pablo Kuczynski, que, por ser de edad avanzada, no fue a la cárcel, pero sancionaron con prisión domiciliaria por buen tiempo.

El quinto ex presidente fue Alan García, que estuvo en el gobierno dos veces como primer mandatario. Hombre carismático, excelente orador y líder de un partido tradicional peruano. Fue acusado de recibir coimas, y, al momento de buscarlo para llevarlo a la cárcel, se suicidó, disparándose un tiro en el cerebro. Cinco ex presidentes procesados penalmente. También la hija del ex presidente Alberto Fujimori estuvo presa, acusada de recibir ilícitamente un millón de dólares cuando fue candidata a la presidencia del Perú. Su nombre, Keiko, no era la gloria de su popular candidatura.

El apellido de su padre, Fujimori, era el gancho para captar los votos en sus muchos seguidores. Pese a los desaciertos y acusaciones, el ex presidente Alberto Fujimori trató de perennizar sus éxitos, pero la sombra de su mal asesor, llamado Montesinos, lo catapultó a su desgracia. Montesinos también fue tras las rejas por corrupción, tráfico de drogas y repartición de fajos de billetes verdes (dólares), para corromper voluntades de generales del ejército, periodistas, ministros, empresarios privados y funcionarios, toda una organización criminal para «asaltar» el presupuesto público, las arcas fiscales.

Un literato escribió «La razón de tu sin razón, no es la razón que mi razón razona». Los gobernantes van y vienen, pasan y vuelven a pasar. Algunos mueren ensalzados, otros despreciados, todo ellos en la corta vida de sus existencias.

La historia humana muestra que el hombre no sabe escoger. Entre lo efímero y perdurable, la mayoría escoge lo primero.

Hay dos glorias: La gloria del hombre y la gloria de Dios. Casi siempre, el ser humano escoge su propia gloria. ¿Cuánto dura esa gloria? Algunos la pierden pronto, como Hitler, Napoleón y Nerón. El ex presidente Alan García la perdió cuando robó y su autocastigo fue suicidarse, aunque él llamó «dignidad» a ese acto para pasar a la historia.

El apóstol Pedro, definiendo las diferencias de ambas glorias, la del hombre y la de Dios, escribe lo siguiente:

**«TODA CARNE ES COMO LA HIERBA
Y TODA LA GLORIA DEL HOMBRE
COMO LA FLOR DE LA HIERBA.
LA HIERBA SECA, Y LA
FLOR SE CAE;
MAS LA PALABRA DEL SEÑOR
PERMANECE PARA SIEMPRE».**
1 Pedro 2: 24.

Pedro, que en un comienzo razonaba con la miopía del ser humano, tenía un enfoque limitado de las cosas. POR ESO HUYÓ DE JESÚS CUANDO LA TURBA ATACABA AL MAESTRO, NEGÁNDOLO TRES VECES, TRATANDO DE SALVAR SU PELLEJO. HAY UN SEGUNDO PEDRO, CON UN ENFOQUE TRIDIMENSIONAL DE LOS ACONTECIMIENTOS. ESTE PEDRO, TRANSFORMADO EN EL ESPÍRITU, CALIFICA LA GLORIA QUE BUSCA EL HOMBRE, SUPERANDO A UNA FLOR QUE, ANTE UN DÍA DE FUERTE SOL, PRONTO SE SECA. EL MISMO SALMISTA, DAVID, RECONOCIÓ LA FRAGILIDAD DEL HOMBRE CUANDO ESCRIBIÓ:

«ESTRELLAS» QUE BRILLAN Y SE APAGAN

Hay glorias deportivas famosas en sus épocas que han trascendido. Una de ellas fue Ayrton Senna, piloto de automovilismo de alta velocidad, tres veces campeón del mundo en la fórmula 1. Murió cuando competía en Italia a doscientos dieciocho kilómetros por hora. El auto se despistó en una curva y el ídolo brasileño se rompió el cráneo, muriendo y dejando impávida a toda la hinchada del automovilismo mundial.

Otro campeón del mundo del bóxeo, Cassius Clay, que se convirtió al islamismo, fue un monarca de los pesos pesados. Muy comentada fue su pelea contra George Foreman, otro experimentado boxeador que brillaba entre los pesos pesados. Ambos, con el tiempo, van pasando al olvido, por lo efímero de toda gloria humana.

Entre los actores de cine considerados «ídolos» de la cinematografía mundial está Charlton Heston, que hizo tres largos metrajes que marcaron historia en la edad de oro de Hollywood. Las películas *Los diez mandamientos*, *Ben hur* y *el Planeta de los Simios* son algunas de sus películas más taquilleras. Heston destaca en el papel de Moisés cuando dialoga con Dios y el Ser Supremo se da a conocer como el «YO SOY EL QUE SOY». No se sabe si este actor, en la vida real, era un auténtico seguidor del Todopoderoso Dios.

En este final de actrices y actores que cautivaron a grandes públicos de la industria del cine figuran Elizabeth Taylor, Marilyn Monroe y Angelina Jolie, mujeres que en diferentes épocas actuaron en películas dramáticas, románticas y de aventura.

En el campo masculino, figuran en el cuadro destacado los actores:

Los actores negros han incursionado, superando en muchos aspectos al tradicional *cow boy* blanco, conquistador del oeste. No solo por histrionismo, capacidad interpretativa, sino por los diversos papeles en muchas películas que les han válido para premiaciones y los llamados «Oscar», estatuillas que representan los méritos del papel desempeñado en los films. En este grupo de calor resaltan:

Morgan Freeman, con 4.522 billones de dólares. Este actor, en un film, interpreta a Dios.

Eddy Murphy, con 3,811 billones de dólares, ha desarrollado películas policiales, comedias y de ciencia ficción.

Idris Elba, con 3,688 billones de dólares. Actor británico de televisión, teatro y cine. Intrigas, drogas y acción.

Los actores de color de Hollywood no solo se han posicionado en el mercado estadounidense, sino también a nivel global y por las redes y la pantalla chica.

El mundo del cine trabaja con las fantasías, emociones y acondicionamientos, ¡Es diversión, pasatiempo! Pero se fabrican ídolos, íconos e idealismos que pueden influir en los estados de vida de muchos espectadores. Se entroniza la audacia y el heroísmo, a la par que al profesionalismo de los robadores de bancos y los que estafan con fina inteligencia, constituyendo, a la postre, escuelas para enriquecerse fácilmente con trampas a la ley. Algunos cineastas, en sus guiones, manipulan para justificar que la esposa engañó porque no le quedaba otra alternativa, o que el jefe, que era casado, tuvo que tener relaciones con la secretaria, porque, de otro modo, la cosa iba a ser peor.

Hay argumentos para los gustos y apetitos de los más exigentes. En esta línea, el homosexualismo, lesbianismo y bestialismo son titulados como un derecho de la carne y el libre albedrío. Desde luego, hay seguidores. Pero todo este paquete también es efímero, y la distancia de la vida perdurable está lejana. EMPERO UN ACTO SINCERO DE ARREPENTIMIENTO PUEDE CAMBIAR EL FUTURO DEL PRISIONERO.

El salmista es reiterativo acerca de lo fugaz que es la vida. Invoca a la reflexión y deslinda lo transitorio emocional con el refugio constante que es la presencia del Señor. Moisés, en su oración, reconoce la protección del Creador que formó al hombre:

«SEÑOR, TÚ NOS HAS SIDO REFUGIO
DE GENERACIÓN EN GENERACIÓN.
DESDE EL SIGLO Y HASTA EL SIGLO,
TÚ ERES DIOS.

VUELVES AL HOMBRE HASTA SER QUEBRANTADO,
Y DICES: CONVERTÍOS, HIJOS DE LOS HOMBRES.
LOS ARREBATAS COMO CON TORRENTES DE AGUAS;
SON COMO SUEÑO,
COMO LA HIERBA QUE CRECE
EN LA MAÑANA.
EN LA MAÑANA FLORECE Y CRECE;
EN LA TARDE ES CORTADA, Y SE SECA».
Salmos 90: 1-3, 5-6.

Moisés hace tres precisiones en su oración. Reconoce al fabricante que es Dios y al manual del fabricante, que es su Palabra. Lo segundo es una invocación a que el hombre vuelva a quien lo creó y firmó. Lo último es hacerle notar su fragilidad; si continúa en ese estado de indiferencia, al final será como la hierba que en la mañana está fresca, bañada por el roció y en la tarde se seca y perece.

Algunos psicólogos sostienen que, necesariamente, el consciente toma las decisiones. El subconsciente influye en los actos humanos y el extraconsciente podría producir alguna reacción. Ubican el fondo del problema en el alma, RELATIVIZAN LA INTERVENCIÓN DEL ESPÍRITU. No toman en cuentas las palabras de Jesús cuando aseveró «el espíritu es el que da vida, la carne para nada aprovecha, las palabras que yo les hablo son espíritu y son vida».

MATRIMONIOS COMO FLORES DE UN DÍA, ¿EFÍMEROS O PERDURABLES?

Entre los matrimonios que hicieron noticia en la época que se realizaron está el de Lady Di y el príncipe Carlos de Inglaterra, para convertirse en la princesa Diana. Esta pomposa boda de la realeza británica tuvo un final trágico. Ellos se separaron años después por infidelidad. Posteriormente, la princesa murió cuando su auto se estrelló cerca de un muro de los puentes de París.

Otra boda de gran publicidad fue la de Brad Pitt y Angelina Jolie, actores exitosos que desarrollaron programas de ayuda social a los niños de diversas nacionalidades. Después de algunos años, terminaron separándose por diversos motivos.

Bill Clinton, ex presidente de EEUU, se casó con Hillary. Ambos políticos demócratas en ese país. Un día, se descubrió que el ex presidente, en la propia oficina oval de la Casa Blanca, sede de la presidencia, mantenía relaciones sexuales con una señorita que hacía prácticas administrativas como parte de su formación profesional. El escándalo estalló, deteriorando la imagen del propio presidente de la república y, desde luego, infringió un deterioro en el matrimonio de Bill y Hillary.

Un matrimonio que empezó bien y terminó mal fue el de Elizabeth Taylor y Richard Burton. Cuando ambos actores filmaron juntos la película *Cleopatra*, el fuego de la atracción hizo que se casaran al poco tiempo. Pero, una década después, el fuego se apagó y el matrimonio llegó al final, separándose ambos. Los fuegos se apagan.

Otro matrimonio famoso fue el de Bill Gates, considerado uno de los hombres más ricos del planeta. Contrajo nupcias con Melina y ambos crearon una Fundación de Ayuda Social, mostrando esta pareja sensibilidad humana.

Lionel Messi, famoso futbolista argentino y uno de los mejores de la historia del futbol a nivel mundial, logró grandes victorias con sus goles al jugar en España.

Se casó con Antonella Rocuzzo, y se comentó que fue una boda entre las más caras, por la millonada de dólares que percibía este exponente del futbol mundial.

Matrimonios que han durado hasta que la muerte los ha separado existen muchos, pero son conocidos a nivel familiar o por sus amistades cercanas. Augusto y Lucila superaron los setenta años de vida común y en paz, hasta que Augusto falleció, pasados los noventa años. Clemente y Teresa, otra pareja sólida, pasó más de sesenta años juntos, hasta que Teresa, una mujer cristiana, un día antes de morir convenció a todos sus hijos y familiares a orar por arrepentimiento y la paz en la familia. Al día siguiente partió a la presencia del Señor.

Bodas de cobre, plata y oro son las que más se celebran. Se determina por los años cumplidos juntos. Así, las de cobre corresponden a los ocho años de vivir juntos, las de plata a los veinticinco años y las de oro a los cincuenta años. También hay las celebraciones por las bodas de diamante, que corresponden a los sesenta años de vivir juntos, y las de platino, a los sesenta y cinco años.

Un pastor americano decía, en son de broma, que la luna de miel matrimonial dura escasamente un año, y rara vez dos años. Que los de veinticinco años son las de «óxido», y a las de cincuenta años son las «tóxicas».

Las bromas y el sentido de humor que algunos se gastan en referencia a los matrimonios y al rol de las suegras suelen diferir de un país a otro. Algunos opinólogos consideran que las parejas empiezan con 40% de sexo, 40% de amor y 20% de amistad. Al transcurrir el tiempo, el sexo baja al 30%, 30% de amor y 40% de compañerismo. Al final de los años, crece el compañerismo y supera el 60%, mientras que el sexo disminuye al rango de 10%. Estas opiniones varían en el nivel de educación, costumbres y tradiciones de cada raza, pueblo o región. No es estándar ni convencional.

En el otro lado están los que no se casan pero viven unidos a sus parejas sin el sustento documentario del registro civil o la iglesia a la que pertenecen. Son los informales y libertarios de no estar *amarrados*, no quieren *amarrarse*. Son convivientes y es una tendencia que se expande en hombres y mujeres.

En muchos países, las leyes protegen a los hijos de los convivientes en garantizar que tengan alimentos, salud y educación. Con estas leyes de protección, para muchos el matrimonio civil o religioso es innecesario.

La unión libre le permite a la gente *sacudirse* en el momento que lo deseen. Las separaciones se producen *ipso facto*, sin los engorros legalistas de tribunales ni juzgados. Sus defensores alegan que la unión verdadera entre hombre y mujer debe seguir sin el requisito del papel firmado, sino por el corazón. Aparentemente, esto suena bonito, pero se estrella contra los irresponsables en dar alimentación, pagar la casa, educar a los hijos y tener seguridad en los bienes que adquiere la pareja. ¿Quién se los lleva, en caso de un sorpresivo rompimiento?

Los especialistas subrayan que los matrimonios son más sólidos y amparan a los hijos que vienen, *otorgándoles* un hogar seguro. Además, el matrimonio es pilar para la familia, y las familias constituyen los cimientos de la sociedad humana. De otro lado, la unión libre será comparable a la crianza de cerdos, ovejas y caballos, que solo buscaría la propagación de las especies. En los haras, por ejemplo, se busca tener caballos de pura sangre para ganar carreras en los hipódromos.

El debate se da a favor y en contra. Se olvida lo que dice la Escritura Sagrada en torno a este asunto:

**«JEHOVÁ DIOS PASÓ A DECIR:
NO ES BUENO QUE EL HOMBRE
CONTINÚE SOLO. VOY A
HACERLE UNA AYUDANTE».**
Génesis 2: 18.

**«POR TANTO, DEJARÁ EL HOMBRE
A SU PADRE Y A SU MADRE, Y SE
UNIRÁ A SU MUJER, Y SERÁN UNA
SOLA CARNE».**
Génesis 2: 24.

La escritura de Dios, el Creador, es contundente. El hombre y la mujer, una vez unidos, constituyen «una sola carne». No dice dos o tres carnes, ni tampoco que se debe cambiar de carne. Eso dice, lo que está escrito. Que los interesados en determinada posición pretendan alterarla con recursos gramaticales, interpretaciones de parte o acomodar según los intereses de cada quien, no invalida lo que Dios dijo en boca de Adán:

**«ESTO ES AHORA HUESO DE MIS HUESOS
Y CARNE DE MI CARNE; ESTA
SERÁ LLAMADA VARONA, PORQUE
DEL VARÓN FUE TOMADA».**
Génesis 2: 23.

El propósito, desde un principio, es que cada hombre tenga una sola mujer y toda mujer un solo esposo:

**«PERO ES NECESARIO QUE EL OBISPO
SEA IRREPRENSIBLE, MARIDO DE UNA
SOLA MUJER, SOBRIO, PRUDENTE,
DECOROSO, HOSPEDADOR, APTO PARA
ENSEÑAR».**
1 Timoteo 3: 2.

**«LAS MUJERES, ASIMISMO, SEAN
HONESTAS, NO CALUMNIADORAS
SINO SOBRIAS, FIELES EN TODO».**
1 Timoteo 3: 11.

Los librepensadores han cuestionado a Timoteo, alegando que el divorcio sí existe, lo cual es cierto, en caso de adulterio y no arrepentimiento del infractor. También las viudas y viudos pueden volver a casarse, pero todo dentro del ordenamiento divino.

LOS MENSAJES ABIERTOS Y ESCONDIDOS EN LA LETRA Y MÚSICA DE LAS CANCIONES DEL MUNDO

«Toda una vida me estaría contigo» es la letra de una canción muy popular en América Latina, «no me importa ni cómo ni cuándo, pero junto a ti». Y la canción agrega «no me importaría en decirte siempre, pero siempre, siempre, que eres en mi vida ansiedad, angustia y desesperación, toda una vida». En realidad, esta letra no es la regla general de las canciones que se cantan en el mundo. La mayoría de ellas aluden a traiciones, infidelidades, desprecios y abandonos. Se ponen el aceite en los celos, mentiras y las falsedades. Hay títulos de canciones como *Hipócrita, Perversa, Mal hombre* o *Perdóname*. Otras canciones elogian la belleza femenina, las playas donde se conocieron, los parques, lagos y nieves cuando se amaron. Existen compositoras que elogian la caballerosidad de los galanes, lo apuesto de su caminar, o la enjundia de sus galanteos. Muchas mujeres han sido autoras de la letra y música de bellas canciones que han significado ingentes ingresos de producciones en serie, y las regalías han sido suculentas. El mundo de la música es impactante. Sin embargo, las letras de muchas canciones admiten lo efímero de la vida y el amor. Hablan de morir. Como decía un escritor francés, «Sienten pasión por la desdicha y reconocen el dolor y el pecado como parte consustancial de la vida. Rechazan el drama con sus labios, pero lo buscan con sus acciones. Vuelven las espaldas a la tragedia, pero voltean su rostro, como invitándola a sus vidas». Cantan al amor eterno, pero deciden hacer sufrir al postulante, novio o esposo. Surgen los crímenes pasionales y las causales son diversas. La música juega un papel protagónico en la vida de muchísimas personas, que escogen vivir y morir al arrullo de una música o al estrépito de un baile.

Música, películas y viajes no pasan nunca y siguen vigentes en el mundo globalizado. Roma, París, Madrid y Londres son polos atractivos. Miami, Los Ángeles y New York compiten con la Riviera Francesa, la costa azul y el alegre Portugal. Grecia, los Países Bajos e Israel para conocer la historia. Moscú y Pekín, el oriente pujante; Tokio y Hong Kong, el oriente tradicional. En América de Sur, Río de Janeiro y Buenos Aires, pero también Viña del mar en Chile y su cercanía a la Patagonia. Perú, Lima, la de los virreyes, con la ciudadela Macchu Picchu de los Incas. México de los mariachis y los indios aztecas, dos culturas resultantes de la española y la india. El mundo entrelazado por la música crea ídolos que después languidecen y vienen otros con nuevo ritmo y *hits*, enloqueciendo a los fanáticos que erigen a los llamados íconos, monstruos y estrellas fulgurantes. Estas estrellas nacen, crecen y luego se esfuman en el tiempo, en canciones clásicas, como *Begin the beguine, Bailando bajo la lluvia, Amor Eterno, Extraños en la noche, Granada, Always in my heart, Will be Will be, la Cumparsita*.

En cada época, las juventudes ponen en circulación el movimiento de los bailes: la rumba, conga, rock and roll, jazz, reggaetón, salsa, cumbia. Los músicos son diversos, muchos llegan a ser famosos y obtienen suculentas ganancias económicas. La música y los músicos van cambiando estilos, pero la finalidad es mover los sentimientos, motivarles a expresarse, aflorarlos, compartirlos y darles a conocer melancolía, tristeza, alecría, despechos, ansiedad, desconsuelos, amores imposibles, amores muertos, búsqueda de nuevos amores. Desde luego que no es el amor ágape, sublime y elevado. Se trata del amor orientado hacia la carne, el sexo. Algunos tratan de idealizar este tipo de amor, pero a la larga es fugaz, una vez que la atracción de los sentidos disminuye. Hay otros tipos de amor, como el phileo, que es el fraterno, al prójimo, denominado también amor familiar. Una derivación del phileo es el amor STORGE: duradero, extendido, persistente en el tiempo y de finalidad protectora. Dentro de la clasificación y clases de amores, los músicos, por regla general, se han inspirado en el amor eros, que despierta, impulsa y acciona en la atracción física mezclada en algún tipo de sentimiento.

Existe la otra música sublime de adoración y alabanza al Supremo Dios. Se practica y produce en las congregaciones, iglesias y templos. En épocas recientes vienen apareciendo coros musicales y canciones religiosas con ritmos populares y movidos, como resultado de modernas formas de alabar y adorar.

La biblia muestra que los músicos y cantores no desaparecerán. En el libro de Crónicas se lee: «Y David y todo Israel se regocijaban delante de Dios con todas sus fuerzas con cánticos, arpas, salterios, tamborles, címbalos y trompetas» 1 Crónicas 13:8.

«CANTAD ALEGRES A JEHOVÁ TODA LA TIERRA;
LEVANTAD LA VOZ, Y APLAUDID, Y CANTAD SALMOS,
CANTAD SALMOS A JEHOVÁ CON ARPA;
CON ARPA Y VOZ DE CÁNTICO
ACLAMAD CON TROMPETAS Y
SONIDOS DE BOCINA
DELANTE DEL REY JEHOVÁ».
Salmos 98: 4-6.

Los cánticos, instrumentos musicales, artistas, compositores, músicos y todo lo que respira seguirá manteniéndose, produciendo la alabanza al que creó los cielos, la tierra y la expansión, y todo lo que existe continuará como una manifestación de reconocimiento y adoración. Lo fugaz y lo efímero desaparecerá. En los nuevos cielos y la nueva tierra no habrá música para los ídolos de barro que no existirán. La criatura ya no será objeto de adoración.

Todos, hombres, mujeres, ángeles, animales, seres vivos, la entera vegetación, mares y montañas, lagos, cielos y tierra cantarán otorgando la prioridad al que ES LA PRIMACÍA, AL ÚNICO Y SABIO DIOS, JEHOVÁ, EL REY DE GLORIA. Lo efímero, la vanidad y la arrogancia dejarán de ser. Se abrirá paso al Reino de Dios, que será en todo, por todos y para todos.

SOMOS POLVO, PERO...

La tragedia de Hamlet, el personaje de Shakespeare, famoso dramaturgo inglés, se caracteriza por tener morbosa atracción a la muerte. La muerte atrae a este famoso dramaturgo, pero también la repele. Vivió entre 1564 y 1616, y en su obra literaria *Hamlet* pone su malignidad en toda evidencia, cuando los personajes principales de su argumento mueren envenenados; otros, asesinados y algunos se suicidan. Hamlet, el protagonista, padece de un permanente conflicto. «To be or not to be», ser o no ser. Vive pensando en la muerte. Él es un príncipe, su padre, que era rey, murió envenenado por su propio hermano, Claudio, quien asume el reinado de Dinamarca y se casa con la viuda Gertrudis. Esta familia real es todo un complot que vive en densa oscuridad.

El príncipe Hamlet corteja a Ofelia, y su mejor amigo es Horacio, que es el más racional. La muerte sigue asediando a esta familia. Gertrudis, la reina, muere accidentalmente al beber veneno en una copa que era para su hijo, Hamlet. Polonio, el chambelán, es asesinado por Hamlet al confundirlo con el rey Claudio. Polonio es, a su vez, padre de Ofelia, la joven a quien Hamlet ama y corteja. El hermano de Ofelia, llamado Laertes, advierte a su hermana que tenga cuidado con el príncipe Hamlet, pues duda de sus buenas intenciones y sospecha que solo quiere aprovecharse de ella.

El drama, la tragedia, las tensiones, sospechas, dudas y desconfianzas persisten en esta familia real. La muerte es una constante en la historia de Hamlet. Solo su amigo Horacio parece comprenderlo, porque hasta la misma Ofelia, la mujer amada, muere también cuando se cae de un árbol, y no se llega a saber si fue accidente o suicidio. En otro momento del drama, casi al final, se produce un duelo entre Laertes, hermano de Ofelia, y el príncipe Hamlet. En este combate muere Hamlet, que a la sazón YA NO ESTABA EN SUS CABALES, actuaba medio loco. Otros dicen que Hamlet se suicidó y no se esforzó para evitar la muerte. La obra de Shakespeare describe esencialmente el conflicto por el PODER.

El PODER es la razón de los personajes en la corte, junto al poder están impregnados los deseos carnales, por encima de la ética y moral

Cada personaje, en la obra del autor inglés, vive sus propios intereses, y al final, en medio de la oscuridad que los invade, buscan la muerte como solución a sus capacidades, como seres humanos que no encuentran la brújula.

El drama de los personajes en *Hamlet* se parece a los de algunos personajes del mundo. Son guiados por egoísmos, vanidades o intereses personales. Para lograr sus ambiciones, que ellos califican, ambiguamente, como búsqueda de mejores niveles de vida, mienten, roban, destruyen y matan. Todos son parecidos en sus estrategias. En la época hamletiana usaban veneno para eliminar adversarios; en la actualidad, emplean las redes sociales para envenenar, mentir, calumniar y difamar a quienes no comparten sus ideas.

La muerte en el siglo XXI llega más pronto que en los tiempos prediluvionales. Aquellos vivían doscientos o quinientos años. Noé, por ejemplo, vivió novecientos cincuenta años, y Matusalén, novecientos sesenta y nueve años. En el libro de Salmos se escribe que las expectativas de vida habían disminuido ostensiblemente, y se mencionan promedios de setenta y ochenta años. La ciencia, con sus adelantos e inventos, está logrando elevar los promedios, y muchos alcanzan los noventa años, también hay quienes superan estas cifras. Con todo, comparativamente a lo días de los patriarcas de la antigüedad, actualmente los promedios de existencia humana han bajado, e incluso hay cambios en los sistemas de pensiones, previsión social y atención a la ancianidad, por la fluctuación en los años de vida laboral de los trabajadores.

La muerte, como está escrita en el libro de Eclesiastés, es el final del cuerpo orgánico, que, al transcurrir el inexorable tiempo, se vuelve polvo, Eclesiastés 12: 7.

«PORQUE LO QUE SUCEDE A LOS HIJOS DE LOS HOMBRES, Y LO QUE SUCEDE A LAS BESTIAS, UN MISMO SUCESO ES: COMO MUEREN LOS UNOS, ASÍ

**MUEREN LOS OTROS, Y UNA MISMA
RESPIRACIÓN TIENEN TODOS; NO TIENE
MÁS EL HOMBRE QUE LA BESTIA;
PORQUE TODO ES VANIDAD**

**TODO VA A UN MISMO LUGAR;
TODO ES HECHO DEL POLVO, Y TODO
VOLVERÁ AL MISMO POLVO».**
Eclesiastés 3: 19, 20.

Siglos antes de que Salomón escribiera el libro de Eclesiastés, el propio Creador se dirigió a Adán en los albores de la creación del hombre, cuando este y su pareja Eva habían pecado al desobedecer las instrucciones de Dios. La sentencia del Señor fue clara y reveló algo adicional:

**«CON EL SUDOR DE TU ROSTRO COMERÁS
EL PAN HASTA QUE VUELVAS A LA TIERRA
PORQUE DE ELLA FUISTE TOMADO, PUES
POLVO ERES, Y AL POLVO VOLVERÁS».**
Génesis 3:19.

¿Qué es lo que Dios estaba sentenciando al hombre, como representante de la raza humana? Lo primero que observamos en las palabras del Creador es que el ser humano había perdido la bendición de la provisión alimentaria, calidad de vida, y, hasta entonces, estrecha relación entre DIOS Y EL HOMBRE. Esta relación se había resquebrajado. La unidad Creador y criatura, Dios y hombre, colapsó por efecto de la falla de una de las partes. La separación estaba dada y el daño consumado. Si miramos un poco más los acontecimientos e indagamos la interlínea de la sentencia, podemos deducir que Dios no se refirió a lo que ocurrió en Génesis 2: 7.

¿A qué se refiere este texto clave? Podemos leerlo: «ENTONCES JEHOVÁ DIOS FORMÓ AL HOMBRE DEL POLVO DE LA TIERRA Y SOPLÓ EN SU NARIZ ALIENTO DE VIDA, Y FUE EL HOMBRE UN SER VIVIENTE».

En la sentencia divina el Soberano le dice a Adán que volverá a la tierra, pues de ella fue formado, «polvo eres y al polvo volverás». No le dice nada sobre el «aliento de vida» que sopló en su nariz. ¿De dónde vino este aliento de vida? La respuesta es del mismo Dios. Es decir, Adán, como un muñeco de polvo, no tenía existencia a no ser que el mismo Dios infundiera en él su propio ser. Recordemos que Jesús le dijo a la mujer del pozo que Dios es ESPÍRITU, y los que lo adoran deben adorarle en espíritu y verdad. Adán, para vivir, necesitaba el espíritu de Dios. Jesús volvió a decir en otra ocasión: «el espíritu es el que da vida, la carne para nada aprovecha». Salomón lo llegó a entender cuando, al escribir el libro de Eclesiastés anotó que, al morir una persona, la carne se convierte en polvo en el transcurrir de tiempo, y el espíritu o aliento de vida que es de Dios retorna a su fuente de origen, es decir, al mismo Dios.

La información adicional de Génesis 3: 19, cuando el hombre peca y se separa de Dios, no está especificada en la letra del texto. ¿Qué pasa con el aliento de vida o espíritu que Dios le dio el día que lo creó? Antes de llegar a la respuesta, debemos recordar al apóstol Pablo, quien enseñó a los israelitas que «el que se une a Dios, un espíritu es con él» 1 Corintios 6: 17, y establece que todo nuestro ser «espíritu, alma y cuerpo, sea guardado irreprensible para la venida de nuestro Señor Jesucristo» 1 Tesalonicenses 5: 23.

Pablo, como un paciente maestro guiado por el Espíritu Santo, explica que el ser humano es trino, está formado por un cuerpo, alma y espíritu. Al morir el cuerpo, ¿qué pasa con el alma y espíritu? La biblia dice que el «alma que pecare morirá», y si el cuerpo vuelve al polvo de donde vino, entonces lo que queda es el espíritu. Salomón dice que el espíritu vuelve a Dios, que lo dio inicialmente.

La pregunta que surge inevitablemente es qué pasa con el alma de un creyente. La revelación adicional que se desprende es que el alma del creyente, al morir el cuerpo, se va con el espíritu a Dios. En esta hipótesis parecen coincidir Pablo, Salomón y Juan, quien escribió el Apocalipsis. Este último señala en Apocalipsis 20: 4:

**«Y VI LAS ALMAS DE LOS DECAPITADOS
POR CAUSA DEL TESTIMONIO DE JESÚS Y
POR LA PALABRA DE DIOS, LOS QUE NO HABÍAN
ADORADO A LA BESTIA NI A SU
IMAGEN, Y NO RECIBIERON LA MARCA
EN SU FRENTE NI EN SUS MANOS,
Y VIVIERON Y REINARON CON CRISTO MIL AÑOS».**

Estas almas reconocieron a Cristo como el Salvador. Creyeron en él, lo aceptaron y lo siguieron: «MAS A TODOS LOS QUE LE RECIBIERON, A LOS QUE CREEN EN SU NOMBRE, LES DIO POTESTAD DE SER HECHOS HIJOS DE DIOS, LOS CUALES NO SON ENGENDRADOS DE SANGRE, NI DE VOLUNTAD DE CARNE, NI DE VOLUNTAD DE VARÓN, SINO DE DIOS» Juan 1: 12, 13.

Estas personas, en realidad, son almas creyentes. Amorosas al Dios del cielo, tratan de vivir una existencia obediente al Señor, y harán lo posible por observar los mandamientos del Altísimo. Asimismo, se arrepienten si caen en los impulsos de la carne. Se vuelven adoradores del Padre Celestial y su hijo Jesucristo, como lo define Juan en la isla de Patmos.

Estas personas no son engendradas de sangre ni de voluntad de carne, sino del ESPÍRITU. Tienen vida eterna, dentro de la fórmula de lo que se convierten, es decir, el espíritu de la persona convertida recibe el Espíritu Santo, y la ecuación resultante es la vida eterna (E+ES= VE).

¿Qué pasa con las almas de lo no creyentes, incrédulos o aquellos que se han entregado a los apetitos carnales, prescindiendo de todo lo espiritual? Sabemos que en el alma están las emociones, sentimientos, voluntad, afectos y desafectos, amores y odios. En el alma pueden convivir las tinieblas con la luz, y la persona actuará conforme a la mayor o menor influencia que tenga el alma en la conducta humana. Hay almas atomizadas, divididas, repartidas. Hay quienes poseen almas zigzagueantes, a veces haciendo el bien y otras el mal.

El salmista reconoce la importancia de poseer un alma equilibrada, con dominio propio para no caer en las profundidades de un lodo cenagoso. «Porque no dejarás mi alma en el Seol, ni permitirá que tu santo vea corrupción». Más bien, él suplica, pide y ruega: «confortará mi alma, me guiarás por sendas de justicia por amor de su nombre" Salmos 16, Salmos 23.

Lo relevante en la lucha contra la carne caída y el mundo, cuyo príncipe es Satanás, es el enfoque tridimensional en que cada persona plantee su vida. No solo el del intelecto o razonamiento humano, sino, esencialmente, el que viene del espíritu. Juan es enfático en esta premisa. La salvación, la vida eterna, el ingreso al reino de Dios, no se obtiene con un título universitario, un razonamiento matemático o un intelecto súper desarrollado, se obtiene, como señala Juan, el discípulo amado, «siendo engendrado del espíritu». «¡Eureka!», diría el sabio.

¿QUIÉN TIENE LAS LLAVES DE LA MUERTE?

UNA REVELACIÓN A TOMAR EN CUENTA

El capítulo veinte del Apocalipsis tiene puntos de encuentro en lo señalado por Juan en el capítulo uno de su libro. Desterrado como estaba en una isla llamada Patmos, la acción del Espíritu Santo sobre Juan es dinámica y multidimensional. Incide en los sucesos de corto plazo y los eventos finales. Los siete espíritus de Dios, actuando dentro del trono, le hablan a Juan, estableciendo una comunicación interdimensional que lo impresiona y lo hace caer como muerto. Pero, inmediatamente, la palabra santa le dice a Juan: «NO TEMAS, YO SOY EL PRIMERO Y EL ÚLTIMO. Y EL QUE, VIVO, ESTUVE MUERTO; MAS HE AQUÍ QUE VIVO POR LOS SIGLOS DE LOS SIGLOS, AMÉN. Y TENGO LAS LLAVES DE LA MUERTE Y DEL HADES. ESCRIBE LAS COSAS QUE HAS VISTO, Y LAS QUE SON Y LAS QUE HAN DE SER DESPUÉS DE ESTAS», Apocalipsis 1: 17, 19.

El mensaje es totalmente transcendental. Espacio, tiempo y existencia dan paso a un estadío fuera del alcance de Juan. Y es aquí cuando la unión de los siete espíritus cautiva, de algún modo, al sorprendido Juan, y lo ayuda a atisbar lo que está fuera de su alcance. La comprensión y amor de la Divinidad abren la mente y los ojos espirituales del hombre designado para recibir la información que el Ser Supremo desea otorgar a sus siervos.

En el capítulo veinte se lee que la «la muerte y el Hades» fueron lanzados al lago de fuego y azufre. Este lago es el mismo donde antes fueron arrojados la bestia y el falso profeta. Es decir, los opositores de Dios están recibiendo el castigo por su desobediencia, enemistad y rebeldía contra el Creador. El castigo, como se aprecia, es ir a parar al lago de fuego y azufre.

Es de advertir que el texto completo del capítulo 20: 14 de Apocalipsis es el siguiente:

«Y LA MUERTE Y EL HADES FUERON LANZADOS AL LAGO DEL FUEGO, ESTA ES LA MUERTE SEGUNDA».

Ahora bien, si Apocalipsis 19: 20 amplía quiénes están en este lago, nos encontraremos con una sorpresa:

**«Y LA BESTIA FUE APRESADA, Y CON
ELLA EL FALSO PROFETA QUE HABÍA
HECHO DELANTE DE ELLA LAS SEÑALES
POR LAS CUALES HABÍA ENGAÑADO
A LOS QUE RECIBIERON LA MARCA DE
LA BESTIA, Y HABÍA ADORADO SU
IMAGEN. ESTOS DOS FUERON LANZADOS VIVOS
DENTRO DE UN LAGO DE FUEGO
QUE ARDE CON AZUFRE».**

Es decir, los principales personajes enemigos a ULTRANZA del Todopoderoso van todos a terminar en el Lago de Fuego con Azufre.

¿Quiénes son estos terribles opositores? La bestia, el falso profeta, la muerte y el hades. ¿Son todos ellos y nadie más? No, ¡hay uno más! El cabecilla, cuyo nombre es Diablo o Satanás. Él es el director de la orquesta macabra y asesina. El versículo diez del mismo capítulo, el veinte, lo describe:

**«Y EL DIABLO QUE LOS ENGAÑABA FUE
LANZADO EN EL LAGO DE FUEGO Y AZUFRE
DONDE ESTABAN LA BESTIA Y EL FALSO
PROFETA; Y SERÁN ATORMENTADOS
DÍA Y NOCHE POR LOS SIGLOS DE LOS SIGLOS».**

Mucho analistas y estudiosos de las profecías han comentado este versículo. Respecto a los personajes lanzados al lago, al referirse que «serán atormentados día y noche por los siglos de los siglos», opinan que no significa que eternamente serán atormentados, porque Dios no es un dios cruel y su misericordia no tiene límites. Estos analistas conceptúan que es una figura metafísica. Sostienen que el tormento eterno es la destrucción total de Satanás y sus huestes, por siempre y en todas las dimensiones.

Él *siempre* se refiere a que eternamente se tomará en cuenta esta rebelión del ángel rebelde con una tercera parte de la población angelical contra el Soberano Dios, creador. Que, por lo tanto, este permanente recordar hará recapacitar a posibles y ulteriores opositores o seres angelicales que aniden pensamientos de rebelarse contra el Supremo Dios, Jehová, YO SOY EL QUE SOY. En este caso —sostienen los analistas— la destrucción de los rebeldes sería inmediata; no como ahora, que Dios ha esperado un tiempo para el arrepentimiento. Indudablemente, esta es una hipótesis de algunos estudiosos, pero abona esta postura el pasaje 20: 14 de Apocalipsis.

¿Qué dice este texto?

«Y LA MUERTE Y EL HADES FUERON LANZADOS AL LAGO DE FUEGO, ESTA ES LA MUERTE SEGUNDA»

Este texto es una supra definición de los conceptos tradicionales del fuego, muerte, Hades y lo que significa un lago. Quien es arrojado al fuego se vuelve humo y se esparce y diluye en el espacio. Si el diablo, la bestia y el falso profeta son lanzados al lago de fuego, se estaría indicando que se convertirán en humo, y el humo se expande, tiene un final; lo cual indicaría la no existencia del estado anterior. Implicaría que el diablo y sus seguidores se transformarían en algo inocuo, intrascendente e inútil. Tal vez —como decía el físico Lavoisier—, la materia no se crea ni se destruye, solo se transforma. Pero Lavoisier ignoraba sobre la naturaleza de los cuerpos espirituales, a quienes, guardando las distancias, el Creador puede hacer mutar y volver inoperativos, ineficaces, sin sustento y sin propósito.

El texto que leemos tiene, además, otro personaje que también es lanzado al fuego. Este personaje es la «muerte». Es lanzada al lago de fuego para ser destruida. A Juan se le revela que los que son echados al lago de fuego serán consumidos, evaporizados, transformados en partículas espirituales hasta volverse nada. Entre ellos está la muerte; es decir, la muerte será muerta, será exterminada y dejará de existir. Es por eso que, en Apocalipsis 21: 4, a Juan se le dice «ENJUGARÁ DIOS TODA LÁGRIMA DE LOS OJOS DE ELLOS, Y YA NO HABRÁ MUERTE, NI HABRÁ MÁS LLANTO, NI CLAMOR, NI DOLOR, PORQUE LAS PRIMERAS COSAS PASARON».

Si profundizamos a cabalidad, el mensaje de «el que estaba sentado en el trono», que no es otro que el mismo Supremo Creador Jehová el Señor, comprenderemos, en el espíritu, la súper transcendencia de esta revelación. La «muerte», tal como la conocemos, también será lanzada al lago de fuego y azufre para que se convierta en humo y desaparezca. Es más, el Señor le declara

a Juan: «**ESCRIBE, PORQUE ESTAS PALABRAS SON FIELES Y VERDADE-
RAS**», Apocalipsis 21: 5.

Podríamos comparar el problema del *ser* y el *no ser* en la dimensión espiritual con la materia y la antimateria. La materia es todo lo que vemos y tenemos. ¿Es verdad esto? Einstein dijo que el átomo tiene un núcleo, y alrededor
de este giran protones y positrones que no se pueden ver. Solo los efectos
del movimiento son los que se perciben. Finalmente, Einstein y otros sabios
concluyeron que la energía es lo que existe. De allí la fórmula de la Teoría de
la Relatividad: que la materia a la velocidad de la luz al cuadrado es energía. Si
algunas verdades son descubiertas por el ingenio humano, ¿cuántas cosas más
estaremos ignorando, hasta que la voluntad del Creador decida lo contrario?

No olvidemos lo que Dios dijo cuando Adán y Eva desobedecieron al co-
mer el fruto prohibido. ¿Qué dijo el Creador? «HE AQUÍ QUE EL HOMBRE ES
COMO UNO DE NOSOTROS. SABIENDO EL BIEN Y EL MAL; AHORA PUES, QUE
NO ALARGUE SU MANO, Y TOME TAMBIÉN DEL ÁRBOL DE LA VIDA, Y COMA, Y
VIVA PARA SIEMPRE», Génesis 3: 22.

En la inmensidad de lo infinito y en lo profundo del Creador hay abstrac-
ciones no comprensibles para la mente de los hombres y de los ángeles. Dios
dijo «ahora el hombre es como uno de nosotros». La desobediencia lo llevó a
dimensiones prohibidas no accesibles. En vez de favorecerlo, lo perjudicaron.
Es comparable al ejemplo del papá que le prohíbe al hijito no beber de la botella separada, que es veneno. Podrá tomar de las botellas de agua de gaseosa
o jugos de fruta, pero, de la que está separada en la repisa, que es veneno, no
podrá beber. Si lo hace, el niño desobediente puede encontrar la muerte.

El Ser Supremo cuida a sus hijos, cuida la creación y mantiene el orden
en todo lo que existe y no existe. Él es perfecto, es orden, también es amor y
misericordia. Pero la sabiduría consiste en la obediencia y, como está escrito, el
principio de la sabiduría es el temor de Jehová.

Es probable —como sostienen algunos analistas— que Dios, después de
la prueba a Adán y Eva, les hubiese mostrado nuevas cosas y enseñado otras
verdades. Ellos no tuvieron paciencia o no supieron esperar. Su apresurada curiosidad los llevó a desobedecer. Vino el desacato, y el destino final de ambos
cambió. Y, con ello, arrastraron a toda la descendencia de la raza humana. La

epidemia se extendió y pasó como herencia de pecado a todas las generaciones. ¡ENTONCES ERA IMPRESCINDIBLE UN REDENTOR! ¿Cuándo vendría?

¿DRAMA O TRAGEDIA EN EL PLANETA?

CUATRO ENFOQUE BÍBLICOS SOBRE VOLVER AL POLVO

El conflicto que se plantea es que, cuando se vive solamente en la carne, el giro de la vida se desenvuelve en función de la carne. Las vivencias del espíritu casi siempre se encuentran relegadas. La carne toma un rol preponderante y el ser humano acciona, combinando los intereses de salud, educación, trabajo, seguridad social, jubilación y pensionado. Se torna un hombre natural, con aspiraciones, anhelos y deseos para lograr una mejor calidad de vida. Y, así, irrumpen las luchas sociales para salir de la miseria y la pobreza agobiante. Aparecen los defensores, se crean los sindicatos y federaciones. Afloran los líderes y conductores sindicales. Algunos incursionan en la política y emergen los ideólogos, como John Smith o Karl Mark Bakunin.

Se producen rebeliones, como la de obreros, campesinos o trabajadores. Surgen las revoluciones, como la industrial, tecnológica o cibernética. En todo este afán, los gobiernos crean instituciones reguladoras, como la Organización Internacional de Trabajo (OIT), UNESCO (Educación), UNCTAD (Economía), OMS (Salud), FAO (Alimentos y agricultura)…

Para ponerse de acuerdo, dialogan, crean la Sociedad de las Naciones, la Unión Europea, el Pacto del Atlántico, el Pacto del Pacifico, la Unión de Países Socialistas, la Organización de Estados Americanos, el EJE, la Triple Entente, la Comunidad Europea, Bloque China-Rusia, las Alianzas del Atlántico Norte, del Pacifico Oeste, los bloques del Medio Oriente, la Unión de Países Árabes, Israel y los amigos de Israel. Paralelamente, establecen acuerdos económicos para la venta y compra de sus productos y riquezas naturales. Realizan reuniones «cumbres» de alto nivel. Se reúnen los presidentes, empresarios, importadores y exportadores industriales, mineros y agricultores. Toda esta estructura humana social-económica tiene una gran finalidad: Lograr la convivencia de la humanidad en situación de equidad, justicia y bienestar.

La gran paradoja del hombre que busca la convivencia surge cuando esos mismos países gastan ingentes recursos económicos para armarse de misiles, bombas nucleares, bombas de hidrógeno, submarinos atómicos, aviones de combate, satélites espías y todo un arsenal destructivo capaz de borrar del mapa a muchos países de un solo plumazo.

Si un analista de otra galaxia se detuviera a estudiar a los hombres y al planeta tierra, encontraría incongruencias y contradicciones que dejarían muy mal parados a los seres humanos.

¡Son lo más destructivos entre los que habitan en el tercer planeta del Sistema Solar! Las guerras han sido las constantes a través de los siglos. <u>Han sido cruentas e incruentas</u>. Las hay frías o calientes. Algunas se encienden entre países, regiones y continentes. Hay guerras mundiales. Dentro de cada país también hay conflictos internos y divisiones.

Confucio se preguntaba, quinientos años antes de Cristo, «¿Qué es la muerte si todavía no sabemos qué es la vida? Hay que esperar lo inesperado y aceptar lo inaceptable». El físico Stephen Hawking (1942), de nacionalidad británica, decía no tener miedo a la muerte «he estado muerto antes de nacer, durante millones de años».

Los pensamientos y declaraciones de este hombre revelan reflexiones de diversa índole, y se emiten en el transcurrir del tiempo. Como Confucio, sabio chino que vivió quinientos años antes de que naciera el señor Jesucristo, o el francés Françoise Mauriac, en el siglo XX de nuestra era.

El Salmo 104: 29 es un enfoque diferente al pensamiento de los sabios en este mundo, reconocidos, aceptados y también cuestionados en algunos casos. La diferencia estriba en la fuente inspiradora de quién lo dice: ¿Es la filosofía humana, el estudio metafísico o la deducción intelectual lo que aquellos autores dijeron? ¿O es de una fuente extra natural, no humana, de donde surgen estas hipótesis, teorías, dogmas y especulaciones?

El Señor Jesucristo, que nació humano pero fue engendrado por acción del Espíritu Santo en una mujer escogida llamada María, aclaró lo siguiente: «LA LUZ EN LAS TINIEBLAS RESPLANDECE, Y LAS TINIEBLAS NO PREVALECIERON CONTRA ELLA» Juan 1.5.

¿QUÉ ESTÁ DICIENDO JESÚS?

Que en el mundo espiritual hay una parte que es luz, pero otra que es tinieblas. ¿Quién es el autor y generador de la luz? La respuesta es Dios. La segunda pregunta es, entonces, ¿quién es el autor y generador de las tinieblas? La respuesta es obvia. Es el antidios ¿Quién? El que está en contra de Dios ¿Quién es el contrario? La respuesta es Satanás, el diablo, el opositor. ¿Quién es este personaje? Es un ser espiritual. Fue un ángel, querubín en la corte celestial. Anidó en su corazón vanidad y orgullo, y quiso ser más alto que su propio creador. Su nombre era Luz Bel, y se convirtió en el opositor de Dios, y a partir de allí generó las tinieblas. La luz huyó de este ángel caído. Las tinieblas existen, pero tienen fijada una fecha límite para su extinción, junto al oposito` Satán y sus seguidores, demonios y hombres caídos.

Comprendida esta premisa, podemos entender el mensaje del Salmo 104: 29

**«ESCONDES TU ROSTRO, SE TURBAN;
LES QUITAS EL HÁLITO, DEJAN DE SER
Y VUELVEN AL POLVO».**

¿A partir de qué momento vuelven al polvo?
La respuesta está en el segundo principio: les quita el hálito…
¿Qué es el hálito? El aliento de vida que da Dios.
¿Cuándo dio Dios el aliento de vida?
Leamos el mismo Salmo 104:30:

**«ENVÍAS TU ESPÍRITU, SON CREADOS
Y RENUEVAS LA FAZ DE LA TIERRA».**

El salmista, por inspiración divina —con intermediación del Espíritu Santo— revela estos secretos que los esforzados sabios del mundo, como Da Vinci, Pascal, Freud, Robespiere, entre otros, han especulado sobre el misterio de la muerte.

Job, por ejemplo, un hombre de Dios, se lamentó cuando pasó el trance de la aflicción y desgracias que le sobrevinieron:

**«MI ALMA ESTÁ DERRAMADA EN MÍ.
DÍAS DE AFLICCIÓN SE APODERAN DE MÍ.**

**ÉL ME DERRIBÓ EN EL LODO
Y SOY SEMEJANTE AL POLVO
Y A LA CENIZA.**

**PORQUE YO SÉ QUE ME CONDUCES
A LA MUERTE, Y A LA CASA
DETERMINADA A TODO VIVIENTE».**
Job 30: 16-19-23. .

Job presentía que su hora final estaba por llegar. Admite que el lodo, el polvo y la ceniza están en su futuro inmediato. Pero en el versículo veinte expresa también que lo espera una casa determinada para todo ser viviente. ¿Quién le dio esta información a Job? Este hombre vivió muchos siglos antes de la era cristiana, y no conoció a los sobresalientes sabios y pensadores del mundo. Sin embargo, Job se equivocó cuando comenzó a razonar como un humano cualquiera. Él pensó que la muerte se aproximaba, y su propia mujer lo hizo dudar, le aconsejó renegar de Dios y morir. En el fondo de su alma, Job abrigaba la esperanza de que Dios pudiera revertir su tragedia. Y Dios lo hizo. Honró a Job, en la poquita fe que le quedaba. El final de la historia es cuando Job, respondiendo a Jehová, le dice: «Yo conozco que todo lo puedes, y que no hay pensamiento que se esconda de ti. Por tanto, yo hablaba y no entendía, cosas demasiado maravillosas para mí, que yo no comprendía…» Job 42:2.

Después de esto, Job se engrandeció y su posterior estado fue mejor que el primero, en bienes, ganados y riquezas. Tuvo diez hijos más y vivió ciento cuarenta años adicionales desde el momento de su recuperación total.

El tercer enfoque sobre volver al polvo al morir lo encontraremos en el libro de Eclasiastés, que asegura: «Todo va a un mismo lugar; todo es hecho del polvo, y todo volverá al mismo polvo» (3: 20).

El autor del libro explica que este suceso le sucede por igual a los hijos de los hombres como a las bestias. Como mueren los unos, así mueren los otros, y una misma respiración tienen todos, no tiene más el hombre que la bestia. El autor y predicador esboza la tesis de lo relativa que es la vida, porque, aunque un hombre viva muchos años, debe estar consciente de que el final de la carne será irrevocable por causa de las tinieblas del sistema imperante, consecuencia de la caída original. Sin embargo, el predicador y autor, en forma tácita, está enviando un mensaje que se hace más revelador al final de la obra.

¿POR QUÉ EL DESORDEN DE LA VIDA Y LA MUERTE?
— LOS SERES HUMANOS NO SE PONEN DE ACUERDO—

¿QUÉ NOS DIVIDE?

La política, la religión y el futbol dividen a muchos. Existen enfrentamientos entre empresas, instituciones, familias y personas naturales y jurídicas.

Si alguien negara esto, la cantidad de estudios jurídicos, abogados, letrados y defensores estarían desmintiéndolo. Los entes judiciales, tribunales, jueces y magistrados suelen tener apreciables cargas procesales. Mucha gente, por «quitarse la paja», hace demandas y entabla juicios ante la corte. Como decía un escritor francés, «la gente tiene pasión por la desdicha».

Algunos pensadores, poetas y escritores han tratado de explicar el motivo escondido en el interior del hombre, en busca de una respuesta a su naturaleza y carácter enigmático y pleitista.

El español Rodrigo Manrique escribió el siguiente poema:

«Recuerde el alma dormida,
avive el seso y despierte, contemplando
cómo se pasa la vida
cómo se viene la muerte,
tan callando.
Cuán presto se va el placer
cómo después de acordado
da dolor;
cómo, a nuestro parecer,
cualquier tiempo pasado
fue mejor»

El poeta alude a lo fugaz de la vida, se va tan callando. El placer dura muy poco. Salomón es más directo, señala que el hombre «COMO SALIÓ DEL VIENTRE DE SU MADRE, DESNUDO, ASÍ VUELVE; Y NADA TIENE DE SU TRABAJO PARA LLEVAR EN SU MANO», ECLESIASTES 5: 15.

Calderón de la Barca decía, en 1665, que «la vida es un sueño y los sueños, sueños son», y agrega «sueña el rey que es rey y vive con este engaño mandando, viendo que ha de despertar en el sueño de la muerte».

El francés Francoise Mauriac, nobel de literatura, allá por los años 1952, decía que la muerte «no nos roba a nuestros seres queridos, sino que los guarda». Leonardo Da Vinci, en el Renacimiento, aseguraba que «Una vida bien usada causa una dulce muerte». Confucio sostenía, quinientos años antes de Cristo, «¿Qué es la muerte si todavía no sabemos qué es la vida? Hay que esperar lo inesperado y aceptar lo inaceptable». El físico Stephen Hawking (1942), de nacionalidad británica, decía no tener miedo a la muerte, «pero no tengo prisa de morir. Tengo que hacer muchas cosas primero». Mark Twain también decía: «No le temo a la muerte, he estado muerto antes de nacer, durante millones de años».

Los pensamientos y declaraciones de estos hombres revelan reflexiones de diversa índole, y se emiten en el transcurrir del tiempo. Confucio, sabio chino que vivió quinientos años antes de que naciera el señor Jesucristo o el francés Francoise Mauriac en el siglo XX de nuestra era son ejemplos de ello.

Da a entender que la hora de las tinieblas pasará y regresará la luz. ¿Cómo estar bajo la luz? Él responde que la carne no llegará a ningún lado: Vanidad de vanidades, todo es vanidad para la carne. Y aconseja «no hacer muchos libros» ni obras faraónicas o empresas costosas, porque sigue siendo vanidad de la carne. Entonces, ¿cuál es el consejo? Lo resume muy escuetamente en sus últimos versículos:

«EL FIN DE TODO DISCURSO OÍDO ES ESTE: TEME A DIOS Y GUARDA SUS MANDAMIENTOS, PORQUE ESTO ES EL TODO DEL HOMBRE».

Es verdad, el polvo vuelve al polvo, pero el espíritu que temió a Dios y guardó sus mandamientos volverá a Dios, a las moradas preparadas por el rescatador Jesucristo. En dichas nuevas viviendas y en la nueva tierra, disfrutará de la vida eterna en nuevos cuerpos glorificados, como está escrito y él lo ha prometido.

Un importante enfoque sobre «volver al polvo» está en el primer libro de la biblia, donde podemos leer:

«CON EL SUDOR DE TU ROSTRO COMERÁS
EL PAN HASTA QUE VUELVAS A LA TIERRA,
PORQUE DE ELLA FUISTE TOMADO;
PUES POLVO ERES Y AL POLVO VOLVERÁS».
Génesis 3: 19.

En realidad, este texto es una sentencia divina, proveniente del Creador. ¿Cuál es el enfoque que debemos darle? Si solo analizamos la letra, solo encontraremos dolor, consecuencias y finalmente muerte. Si auscúltanos el «QUÉ», «CÓMO», «POR QUÉ» Y «PARA QUÉ», lograremos captar las implicancias, descubriremos la raíz y la severidad en la terrible sentencia. El significado IN PECTORE es que Adán (y por ende toda la raza humana), lo había perdido todo. No solo el cuerpo volvía a ser polvo, sino que la vida eterna había desaparecido *ipso facto* del hombre. La sentencia está indicando al hombre pecador que la vida terrenal, por inercia, se alargaría unos cuantos años más, trecientos, quinientos, novecientos… pero, al fin, dejaría de ser y con ellos vendría la inexistencia total. Nótese que, en esta sentencia reglamentarista, legal e inapelable, no se menciona el «aliento de vida» que Jehová sopló en Adán. ¿Qué es el aliento de vida? ¿De dónde proviene? Así como el cuerpo de Adán fue formado de la tierra, la vida proviene del aliento de Dios. Y así como el cuerpo de Adán volvería a la tierra luego de un tiempo, el aliento de vida volvería al lugar de donde vino —vale decir—, de Dios. Luego, ¿qué pasaría? Nada, todo estaba terminado. La sentencia era irrevocable. El hombre como tal desaparecía del planeta, y el propio planeta estaba maldecido. Esta maldición es parte de la misma sentencia divina, consignada en Génesis 3: 17.

ENTONCES, ¿NO HABÍA ESPERANZA?

Recordaremos que Dios no está en el tiempo ni en el espacio. Es un eterno presente ¿Qué hizo Dios? El enfoque para entender este suceso debe ser multidimensional. Es más, hay un ingrediente adicional que se debe aplicar para tener un ligero atisbo de la mente inconmensurable del Divino Creador: la Fe. Y esta es fruto del espíritu. Esta recibe la aceptación para creer sin necesidad de ver o razonar. Quien pretenda esto último, ingresará a un intrincado, donde la mentira pudiera convertirse en verdad y a esta última se le llamaría mentira.

Si al leer la sentencia en Génesis retrocedemos a los primeros considerandos del Altísimo al dirigirse al trio desobediente, Adán, Eva y el diablo, encontramos una salida, una provisión, una solución a la tragedia múltiple que estaba estremeciendo los cielos, la tierra y los ángeles, poniendo en cuestión la propia soberanía del altísimo y supremo Creador. Todo el sistema espiritual entró a la gran cuestión. ¿Quién gobierna el universo, lo visible o invisible, lo creado o increado? Luzbel, ahora convertido en diablo, Satanás, había osado calificar a Jehová Dios como mentiroso, en el diálogo que aquel sostuvo con Eva. Una tercera parte de la población angelical se puso de parte del ángel rebelde, poderoso querubín. La duda estaba sembrada. ¡El desafío a Dios era evidente! Adán y Eva, y también muchos ángeles, habían caído en la trampa satánica.

¿QUÉ HIZO DIOS ENTONCES?

La sentencia Divina debería incluir a todos los amotinados. El principal era el diablo. Pero Dios no lo hizo de inmediato. Pudo hacerlo al instante, desapareciendo al diablo y sus huestes de maldad (ángeles rebeldes), al hombre y al planeta. También incluiría al cielo, donde una tercera parte de los ángeles se rebelaron, pasándose al diablo.

¿Por qué Dios no los ejecuto de inmediato?

El diablo había desafiado a Dios delante de la población angelical y de toda la Creación. Y me imagino, si un borracho, en algún momento de crisis emocional, se sube al cuadrilátero de box, donde el campeón mundial de pesos pesados acaba de derrotar al challenger en el séptimo round, desafía públicamente al campeón a pelear tres rounds con él, asegurando que lo derrotará.

¿Qué haría el campeón?

1.   No tomarlo en cuenta
2.   Responderle que es un fanfarrón al que no merece enfrentarse, que está desubicado
3.   Aceptar y darle una oportunidad y tiempo para pelear los tres rounds del borracho malcriado

A su vez, en el estadio, una parte de la multitud le pediría al campeón que aceptara el enfrentamiento y le diera una oportunidad al desafiante. Ante esto, sembrada la duda en los espectadores, y para que no quedara duda, el campeón decide aceptar el reto y el match. El campeón mundial piensa en su interior que, si no lo hace, siempre quedará la duda en muchas personas de que por algo el hombre ebrio lo desafió, y algunos pensarán que tal vez habría podido vencer al campeón. Ante el atisbo de duda, acepta el reto.

Esto es lo que habría decidido Dios. Le estaría dando un tiempo al diablo para que demostrara su arrogante pretensión de que él podría gobernar el mundo, universo, todo lo que existe.

Dios, intuitivamente, anticipándose en rescatar al hombre, la nueva raza que había creado, enuncia una solemne provisión en la sentencia y anuncia proféticamente:

«Y JEHOVÁ DIJO A LA SERPIENTE:
POR CUANTO ESTO HICISTE
MALDITA SERÁS ENTRE TODAS
LAS BESTIAS Y ENTRE TODOS
LOS ANIMALES DEL CAMPO;
SOBRE TU PECHO ANDARÁS
Y POLVO COMERÁS TODOS LOS
DÍAS DE TU VIDA

Y PONDRÉ ENEMISTAD ENTRE TI
Y LA MUJER, Y ENTRE TU
SIMIENTE Y LA SIMIENTE SUYA
ESTA TE HERIRÁ EN LA CABEZA
Y TÚ LE HERIRÁS EN EL CALCAÑAR».
Génesis 3: 14, 15.

La sentencia del Dios Todopoderoso es principalmente al diablo, representado por la serpiente. Incluye, además, a la simiente del diablo, que son todos sus seguidores de las diferentes épocas, tanto en el mundo natural como en el espiritual. En el simbolismo de la profecía, la simiente de la mujer es Jesús de Nazaret, que vino en la carne, herido por el diablo en el calcañar. La profecía es contundente cuando advierte que la simiente magullará la cabeza del diablo. Es decir, el mismo hombre a quien el diablo tentó es el que se cobrará la revancha. Jesucristo es el segundo Adán, que no solo destruye al diablo y sus seguidores, sino que lo pone en ridículo por haber desafiado la Omnipotencia del Ser Supremo. La osadía satánica de buscar adoradores, quitándoles al «YO SOY EL QUE SOY», es castigada con la extinción de todos los rebeldes e impíos en el lago de fuego y azufre.

La sentencia para la raza humana es en realidad un camino a la restauración, al perdón y una nueva oportunidad. Es probable que la tercera parte de los ángeles caídos por su rebeldía y seguidores del diablo <u>sean reemplazados por nuevos seres angelicales</u>.

En realidad, la sentencia de Dios Todopoderoso es un compendio de la sabiduría más excelsa y del ilimitado amor del Ser Supremo por sus hijos, criaturas, creaciones y las miríadas e inconocibles seres y cosas que existen y que el ser humano no puede procesar en su mente, a menos que la soberana voluntad del Ser Supremo lo permita.

El volver al polvo es solo una fracción. La vida en el espíritu es de dimensiones incognoscibles.

¿Podríamos decir, entonces, «si del espíritu fuiste formado, al espíritu volverás »?

Salomón dijo que todo tiene su tiempo, pero se refería a lo que se hace debajo del cielo. ¿Qué hay de lo que se hace en el cielo y más allá del cielo? Esta sería una pregunta ociosa. <u>Volvamos a Salomón</u>, él dio una clave: «Aquello que fue, ya es; y lo que ha de ser, fue ya: y Dios restaura lo que pasó» Eclesiastés 3: 15.

«—Hombre —preguntó Miqueas—, ¿qué es lo que pide Dios de ti? SOLAMENTE HACER JUSTICIA, AMAR MISERICORDIA Y HUMILLARTE ANTE TU DIOS», Miqueas 6: 8.

El código secreto revelado es humillarnos ante el Creador, recordar que Dios es el omnipotente, que todo lo puede, pero, preponderantemente, que Dios es amor.

CORROBORACION DE LA VIDA EN EL ESPIRITU

1.   LO QUE DIJO JESÚS SOBRE EL ESPÍRITU.

2.   ¿LOS ESPÍRITUS SON ENGENDRADOS O CREADOS?

3.   ¿QUÉ ES, O QUIÉN ES, EL ESPÍRITU SANTO EN REALIDAD?

Hubo un hombre que se llamó a sí mismo «YO SOY LA VERDAD». Se llamó Jesucristo de Nazaret. Habían transcurrido muchos siglos desde que había aparecido el primer ser humano en la tierra. No surgió por creación espontánea, sino que fue creado por la mano divina. Se llamó Adán. Está registrado en el libro Génesis, el primero de la biblia.

El universo ya existía. También fue creado por Dios. Muchos no aceptan esta explicación y han formulado diversas hipótesis y teorías sobre la creación del universo. La más popular es la teoría del Big Bang, que considera fue una gran explosión de hace miles de millones de años, donde la materia concentrada se expandió en diferentes puntos, creándose las galaxias, las estrellas y los sistemas planetarios. Otra teoría que trata de explicarlo es la del universo oscilante, que consiste en sucesivas explosiones y expansiones que luego son atraídas por una fuerza gravitacional, semejante a la ley de la gravedad. Otros científicos dicen que el universo siempre ha existido y siempre existirá. Para ellos, la mano de Dios no cuenta. Ante esta afirmación, los religiosos sostienen que no puede haber un reloj a menos que un relojero lo haya construido.

¡No hay universo sin un creador!
Volviendo a Jesús, él dijo lo siguiente:

«DE CIERTO, DE CIERTO TE DIGO
QUE EL QUE NO NACIERE DEL AGUA
Y DEL ESPÍRITU, NO PUEDE ENTRAR
EN EL REINO DE DIOS.

**LO QUE ES NACIDO DE LA CARNE,
CARNE ES; Y LO QUE ES NACIDO
DEL ESPÍRITU, ESPÍRITU ES».**
Juan 3: 5, 6.

El deslinde que describe el señor Jesús se refiere al nacimiento de una persona. Los que nacen de la carne se van a desarrollar dentro de la naturaleza carnal, que comprende fuerza física, destreza, agilidad y belleza. También en los apetitos propios de la carne: comer, divertirse, viajar e interrelacionarse.

Algunos apetitos pueden extralimitarse, y dan lugar al hedonismo, alcoholismo o drogadicción. Si se traspasan los límites, puede sobrevenir el asesinato, la criminalidad, maldad, homosexualidad, lesbianismo, bestialismo y degradaciones. Y encubiertamente actúan la lujuria, gula, celos y el orgullo.

En el otro lado, los que nacen del agua y del espíritu van a desarrollar y recibir sus frutos, que son amor, gozo, paciencia, fe, bondad, benignidad, mansedumbre y templanza. Estas personas pueden recibir, pedir y desarrollar dones especiales, como sabiduría, sanidad, profecía, descernimiento, enseñanza, evangelismo, liderazgo, generosidad, compasión y hablar en otras lenguas. Tanto los frutos como lo dones se unen para el servicio a los demás, para la extensión del Reino de Dios.

Un don que es muy importante es el don del *discernimiento*. Puede percibir qué tipo de espíritu actúa en otra persona, institución, familiar, iglesia y aun en países. El espíritu de discernimiento permitirá percibir qué espíritu actúa en otra persona, y si viene de Dios o no. Recordemos que la biblia dice que en los postreros tiempos vendrán engañadores, otros aparecen como «ángeles de luz», pero serán demonios disfrazados y engañarán incluso a los escogidos de Dios. Los que tengan el espíritu de discernimiento podrán descubrir a los falsos profetas y aun a los falsos cristos.

El Señor Jesús, al explicar los dos tipos de nacimiento, se profundiza en el nacimiento espiritual. Se compara al viento que sopla, que no se sabe de dónde viene ni adónde va. Luego aclara que lo espiritual pertenece al ámbito celestial, para finalmente aseverar que «nadie subió al cielo, sino el que descendió del cielo»; es decir, él mismo.

Jesús descorre le velo y alude el rol que ha de desempeñar el espíritu santo solo en aquellos que nacen del espíritu. La condición previa para recibir el Espíritu de Dios (Espíritu Santo), asimismo, es nacer del agua. Si leemos bien el versículo cuatro, Jesús dijo «nacer del agua». ¿Qué significa nacer del agua?

Retrocedamos a los días de Juan el bautista en el río Jordán. Él decía «arrepentíos, porque el reino de los cielos se ha acercado». La gente se bautizaba con él, confesando sus pecados. La escritura anota que Jesús fue a Juan al río para ser bautizado por él. Mas Juan se opuso, diciendo que más bien él debía ser bautizado por el señor Jesús. Jesús le respondió «DEJA AHORA, PORQUE ASÍ CONVIENE QUE CUMPLAMOS, TODO JUSTICIA». DE ESE MODO, JESÚS FUE BAUTIZADO POR JUAN, Y OCURRIÓ «QUE DESPUÉS DE QUE FUE BAUTIZADO, SUBIÓ LUEGO DEL AGUA, Y HE AQUÍ QUE LOS CIELOS LE FUERON ABIERTOS, Y VIO AL ESPÍRITU DE DIOS QUE DESCENDÍA COMO PALOMA Y VENÍA SOBRE ÉL. Y HUBO UNA VOZ DE LOS CIELOS QUE DECÍA "ESTE ES MI HIJO AMADO, EN QUIEN TENGO COMPLACENCIA"» Mateo 3: 13-17.

Nacer del agua es sumergir al viejo hombre, desapareciéndolo. Al salir del agua, es un nuevo hombre. Y es en este momento que, por un acto sobrenatural, se recibe el espíritu de Dios o el Espíritu Santo. Jesús lo recibió y la escritura señala que bajó una paloma sobre él. El bautismo en el agua es la demostración de que hemos decidido hacer morir al viejo hombre carnal y pecaminoso y nacer de nuevo con la introducción del espíritu de Dios. Los espíritus de las tinieblas que hayan convivido en ese cuerpo pecaminoso tienen que retirarse, huir del nuevo hombre que acaba de nacer del espíritu de Dios. Por lo tanto, es Dios quien te da el nuevo nacimiento, por intermedio de su espíritu, que es el mismo Dios.

CREADOS Y ENGENDRADOS

Para comprender a cabalidad el significado e importancia de nacer del espíritu, retrocedamos de ochocientos a quinientos años antes de Cristo, cuando el salmista reconoce la omnipotencia del Creador y exclama «sea la gloria de Jehová para siempre», cuando crea los espíritus (Salmos 104: 30-31).

«Y ENVÍAS TU ESPÍRITU, SON CREADOS Y RENUEVAS LA FAZ DE LA TIERRA».

En el libro de Ezequiel, en la visión del valle de los huesos secos, se le dice al sacerdote Ezequiel, cuyo nombre significa «Dios fortalece»:

«PROFETIZA AL ESPÍRITU, PROFETIZA,
HIJO DE HOMBRE, Y DI AL ESPÍRITU:
ASÍ HA DICHO JEHOVÁ, EL SEÑOR:
ESPÍRITU, VEN DE LOS CUATRO VIENTOS,
Y SOPLA SOBRE ESTOS MUERTOS, Y
VIVIRÁN»

Mientras el salmista testimonia que los espíritus son creados, el profeta señala que el espíritu, al soplar sobre los muertos, hace que estos vuelvan. Podríamos interpretar que Dios, al crear espíritus, los crea de algo. Dios es el Creador, e hizo las cosas de la nada.

¿Qué es la NADA? Antes que la NADA, ¿qué existía?

Algunos teólogos sostienen que Dios siempre ha estado solo, ¡porque Él es completo en sí mismo! Dios no necesita de nadie, porque él está completo. Entonces, ¿de dónde son creados los espíritus? ¿Cuál es la materia prima para formar espíritus?

Si el salmista escribe que los espíritus son creados, debe existir un genoma espiritual, así como ocurre con los genes materiales, genomas humanos y genomas animales. La biodiversidad del reino animal no permite conocerlo a profundidad. Si los ADN son las instrucciones genéticas de los nuevos seres vivos, podríamos inferir, en paralelismo, que existiría un ADN espiritual que contendría las características genéticas de cada nuevo ser

Toda clase de especulación puede surgir en torno a la vida espiritual. La palabra de Dios revela hasta donde el Señor lo permite, puede acercarnos al verdadero conocimiento.

El profeta Isaías describe una situación caótica y desolada: los palacios se convertirán en cuevas, la tierra producirá espinas y cardos, habrá espanto. Este panorama se presenta por la desobediencia y por volver las espaldas a Dios. ¿Cómo revertir esta situación dramática?

El versículo 15 del capítulo 32 lo explica:

**«HASTA QUE SOBRE NOSOTROS SEA
DERRAMADO EL ESPÍRITU DE LO ALTO,
Y EL DESIERTO SE CONVIERTA EN CAMPO
FÉRTIL, Y EL CAMPO FÉRTIL SEA
ESTIMADO POR BOSQUE»**

Isaías resalta en todo el capítulo cómo la llegada del ESPÍRITU desde lo alto reconstruye y transforma el estado anterior a un clima diferente, con preeminencia de paz, recreo y reposo. El rol del Espíritu es trascendente, el ser humano acepta y reconoce la intervención del Espíritu. Pero lo hace solo en su mente finita e intelecto, no profundiza. No está debidamente consciente de lo crucial, vital e inconmensurable de la fuerza y el poder espiritual.

LA LETRA MATA Y EL ESPÍRITU VIVIFICA

El apóstol Pablo, en una carta ilustrativa a los corintios, llama la atención sobre la confusión de que la palabra de Dios sea ministrada literalmente, excluyendo la intervención del espíritu, que es el que da vida.

**«NUESTRA COMPETENCIA PROVIENE DE
DIOS, EL CUAL, ASIMISMO, NOS
HIZO MINISTROS COMPETENTES DE
UN NUEVO PACTO, NO DE LA LETRA,
SINO DEL ESPÍRITU; PORQUE LA
LETRA MATA, MAS EL ESPÍRITU
VIVIFICA».**
2 Corintios 3: 5, 6.

El nuevo pacto al que alude Pablo es el ministerio de Cristo, el cual quita el velo de la ley de Moisés, que embotó el entendimiento para no entender la misión de Cristo. «Pero cuando se conviertan al Señor, el velo se quitará. Porque el Señor es el Espíritu; y donde está el espíritu del Señor, allí hay libertad», 2 Corintios 3: 16, 17.

Pablo recalca la importancia de lo que tenía que ser abolido con la llegada de Cristo, que marcaba el principio del fin del sistema anterior.

El propio Señor Jesucristo, dirigiéndose a sus discípulos, les aclaró:

«EL ESPÍRITU ES EL QUE DA LA VIDA; LA CARNE PARA NADA APROVECHA; LAS PALABRAS QUE YO OS HE HABLADO SON ESPÍRITU Y SON VIDA» Juan 6: 63.

LA METODOLOGÍA DIVINA:

DIOS NOS TRANSMITE SUS PLANES POR ETAPAS

La forma en la que el Ser Supremo se va comunicando con el ser humano es progresiva y por etapas. A las primeras instrucciones que Dios dio a Adán y Eva siguieron otros mandatos, en la época de Noé, antes del diluvio. Luego vino la época de Abraham, Isaac y Jacob. Pasó el tiempo y nació Moisés, que llegó a ser libertador. Despúes, Josué continúa el plan de Dios. La historia da cuenta del período de los jueces, luego los Reyes de Israel, pasando por un largo período, hasta llegar al nacimiento de Jesús. Es a partir del señor Jesús que se instaura el Nuevo Pacto, el anuncio del Reino de Dios y el nacimiento del espíritu de Dios, más conocido en el mundo bíblico como el Espíritu Santo.

No deja de ser sorprendente lo que descubre Pablo en 1 Corintios 3: 16, 17:

«¿NO SABÉIS QUE SOIS TEMPLO DE DIOS, Y QUE EL ESPÍRITU DE DIOS MORA EN VOSOTROS?

SI ALGUNO DESTRUYE EL TEMPLO DE DIOS; DIOS LO DESTRUIRÁ A ÉL; PORQUE EL TEMPLO DE DIOS, EL CUAL SOIS VOSOTROS, SANTO ES».

Esta declaración de que tu cuerpo es templo del Espíritu Santo es oída por muchos, pero no asimilada como debería ser. Muchos creyentes, con buenas intenciones, siguen viviendo, observando al pie de la letra la ley de Moisés reglamentariamente, en forma literal, sin ningún discernimiento. En Éxodo 20: 13 la ley manda «NO MATARÁS», pero Jehová, el Dios de los ejércitos, ordena a Gedeón matar a dos príncipes enemigos, Oreb y Zeeb, cortándoles sus cabezas, Jueces 7: 25.

Es que por encima de la ley están la JUSTICIA y el AMOR. El discernimiento lo da el espíritu, no una fría ley.

Desconocen el modo de operar de Dios Supremo, que por su amor y misericordia va dando directivas variadas en el tiempo.

No se trata de creer que Dios es permisivo. No. Dios actúa en función de las debilidades humanas. De otro modo, jamás hubiera aceptado que Salomón hubiera tenido setecientas mujeres y trescientas concubinas.

Tampoco hubiera perdonado a las hijas de Lot, que, al huir de Sodoma y Gomorra, emborracharon al padre y tuvieron relaciones sexuales con él. No se trata de erigirnos como jueces implacables y aplicar los diez mandamientos so pena de quien no los cumpla sea muerto irremediablemente. Tampoco —como decía el apóstol Pablo— Dios es consentidor, sino que el ejerce su misericordia y el perdón al pecador «setenta veces siete», lo que tampoco es licencia para pecar y pecar.

«—¡Miserable de mí! —exclamó Pablo lamentándose—. ¿Quién me librará de este cuerpo de muerte?» Romanos 7: 24.

Pablo estaba consciente de la debilidad humana. El propio libro de Eclesiastés 7: 16 advierte no llegar a la rigidez de condenar toda falla que haga tu prójimo, sea grande o pequeña:

«NO SEAS DEMASIADO JUSTO, NI SEAS SABIO EN EXCESO, ¿POR QUÉ HABRÁS DE DESTRUIRTE?»

El enfoque ante las revelaciones que nos da Dios a través de su Palabra escrita y del Espíritu Santo debe dirigirse cumpliendo, al menos, los requisitos que la persona creyente tenga en su haber. Los frutos que el Espíritu Santo haya desarrollado deben ser factores a tomar en su cuenta.

Igualmente, los dones a los que se refieren las escrituras. De lo contrario, podríamos estar ante un entusiasta, investigador, opinólogo o adivino. El Señor Jesucristo advierte cómo identificar a sus reales hijos. Él dijo: «por sus frutos los conoceréis», porque todo árbol que produce buenos frutos es abonado y regado. En caso contrario, es cortado y echado al fuego.

Romanos 8: 14 es un indicador válido y de garantía contra lo falsos profetas o los entusiastas de la publicidad cristiana. Esta falsa motivación estaría descalificándolos. Mucho más si las verdaderas intenciones son alimentadas por vanidad y figuración. Generalmente, los ególatras excluyen la motivación del Señor y dejan en segundo plano el propósito y plan del Dios Supremo:

«PORQUE TODOS LOS QUE SON GUIADOS POR EL ESPÍRITU DE DIOS, ESTOS SON HIJOS DE DIOS».
Romanos 8: 14.

En este caso, el pedido de discernimiento debe ser la rogativa de todo hijo de Dios, para no caer en la estratagema del diablo o las artimañas que puedan desviar al creyente de buena voluntad.

El propio señor Jesucristo, en los días posteriores a su resurrección, estuvo impartiendo directivas a sus discípulos. Pronto dejaría la tierra para ir a la diestra del Padre Celestial, y en sus conversaciones con los sorprendidos apóstoles les reveló aspectos relacionados al reino de Dios:

«PERO RECIBIRÉIS PODER, CUANDO HAYA VENIDO SOBRE VOSOTROS EL ESPÍRITU SANTO, Y ME SERÁN TESTIGOS EN JERUSALÉN, EN TODA JUDEA, EN SAMARIA Y HASTA LO ÚLTIMO DE LA TIERRA».
Hechos 1: 8.

La información del Señor a su grupo de confianza era, sin embargo, de connotación general y se proyectaría a los futuros creyentes. ¿Qué recibieron? PODER ¿Para usarlo con fines personales o egoístas? No. La predicación del Señor se centraba en la llegada del reino de Dios a la tierra y a la culminación del reino de la oscuridad, liderado, hasta entonces por el opositor, Satanás, el diablo.

Entonces, ¿para qué era el poder?

La respuesta está en la misma declaración: «Me seréis testigos». Testifica que había llegado la simiente de la mujer: el Redentor. Retornaba el bien y el cultivo de la semilla del Espíritu Santo, y por ende la producción de los frutos del espíritu, amor, bondad, fe, gozo… No era el poder por el poder para exhibir arrogancia y el sometimiento de otros. Tampoco para caudillismo, egolatrías, arrogancia o gobernantes dictadores.

¡Está en la característica de los siglos transcurridos! A partir de la llegada del Espíritu Santo, sus receptores se convertirían en agentes de cambio para poner en marcha el reino de luz.

Tal vez el resumen de esta nueva etapa en el mundo material y espiritual podría estar sintetizado en la propia frase de Jesús, que pronunciara en la parte final del diálogo con el sabio Nicodemo, principal entre los judíos. Jesús le dijo a Nicodemo:

«PORQUE DE TAL MANERA AMÓ DIOS AL MUNDO, QUE HA DADO A SU HIJO UNIGÉNITO, PARA QUE TODO AQUEL QUE EN ÉL CREE NO SE PIERDA, MAS TENGA VIDA ETERNA».
Juan 3: 16.

Las dimensiones de las palabras de Jesús exceden las circunstancias y el tiempo en que se pronunciaron. El maestro no hablaba para el interlocutor de turno. La explicación del maestro lleva como propósito explicar el plan de redención de Dios para el hombre, que había perdido a vida eterna. Transmite su inconmensurable amor por el mundo y se muestra como vía perfecta para reivindicarse. Es más, el Supremo sacrifica a su único hijo, da su vida, para rescatar al hombre de su situación de muerte.

Capítulo IV

LA *BIG* PREGUNTA: ¿QUÉ ERES TÚ Y QUIÉN ES TU SEMEJANTE?

Hubo una película con Brad Pitt de protagonista: *¿Quién es Joe Black?* Un día no se sabe si es bueno o malo. Se presentó en la casa de un poderoso empresario, presidente de una reconocida corporación económica, un hombre desconocido. Al inquirírsele quién era, no supo qué responder y, ante las exigencias del dueño de casa, dijo llamarse Joe Black. En la esforzada indagación que trataba de obtener del desconocido, no obtenía ninguna pista de su identidad real. La actitud del extraño era hermética, parecía desubicado. El empresario, entonces, le preguntó si acaso era un ser extraterrestre. A tanta insistencia, y presionado por el graneado fuego preguntas, el misterioso visitante trató de ser más amable, pero continuaba enigmático. Por fin, el empresario, aburrido y en tono de broma, soltó una extraña suposición: «JOE BLACK, ¿ES USTED ACASO LA MUERTE». El visitante asintió, bajando la cabeza afirmativamente. Sorprendido y tratando de mantener un equilibrado profesionalismo, el empresario le inquirió para qué lo buscaba. La respuesta precisa y categórica fue que venía por él. ¡Había llegado la hora de morir del empresario! Y el Joe Black, que era la muerte, llegaba simplemente para llevárselo.

Por supuesto que esta historia solo se trata de un argumento de un film al estilo ciencia ficción. La industria de la cinematografía se ha caracterizado por producir un tinglado de argumentos inspirados en las páginas de la biblia. Algunos han sido exitosos, otros, fantasiosos y algunos, ridículos.

La pregunta en cuestión sigue vigente: ¡¿QUIÉN ERES TÚ?! ¡¿QUÉ O QUIÉNES SOMOS?!

Podríamos responder de distintas maneras, pero una cosa es evidente: el humano es un ser mortal. En algún momento deja de existir. Hay personas que mueren jóvenes, por un accidente en la carretera, o en un avión que se cayó, o porque alguien les dispara casual o intencionalmente. Son posibilidades que están. La respuesta concreta es que somos seres mortales. Pero esta respuesta no es suficiente, no te está informando qué eres. La diferencia entre qué eres y quién eres estriba en que la segunda pregunta es limitativa. El «QUÉ ERES» es amplio, y puede también tener diversas respuestas.

Un biólogo puede responder diferente al filósofo, y este distinto al médico. Para este último, el hombre es un cuerpo, un organismo con funciones. Si estas fallan, el cuerpo deja de funcionar, como el auto o la licuadora. El biólogo, por el contrario, se abocará en analizar el funcionamiento de las células y los compuestos químicos. Para este investigador, lo más importante son las partes que constituyen el todo. No puede comprender el todo, sino que investiga qué hay en cada parte.

Como decía Campoamor en sus versos, «todo es según el color del cristal con que se mira». Pero el autor de este poema antepuso un condicionante cuando escribió: «y en este mundo traidor nada hay verdad ni mentira», con lo cual emite su personal opinión de que en este mundo la verdad pura aún no se conoce. Según Campoamor, la verdad de algunos es mentira en otros, y la mentira de un grupo puede ser verdad en otro grupo.

¿Qué somos en realidad los seres humanos?

Con respeto a la opinión del poeta Campoamor, Jesús de Nazaret dijo algo que no contradice la opinión de ningún poeta, biólogo o filósofo de este mundo. Lo que hace Jesús es enseñar y revelar algo que algunos humanos ignoran y otros han olvidado. ¿Qué dijo Jesús?

**«EL ESPÍRITU ES EL QUE DA VIDA
LA CARNE PARA NADA APROVECHA;
LAS PALABRAS QUE YO OS HE HABLADO
SON ESPÍRITU Y SON VIDA».**
Juan 6: 63.

Las palabras del maestro son directas y esclarecedoras. Él enfatiza el rol preponderante del espíritu, ubica al cuerpo en un rol secundario e incluso llega a decir que la carne para nada aprovecha. No es que Jesús disminuya la valoración carnal, lo que trata el Señor es ubicar al espíritu como eje central de la tríada que es el hombre: espíritu, alma y cuerpo.

Entonces, ¿qué es el hombre?

Antes de comentar posibles respuestas, volvamos al origen de la creación del hombre, desde la perspectiva divina y no la de las teorías evolucionistas. Los seguidores del evolucionismo tienen sus argumentos, valederos para ellos, pero que no se comparten en otros grupos.

En un comienzo, el libro Génesis señala que Dios creó al hombre a su imagen y semejanza. ¡En este versículo está la clave! Imagen y semejanza implica poner las características del Creador. Jesús lo aclaró explícitamente en su diálogo con la mujer del pozo: «Dios es Espíritu, y los que lo adoran, en espíritu y en verdad es necesario que adoren». La mujer, una samaritana, comprendió al instante que estaba frente a un profeta. Ante ella, Jesús se identifica como el Mesías, y le anuncia que Dios está buscando adoradores en el espíritu.

La coherencia del Espíritu de Dios con el espíritu del hombre no solo conforma la imagen y semejanza del Padre Celestial con su hijo, que él crea, sino que define la sustanciación y protagonismo del espíritu.

El apóstol Pablo en 1 Tesalonicenses 5: 23 está confirmando «qué» o «quién» es el hombre:

«Y EL MISMO DIOS DE PAZ OS SANTIFIQUE POR COMPLETO; Y TODO VUESTRO SER, ESPÍRITU, ALMA Y CUERPO SEA GUARDADO IRREPRENSIBLE PARA LA VENIDA DE NUESTRO SEÑOR JESUCRISTO».

El hombre es un ser. La Enciclopedia explica que el «Ser» es tener origen o naturaleza, proceder de un lugar. También alude a «esencia», «existir», «servir» y «haber».

Pablo añadió que el hombre es un «ser» conformado por espíritu, alma y cuerpo como unidad del ser. Si conectamos lo dicho por Pablo con la revelación de Jesús, que el espíritu es el que da vida y que Dios es espíritu, el circuito de lo revelado ubica al espíritu como el verdadero «SER». Si partimos de la premisa de Pablo y el soporte de la palabra de Jesús, encontramos que el hombre real es un espíritu que vive dentro de un cuerpo, con un alma que alberga voluntad, emociones, sentimientos, afectos y desafectos. Un cuerpo puede morir. Hay cuerpos purificados y glorificados, y Dios puede proporcionar nuevos cuerpos.

En la carta de Gálatas, el apóstol Pablo recomienda caminar en el espíritu.

«DIGO, PUES: ANDAD EN EL ESPÍRITU
Y NO SATISFAGÁIS LOS DESEOS DE LA CARNE,
PORQUE EL DESEO DE LA CARNE ES CONTRA
EL ESPÍRITU, Y EL DEL ESPÍRITU ES CONTRA
LA CARNE».
Gálatas 5: 16, 17.

La direccionalidad del «ser» corresponde al espíritu. Pero, si observamos en nuestro derredor, las grandes masas humanas son guiadas por la carne: comida, licores, divisiones, placeres, afanes y deportes están orientados, en mayor proporción, a satisfacer los deseos de la carne, los deseos de los ojos y las vanidades de la vida. La explicación a este fenómeno la encontramos en las diez clases de alimentos que ingerimos. Hay alimentos para la carne y hay alimentos para el espíritu. El sistema en que vivimos está subyugado al dominio de la carne. Es una dictadura implacable, que te azuza y atrapa para que tu existencia se circunscriba a darle gusto a la carne.

Encontramos un método para vencer la esclavitud carnal en la vida de Moisés. Este siervo de Dios tenía una ordenanza del Altísimo Dios. La venía cumpliendo en un ambiente adverso, poco favorable, pese a tener el espíritu del Señor. La misión de Moisés era trasladar al pueblo israelita desde Egipto a la tierra prometida, Canaán. Pero los israelitas eran quejumbrosos por la incomodidad de la travesía a través del desierto. Les faltaba agua, alimentos, carne, comodidades, lugares donde dormir. Moisés llegó a cansarse un momento por los constantes reclamos del pueblo. Fue así que se presentó a Jehová y le habló:

**«Y DIJO MOISÉS A JEHOVÁ: ¿POR QUÉ HAS
HECHO MAL A TU SIERVO?, ¿POR QUÉ NO
HE HALLADO GRACIA EN TUS OJOS, QUE HAS
PUESTO LA CARGA DE TODO ESTE PUEBLO
SOBRE MÍ?»**

El reclamo de Moisés fue escuchado por Dios y, en su respuesta, el Señor le dice:

**«ENTONCES JEHOVÁ DIJO A MOISÉS:
REÚNEME SETENTA VARONES DE LOS ANCIANOS DE ISRAEL,
QUE TÚ SABES QUE SON ANCIANOS DEL PUEBLO
Y SUS PRINCIPALES; Y TRÁELOS A LA PUERTA DEL TABERNÁCULO
DE REUNIÓN, Y ESPEREN ALLÍ CONTIGO.**

**Y YO DESCENDERÉ Y HABLARÉ ALLÍ CONTIGO,
Y TOMARÉ DEL ESPÍRITU QUE ESTÁ EN TI,
Y LO PONDRÉ EN ELLOS; Y LLEVARÁN CONTIGO
LA CARGA DEL PUEBLO; Y NO LA LLEVARÁS TÚ SOLO».**
Números 11: 11-16-17.

Jehová, el Señor, le anuncia a Moisés una ayuda extranatural, fuera del entendimiento humano. Toma una porción del espíritu de Moisés y la transfiere a los setenta varones escogidos del pueblo israelita para que le ayuden a sobrellevar la intensa carga. Comprender este acto divino es aceptar nuestras limitaciones humanas, cuando el Creador decide intervenir en la ayuda a sus escogidos. La función del Espíritu es benefactora, amorosa y bienhechora. Transciende el espíritu, que es transmutativo, y además translimita lo que la capacidad humana no puede realizar. Este accionar del espíritu de un hijo de Dios confirma lo que el mismo Dios dijera al principio: que creaba al hombre en su imagen y semejanza. Dios revela que sus hijos son espíritus. Él los crea, Él los engendra.

El Salmo 104: 30 descorre un código secreto. Este código lo va a captar una mente espiritual. Por el contrario, una mente carnal lo puede cuestionar. ¿Qué dice esta revelación de lo Alto?

**«ENVÍAS TU ESPÍRITU, SON CREADOS
Y RENUEVAS LA FAZ DE LA TIERRA».**
Salmo 104: 30.

El que envía es Dios mismo. ¿Qué envía? Su propio espíritu. El salmista escribe de una acción creativa de nuevos espíritus, pero cuya fuente es Dios. Crear o engendrar son palabras sinónimas. En un matrimonio, el esposo engendra a su hijo en el vientre de la esposa, y ella, después de nueve meses, pare al hijo de ambos.

Pero no podríamos aplicar rigurosamente este término a la creación de un espíritu, aunque el objetivo podría ser el mismo: Tener un nuevo espíritu, cuyo nombre podría ser Juan o Judas. Dios crea y Dios engendra. En cambio, un hombre común y corriente lo que hace es engendrar un hijo, y por eso recibe el título de padre. La diferencia estriba en que el semen del hombre y el óvulo de la mujer son el punto de partida del nuevo ser humano, pero el espíritu lo da Dios. Es lo que trata de decir el salmista, explicando el milagro de creación de los espíritus.

Jesús de Nazaret, el hijo de María y José, entregó su espíritu al momento de morir: «MAS JESÚS, HABIENDO OTRA VEZ CLAMADO A GRAN VOZ, ENTREGÓ EL ESPÍRITU», Mateo 27: 50.

El autor de este libro es reiterativo. Se tejen diversas creencias, fábulas y falacias en torno a la vida y muerte. En este desorden de ideas, el propio Jesús fue insistente. Él decía: «En verdad, en verdad os digo…», «de cierto, de cierto os digo…». El Señor ponía énfasis en determinadas declaraciones. Se refería a sí mismo como «YO SOY LA LUZ». En ocasiones, se autodenominaba como «LA VIDA», «YO SOY LA VERDAD», «YO SOY EL CAMINO», «LA PIEDRA DEL ÁNGULO», «EL ESPÍRITU DE DIOS ESTÁ SOBRE MÍ», «YO SOY EL MESÍAS». El maestro entendía que un ciego no podía guiar a otro ciego, porque ambos caerían al abismo. También se mostró repetitivo cuando afirmó:

«YO SOY LA RESURRECCIÓN Y LA VIDA, EL QUE CREE EN MÍ, AUNQUE ESTÉ MUERTO, VIVIRÁ». Fue contundente ante mentes cerradas. Sus declaraciones denotaban seguridad: «EN VERDAD OS DIGO, EL QUE OYE MI PALABRA Y CREE AL QUE ME ENVIÓ, TIENE VIDA ETERNA», «YO, LA LUZ, HE VENIDO AL MUNDO PARA QUE TODO AQUEL QUE EN MÍ CREA NO SE PIERDA, MAS TENGA VIDA ETERNA».

UNA LLAMADA TELEFÓNICA Y EXPERIENCIA ESPIRITUAL

Aquí, en Lima, en momentos que escribo este capítulo acerca del espíritu, recibo una sorpresiva llamada telefónica de mi hermana Bertila, que vive en Los Angeles, Estados Unidos. Bertila es mi hermana carnal y es la mayor. Desde hace décadas reside en ese país y las veces que ha venido a Perú ha sido para exponer un evangelio profundo. Estuvimos conversando temas del alma fraccionada, luego ella comenzó hablar en lenguas y a orar. Cuando lo hacía, yo comencé a entender revelaciones del mensaje encriptado: el Espíritu de Dios parecía decirme que Jesús, el unigénito hijo, a quien envió para morir por los pecados del hombre, tenía que ser reiterativo.

JESÚS FUE REITERATIVO

Mi hermana seguía hablando en lenguas angelicales. Mientras escuchaba, Dios decía a mi espíritu que Jesús, su amado hijo, tenía que ejercer una acción reiterable, porque su palabra era como espada de dos filos: penetraba a las profundidades del alma y del espíritu para redimirlos y que sus espíritus fuesen sacudidos. Es con este fin que la Palabra que Él enviaba **debía ser insistente y no quedar en la superficie**. El Espíritu Santo me recordaba que la palabra, además de penetrar en los espíritus, discierne los pensamientos y las motivaciones. Casi al final de la conversación telefónica, mi hermana dejó de hablar en lenguas. Le informé lo que el Espíritu Santo me había revelado. Ella solo dijo «amén», y, al despedirse, exclamó «SHALOM». Fue una experiencia: La Palabra de Dios debe reiterarse siempre por siempre. Fue lo que me reveló el Espíritu Santo.

IDENTIDAD ESPIRITUAL VS IDENTIDAD CARNAL

La identidad, en casi todos los países, se acredita con la partida de nacimiento expedida por el municipio donde se registró el nacimiento de un bebé. Las regulaciones y reglamentos nacionales otorgan un documento de identidad que tiene asignado un número. Para viajar de un país a otro, existen los pasaportes, que son expedidos por las autoridades del país donde vive la persona. Estos requisitos y documentos son necesarios para el libre tránsito en el país extranjero. Otorgan una identidad a la persona natural.

¿Qué hay de la identidad espiritual? ¿Qué espíritu es la persona que tenemos frente a nosotros? ¿Cómo identificamos al espíritu? El apóstol Juan, discípulo de Cristo, desarrolló con propiedad el tema espiritual en sus cartas y circulares.

Él describe en una de sus cartas que Dios une su Espíritu al espíritu de la persona que recibió la salvación por medio de su hijo Jesucristo. Lo segundo que afirma Juan es que el Espíritu Santo da a conocer que Cristo, el verbo, vino al mundo en la carne, y, tercero, que esta unión del Espíritu Santo y el espíritu, que es el hombre convertido, es con la finalidad de proclamar la verdad del plan del Supremo: eliminar el sistema mundano satánico e instaurar, multidimensionalmente, el reino de Dios. Más adelante, el mismo Juan, al escribir el Apocalipsis, reafirma la venida de «Nuevos Cielos y Nueva Tierra», donde la justicia habrá de morar plenamente.

Un mensaje inusual y sorprendente es el que escribe uno de los discípulos de Jesús, Juan. Él revela que, como somos hijos de la personalidad más grande del universo, habrá un momento preciso cuando de pronto nos manifestemos «A SEMEJANZA DE ÉL» y nos veamos en una nueva dimensión:

**AMADOS, AHORA SOMOS HIJOS
DE DIOS, Y AUN NO SE HA
MANIFESTADO LO QUE HEMOS
DE SER; PERO SABEMOS QUE CUANDO
ÉL SE MANIFIESTE, SEREMOS SEMEJANTES
A ÉL, PORQUE LO VEREMOS TAL COMO ÉL ES.**
1 Juan 3: 2.

¡Grandioso anuncio! Supera toda expectativa terrenal. En lo escrito hay una predicción de ser transformado en la semejanza de Cristo, lo cual reafirma la fe. Esta puede incrementarse al treinta por uno o al ciento por uno. Alcanzar la semejanza de Cristo —que alude Juan— está confirmando la palabra del propio Creador el día en que creó al hombre a su «imagen y semejanza». Es formidable la interrelación de la palabra dicha por el discípulo Juan unida con la del Todopoderoso

La coherencia de la Palabra del Ser Supremo, expresada por sus voceros en diferentes épocas, testifica que Dios es veraz y que los que no son de Él, son mentirosos. Pablo, otro vocero de confianza, escribe en Gálatas 3: 28 lo siguiente:

**«YA NO HAY JUDÍO, NI GRIEGO; NO HAY ESCLAVO
NI LIBRE; NO HAY VARÓN NI MUJER, PORQUE
TODOS VOSOTROS SOIS UNO EN CRISTO JESÚS».**

Es intrascendente desde el punto de vista divino, no hay divisionismos ni diferencias. No existen superiores o inferiores, por raza o por dinero, si todos son de Cristo.

Resulta ocioso pretender ser mejor espíritu si eres inglés, africano, hindú, chino o americano. Tampoco te hace superior ser millonario o pobre, profesional o iletrado. Estos son valores del mundo perecibles frente al linaje de Abraham.

La aparición tridimensional del apóstol Juan sobre la firmeza de poseer una identidad espiritual se sustenta en la actitud de creer, ¡creer como un niñito en los brazos del papito!

**«MAS A TODOS LOS QUE LO RECIBIERON
A LOS QUE CREEN EN SU NOMBRE
LES DIO POTESTAD DE SER HECHOS
HIJOS DE DIOS.**

**LOS CUALES NO SON ENGENDRADOS
DE SANGRE, NI DE VOLUNTAD DE CARNE,
NI DE VOLUNTAD DE VARÓN, SINO DE DIOS».**
Juan 1: 12, 13.

A los que reciben en su corazón al Salvador Jesucristo se les da el poder de convertirse en hijos de Dios. El apóstol aclara que estas personas espirituales son engendradas por Dios.

El acto divino abarca varias fases:

1. **RECIBIR.**
2. **CREER.**

3. **MIRAR TU INTERIOR.**
4. **MIRAR A DIOS.**
5. **CONECTAR CON EL MUNDO MATERIAL.**
6. **LA COMUNIÓN CON EL PADRE CELESTIAL.**

La identidad espiritual nos conecta con el Eterno, y por ende se tiene la vida perdurable a diferencia de Vida eterna con Vida inmortal es que la primera viene de Dios, y la segunda es la vida en sí misma. Dios es inmortal, Él es vida, posee vida en sí mismo. Mientras que la vida eterna fluye desde Dios a la persona, la vida inmortal está siempre allí. Dios se apareció a Moisés en la zarza ardiendo, y, al preguntarle Moisés al Señor cómo se llamaba, respondió: «YO SOY EL QUE SOY, ESTE ES MI NOMBRE». Siglos después, Jesús le reitera a la samaritana: «DIOS ES ESPÍRITU».

¡UN GRAN ACONTECIMIENTO SE PRODUCE EN EL CIELO Y EN LA TIERRA!

¡Una adoración dual magnífica!

Dos esencias distintas se pueden unir para un mismo propósito: la Adoración a Dios. Esta sublime demostración de unidad está descrita en el Apocalipsis, es una manifestación dual ante el ser divino. Una proviene de la tierra, y la otra del cielo. Son de características diferentes, pero se unen con profunda reverencia para adorar al Creador.

El espectáculo de una gran multitud de seres humanos provenientes de todas las naciones, tribus, pueblos y lenguas es imponente. No es comparable a nada acaecido en la historia humana. La revelación indica que nadie podía contar esta multitud. Todos estaban vestidos de ropas blancas y tenían palmas en sus manos. Se encontraban delante del Trono de Dios y en la presencia del señor Jesucristo. Por la descripción que hace el Apocalipsis, el espectáculo se desarrollaba en el Cielo, por lo que se infiere que la multitud que venía de la tierra se encontraba en espíritus o en cuerpos glorificados. Las ropas blancas y las palmas en sus manos denotan pureza, justicia, paz y victoria.

El otro grupo lo constituían los ángeles, que estaban de pie alrededor del Trono. Ellos se postraban sobre sus rostros y adoraban a Dios. Alrededor del Trono estaban los veinticuatro ancianos y los cuatro seres vivientes. Este grupo pequeño, ubicado muy cerca del Trono del Omnipotente, desplegaba una reverente adoración y daba gloria, honra y poder al Señor. Los ancianos, en señal de sometimiento y humildad ante la Divinidad, echaron sus coronas delante del Trono.

Los actos espirituales no son comprendidos como deberían. La gente anda involucrada en los diarios trajines de la vida. Los afanes por el trabajo, dinero, gestiones, amistades y enfrentamientos cotidianos envuelven las propias agendas sin darnos cuenta. Los años van pasando y gran parte de nuestras existencias tienen que ver con el mundo temporal en el que estamos inmersos. Descuidamos la parte espiritual en nosotros, sin percatarnos de que lo espiritual tiene que ver con la vida eterna. Dios sigue ofreciendo su inmenso amor, a pesar de la indiferencia del hombre.

La adoración al Dios del cielo —como la revela el Apocalipsis— será dual y después múltiple. Ángeles, seres humanos y jerarquías celestiales, redimidos de los cinco continentes de épocas pretéritas, actuales y futuras, se unirán con toda reverencia para dar loas, honrar, amar y someterse al Supremo Ser. Esta adoración ya se está dando, desde que Jesús anunció que el Reino de Dios había llegado y estaba dentro de nosotros. El lenguaje espiritual excede el espacio y tiempo. ¡Dios es el eterno presente! Y Aquel que ha sido, que es y será sigue hablando a los espíritus de cada hijo de Dios. «He aquí, yo estoy a la puerta y llamo; si alguno oye mi voz y abre la puerta, entraré a él, y cenaré con él y él conmigo» (Apocalipsis 3: 20).

Hay una adoración dual del cielo y la tierra. Ángeles y hombres se unen para adorar al Señor. Diariamente, cada ángel y cada hombre, en forma personal, hace su meditación. Es una adoración individual permanente. El Apocalipsis nos hace notar que los cuatro seres vivientes están llenos de ojos delante y detrás. ¿Qué significan los ojos?

«Y DELANTE DEL TRONO HABÍA COMO UN MAR DE VIDRIO SEMEJANTE AL CRISTAL; Y JUNTO AL TRONO, Y ALREDEDOR DEL TRONO, CUATRO SERES VIVIENTES, LLENOS DE OJOS, DELANTE Y DETRÁS».
Apocalipsis 4: 6.

El estar llenos de ojos indica que lo ven todo.

Algunos teólogos señalan que estos seres vivientes son querubines, seres celestiales del rango más elevado, y representan las fuerzas que sustentan la vida de todo lo creado. Contar con seis alas implica que pueden moverse por toda la creación.

«Y SIEMPRE QUE AQUELLOS SERES VIVIENTES DAN GLORIA Y HONRA Y ACCIÓN DE GRACIAS AL QUE ESTÁ SENTADO EN EL TRONO, AL QUE VIVE POR LOS SIGLOS DE LOS SIGLOS

LOS VEINTICUATRO ANCIANOS SE POSTRAN DELANTE DEL QUE ESTÁ SENTADO EN EL TRONO, Y ADORAN AL QUE VIVE POR LOS SIGLOS DE LOS SIGLOS, Y ECHAN SUS CORONAS DELANTE DEL TRONO».
Apocalipsis 4: 9, 10.

Los veinticuatro ancianos que están cerca del gran Trono de Dios también tienen tronos y coronas. Son adoradores permanentes del Señor. Ellos, en actitud de humildad, echan sus coronas delante del Trono del Señor.

Observando la adoración conjunta, podemos darnos cuenta de la sujeción, respeto y sumisión de estos dos grupos, los seres angelicales y la gran multitud de los humanos redimidos que vienen de la tierra:

«DESPUÉS DE ESTO MIRÉ Y HE AQUÍ UNA GRAN MULTITUD, LA CUAL NADIE PODÍA CONTAR, DE TODAS LAS NACIONES Y TRIBUS Y PUEBLOS Y LENGUAS, QUE ESTABAN DELANTE DEL TRONO Y EN LA PRESENCIA DEL CORDERO, VESTIDOS DE ROPAS BLANCAS, Y CON PALMAS EN LAS MANOS;

Y CLAMABAN A GRAN VOZ, DICIENDO: LA SALVACIÓN PERTENECE A NUESTRO DIOS, QUE ESTÁ SENTADO EN EL TRONO, Y AL CORDERO».
Apocalipsis 7: 9, 10.

El epicentro espiritual de esta sacudida, que se produce en el planeta tierra, no está ubicado en algún lugar específico, o en un tiempo, tal como lo conocemos. Es un suceso que transciende la geografía o los calendarios humanos.

Leamos la revelación de Juan:

«Y TODOS LOS ÁNGELES ESTABAN EN PIE ALREDEDOR DEL TRONO, Y DE LOS ANCIANOS Y DE LOS CUATRO SERES VIVIENTES; Y SE POSTRARON SOBRE SUS ROSTROS DELANTE DEL TRONO, Y ADORARON A DIOS

DICIENDO: AMÉN. LA BENDICIÓN Y LA GLORIA Y LA SABIDURÍA Y LA ACCIÓN DE GRACIA Y LA HONRA Y EL PODER Y LA FORTALEZA, SEAN A NUESTRO DIOS POR LOS SIGLOS DE LOS SIGLOS. AMÉN».
Apocalipsis 7: 11, 12.

En estos versículos, el escenario de la adoración se ubica en el cielo, junto al Trono de Dios. En cuanto a la representatividad que tienen los cuatro seres vivientes y los veinticuatro ancianos, los seres vivientes representan las fuerzas vitales de la creación, que están más allá del tiempo, en el infinito; y los veinticuatro ancianos representan a todos los redimidos, glorificados y entronizados. Estas dos premisas nos conducen a un silogismo, que explicaría que el acto de adoración dual no es un acto ritual al estilo del mundo natural, sino una actitud de adoración permanente.

La adoración que muestra la gran multitud y los seres angelicales es en buena cuenta una actitud con visos de eternidad. No es un episodio, acto pasajero o coyuntural.

¡La adoración es la razón central de la vida eterna!

El enfoque verdadero de la vida junto al Padre Celestial debe encararse desde la perspectiva del hombre espiritual y no del natural. El diálogo de Juan con uno de los ancianos que están en el cielo nos revela algo que confirmaría cómo será la vida en los Nuevos Cielos y Nueva Tierra:

**«ENTONCES UNO DE LOS ANCIANOS HABLÓ, DICIÉNDOME:
ESTOS QUE ESTÁN VESTIDOS DE ROPAS BLANCAS,
¿QUIÉNES SON, Y DE DÓNDE HAN VENIDO?**

**YO LE DIJE: SEÑOR, TÚ LO SABES. Y ÉL ME DIJO:
ESTOS SON LOS QUE HAN SALIDO DE LA GRAN TRIBULACIÓN,
Y HAN LAVADO SUS ROPAS Y LAS HAN EMBLANQUECIDO
EN LA SANGRE DEL CORDERO**

**POR ESO ESTÁN DELANTE DEL TRONO DE DIOS, Y LE
SIRVEN DÍA Y NOCHE EN SU TEMPLO; Y EL QUE
ESTÁ SENTADO SOBRE EL TRONO EXTENDERÁ
SU TABERNÁCULO SOBRE ELLOS**

**YA NO TENDRÁN HAMBRE NI SED, Y EL SOL NO
CAERÁ MÁS SOBRE ELLOS, NI CALOR ALGUNO;**

**PORQUE EL CORDERO QUE ESTÁ EN MEDIO
DEL TRONO LOS PASTOREARÁ, Y LOS GUIARÁ A
FUENTES DE AGUA DE VIDA; Y DIOS ENJUGARÁ
TODA LÁGRIMA DE LOS OJOS DE ELLOS».**

El anciano revela a Juan que la gran multitud de adoradores ha salido de la gran tribulación del mundo. Algunos intérpretes bíblicos consideran que estas personas han salido durante todo el período de la iglesia. Los partidarios de esta hipótesis señalan que los creyentes vivos serán arrebatados al cielo en los días de la gran tribulación. Establecen diferencia entre la tribulación en todo el período de la iglesia con la gran tribulación que ocurre al final, previa a la venida del señor Jesucristo a la tierra. Otros estudiosos de la escatología difieren en las posiciones sobre estos sucesos, pero coinciden en que se producirán calamidades en el mundo natural durante el tiempo que dure el gobierno del príncipe de este mundo, Satanás, el diablo.

Los «ayes» a los que Juan se refiere en Apocalipsis 12: 12 continuarán: «AY, DE LOS MORADORES DE LA TIERRA Y EL MAR, PORQUE EL DIABLO HA DESCEN-

DIDO A VOSOTROS CON GRAN IRA, SABIENDO QUE TIENE POCO TIEMPO». El versículo nueve de este capítulo descubre que el diablo fue «arrojado a la tierra y sus ángeles fueron arrojados con él». En realidad, se trata de una expulsión del diablo y los demonios del cielo a la tierra. Esto explica los ayes, dolores y sufrimientos en los habitantes del planeta.

¿Qué pasa en el Cielo? La adoración ya no es un solo acto, ¡es una constante! El hecho de que la gran multitud esté delante del trono es muestra de adoración y humildad. Sirven a Dios día y noche, es indicativo del eterno agradecimiento. Sincronizadamente, los ángeles, según lo describe Juan, claman y dicen «la bendición y la gloria y la sabiduría y la acción de gracias y la honra y el poder y la fortaleza, sean a nuestro Dios por los siglos de los siglos. Amen».

Ambos grupos claman, actúan y se comprometen a servir y adorar a Dios eternamente.

Capítulo V

¿QUÉ ES LA MUERTE?
¡FÁBULAS, CREENCIAS, DICHOS, MISTERIO!

¿LA MUERTE ES LA EXTINCIÓN TOTAL?

¿QUÉ HAY DE LA ETERNIDAD? ¿LA VIDA ETERNA ES REAL?

¡Era un espectáculo impresionante! Los deportistas de los juegos panamericanos mostraban sus altas capacidades para obtener las medallas de oro. Otros, las de plata y también las de bronce. En el surf, Daniella, con tan solo diecisite, años estaba feliz, clasificaba como campeona en Punta Rocas, Perú. La esperaban en Surf Open, en los Juegos Olímpicos de Tokio. Gladys había ganado la maratónica y también había clasificado en los Juegos Olímpicos. Todo era felicidad y ambas obtuvieron medallas de oro, igual que otros participantes. Las bailarinas y gimnastas mostraban ritmo, agilidad, belleza, juventud y sincronismo.

De pronto, un pensamiento vino a mi mente. La radio, la televisión y la prensa captaban a estos brillantes deportistas y trasmitían las imágenes y sonidos de las competencias. ¡Pero el pensamiento que me había llegado era más fuerte! ¿Qué era este pensamiento que me perturbaba? ¡Era como un susurro que golpeaba mi mente! «¡No te olvides de que estas personas son transitorias, viven en cuerpos temporales!». Me pareció un pensamiento *aguafiestas* en medio del jolgorio y alegría de las competencias y entusiasmo de las bellas gimnastas. ¿Por qué venían a mi mente estos pensamientos? Y entonces me di cuenta de que era la voz de la tercera dimensión, que me hacía reflexionar, «estos deportistas están en su hora de gloria, pero es la gloria del mundo, no es la gloria del Creador» ¿A qué viene todo esto?, ahora que se están cosechando éxitos y triunfos en estos juegos panamericanos, ¿acaso no están todos contentos de competir?

La respuesta vino del más allá: «Esas chicas y esos chicos son jóvenes y fuertes, pero viven en cuerpos transitorios, pronto envejecerán y los abandonarán». En ese momento recordé a Perry Stone, autor del libro *Secretos de ultratumba*, quien escribe que, según los esenios, los cuerpos son corruptibles y el material del cual están hechos no es permanente, pero sus almas pueden continuar. Stone vive en Estados Unidos con su esposa e hijos. Él es un entusiasta defensor de la doctrina cristiana y destaca las palabras bíblicas de que los cuerpos temporales necesitan el espíritu de vida eterna, que solo lo da Cristo. ¡Este era el pensamiento que me había invadido! Los cuerpos de los jóvenes gimnastas y de los ganadores del surf necesitaba recibir el espíritu de Cristo para tener la vida eterna.

Mucho se ha escrito sobre la vida y la muerte. Pero siempre habrá duda, porque el ingrediente para entender los misteriosos del cielo, el infierno y la eternidad es la fe, sin la cual es imposible agradar y comprender a Dios.

Ocurre muchas veces que los hombres y mujeres de este mundo, bien parecidos, elocuentes y ocupando buenas posiciones, suelen ufanarse por su estatus. ¡Lucen orgullosos, autosuficientes! Sus fuerzas físicas, rangos sociales y posiciones económicas los acompañan. Están tan ensimismados en ellos mismos que no tienen en cuenta a Dios. Pareciera —por sus amaneramientos de comportamiento— que no necesitaran de nadie. Estos individuos no se dan cuenta de que son mortales, y que no pasará mucho tiempo para que mueran y se conviertan en polvo. Una sola cosa los puede transformar: haber recibido el Espíritu de Cristo. Solo él es el dador de la vida eterna.

El influjo del embrujo de este mundo proviene de una fuente de tinieblas. Está carente de luz. Grandes mayorías de personas viven una vida ficticia y con plazo determinado. Morirán irremediablemente, dejando sus cuerpos, mientras el espíritu y alma, según sea el caso, irán a otras dimensiones. Está profetizado que habrá un juicio final. Vendrá sobre justos e injustos, vivos y muertos. Hay muchas escrituras que apoyan esta teoría divina, se encuentran en el Antiguo y Nuevo Testamento.

A PESAR DE TODAS LAS EVIDENCIAS BÍBLICAS, MUCHA GENTE ACUDE A LOS BRUJOS, HECHICERAS Y ESPIRITISTAS. PREFIEREN CREER EN LAS FÁBULAS Y LOS LLAMADOS MISTERIOS DE ULTRATUMBA. PRESTAN OÍDO A LOS AGOREROS, CARTOMÁNTICOS Y A LOS QUE CONSULTAN A LOS MUERTOS. MUESTRAN

LA MUERTE DE UNA PERSONA JUSTA ES ESTIMADA POR DIOS

El titular de esta sección puede ser cruel, aparentemente, tratándose del fallecimiento de un ser querido muy allegado a nuestra persona. ¿Cómo puede ser estimada para Dios la sorpresiva e inesperada cesación de la vida de una esposa, hijo o madre, de alguien que ama a sus seres queridos? ¿Qué es lo que dice o trata de decir el Señor cuando nos habla en el texto siguiente?

**«ESTIMADA ES A LOS OJOS
DE JEHOVÁ LA MUERTE DE
SUS SANTOS».**
Salmos 116: 15.

Según la versión de la biblia Reina Valera, el Señor ve la muerte de una persona justa desde otra perspectiva: transciende el dolor ante la ausencia física, porque el espíritu de esa persona ahora está en las moradas celestiales de las que habló Jesús a sus discípulos. Él dijo que se iría «a preparar morada» para ellos, como sus seguidores, hijos de Dios que donde él estuviera (el señor Jesucristo), ellos también estarían. Según otros intérpretes, esas moradas son diversas, grandes, pequeñas y de bellas formas, colores y estructuras. Todas agradables y acogedoras para entregarlas a los santos. De acuerdo a la versión de la reina Valera, «la muerte de un santo está más allá del dolor pasajero que toda ausencia conlleva». El propio apóstol Pablo, refiriéndose a qué era lo mejor, reflexionaba que, para él, «el vivir es Cristo y el morir ganancia». Indudablemente, Pablo se refería a estar en otro domicilio, las moradas celestiales a las que se refirió el señor Jesucristo. Otra versión declara que lo maravilloso de la gracia y poder de Dios es que los creyentes en Cristo, al perder la vida y poder de Dios en esta tierra, reciben una superlativa ganancia. Dejan este valle de dolor y lágrimas para que sus espíritus (el verdadero ser), se trasladen a los lugares celestiales. Ciertamente, este destino es solamente para los «justos y santos», aquellos

que decidieron creer y aceptar la obra restauradora de Jesús, el enviado por
el Dios Supremo.

 ***Algunas atingencias a este versículo: Salmos 116: 15.***

La biblia de Jerusalén traduce este salmo como:
    «MUCHO CUESTA A LOS OJOS DE
    YAHVEH LA MUERTE DE LOS QUE LE
    AMAN».

La biblia latinoamericana:
    «TIENE UN PRECIO A LOS OJOS DEL
    SEÑOR LA MUERTE DE SUS FIELES».

La biblia Gateway:
    «MUCHO LE CUESTA AL SEÑOR
    VER MORIR A LOS QUE LO AMAN».

Nueva versión Internacional:
    «MUCHO VALOR TIENE A LOS OJOS
    DEL SEÑOR LA MUERTE DE SUS FIELES».

Biblia Kadosh
    «ISRAELITAS MESIÁNICA:
    AL SEÑOR LE CONMUEVE
    PROFUNDAMENTE LA MUERTE
    DE SUS AMADOS».

La Biblia del oso:
    RV 1569
    «ESTIMADA ES A LOS OJOS
    DE JEHOVÁ LA MUERTE
    DE SUS HIJOS».

Lo que tratan de dar a conocer las traducciones de este versículo, en esencia, es que el Dios Altísimo y Creador Jehová es amor por excelencia. La versión internacional, por ejemplo, resalta el mucho valor que tiene a los ojos del Creador la muerte de sus fieles. Esta traducción no habla de un favoritismo general a toda la humanidad, sino que es específica para los «fieles», los que han optado por aceptar al hijo enviado y enrolarse en los caminos de salvación. Este grupo ha dejado atrás los engañadores muros de separación con Dios. El texto es solo para un grupo, al que la biblia denomina «santos, justos y fieles». ¿Por qué estas personas resultan tan valiosas para Dios? Ellos decidieron pagar el costo de pasar del estado de perdición al de salvación. Pero, a su vez, Dios tuvo que dar en sacrificio a su propio hijo. La traducción *GATEWAY* coincide cuando afirma que «mucho le cuesta al Señor» la muerte de sus fieles. ¿Cuánto? ¡La vida de su hijo unigénito! Este grupo de fieles muere en la carne. Sus espíritus, empero, vuelven a Dios, al igual que sus almas. El precio fue alto: la muerte del cordero. Jesús ofrece su vida y su sangre por este grupo que creyó, aceptó y se enroló.

MAS EL JUSTO EN SU MUERTE TIENE ESPERANZA

El libro de Proverbios da mayores luces en torno a la muerte del justo. Está escrito en Proverbios 14: 32 lo siguiente:

«MAS EL JUSTO EN SU MUERTE TIENE ESPERANZA»

Un escéptico se preguntará «¡¿Qué?! ¡¿En la muerte tenemos esperanza?!». La respuesta es que el escepticismo del amigo que hace la pregunta se debe a que solo vive en la carne. El alma y el espíritu de este hombre están reducidos a su mínima expresión. No capta las tres cosas que allí están escritas: ¿Quién es el justo? ¿Qué abarca la muerte? ¿De qué esperanza se trata?

Analicemos. Empecemos por el último párrafo: la esperanza. Se dice que la esperanza es la confianza de lograr una cosa. En teología, se la define como una virtud sobrenatural, mediante la cual confiamos plenamente en Dios para alcanzar lo que Él ha prometido. La esperanza no es un deseo de algo o por algo. El eslogan del mundo que dice «que la esperanza es lo último que se pierde» no encaja con la esperanza a la que se refiere la Escritura Sagrada. Según la Enciclopedia Sopena, los teólogos diferencian la esperanza como deseo sustentado y legítimo frente a la esperanza acompañada del amor (caridad), la cual puede estar en los pecadores, que, siendo pecadores, le creen a Dios. El sustento de la esperanza no surge del hombre, sino del mismo Dios, por lo cual la fe, que es fruto del espíritu, garantiza al cumplimiento de lo que se espera.

Si continuamos con el análisis, el primer párrafo habla del «justo». Sabemos que la principal virtud del llamado justo ha sido creerle a Dios, aceptar que su unigénito hijo es la Divinidad, que vino al mundo para rescatar al pecador y, como tal, retornarlo a su comunión e intimidad con el Ser Supremo. Este es el requisito central para volver a ser hijo de Dios y ser declarado justo (Juan 1: 12). Este justo, al morir (la muerte del cuerpo), a diferencia del impío, tiene una sólida esperanza. ¿Cuál esperanza? Volver a Dios. El espíritu y el alma vuelven a Dios y la vida eterna se hace una realidad, tal como lo prometió el Señor Jesucristo.

LOS QUE MUEREN CON EL SEGURO DE VIDA DEL CIELO NO DEBEN PREOCUPARSE

¡No es noticia del último minuto! ¡La diagraman en espacios no perceptibles!

Hay una «póliza de vida» que el Cielo expide mediante su agente designado. Este documento garantiza la vida permanente del receptor de la póliza. Se materializa, no ante un notario público, sino ante las aguas de un río, piscina o estanque, sumergiéndose en ellas; y, al emerger, sale una persona nueva, con vida eterna, mientras que la anterior persona ha dejado de ser. Este acto se llama el bautismo, y el agente calificado es el Señor Jesucristo. Él fue enviado desde las esferas celestiales para ofertar estas pólizas a aquellos que voluntariamente accedan a recibirlas y oficializarlas mediante el bautismo.

La escritura que sacude las inteligencias se encuentra en el libro de Apocalipsis 14: 13, que dice:

**«BIENAVENTURADOS DE AQUÍ EN ADELANTE
LOS MUERTOS QUE MUEREN EN EL SEÑOR.
SÍ, DICE EL ESPÍRITU, DESCANSARÁN DE SUS TRABAJOS,
PORQUE SUS OBRAS CON ELLOS SIGUEN».**

La precitada declaración viene del cielo. Quien lo dice es el ESPÍRITU. El énfasis de la declaración es que los muertos que mueren en el Señor son <u>bendecidos</u>. La pregunta secular es «¿por qué serían bendecidas estas personas al morir?».

Incluso el Espíritu dice que las «obras» de estas personas, al morir, seguirán con ellos. ¡Esto es impresionante! En el mundo en que vivimos se repite que «<u>el que muere no se lleva nada con él</u>». Pareciera una contradicción entre esta y la declaración del Apocalipsis. Se aclara porque el texto bíblico alude «bienaventurados los que mueren en el Señor». «Los otros muertos» se refiere a los que no mueren con el Señor. Estos serían los despreocupados, incrédulos o indiferentes.

LOS DOS GRUPOS

La diferencia entre los dos grupos estribaría en el enfoque del sentido de la vida. El hombre carnal mantiene su óptica sensoria, mientras los espirituales buscan la conectividad con Dios Espíritu. Hay una zona intermedia que podríamos denominar el claro—oscuro, donde la muerte resulta solamente el sepulcro, el hoyo profundo, las tinieblas y el abandono. En Salmos 88 hay un reclamo a Jehová de parte de los desesperanzados. Ellos protestan: «<u>¿Manifestarás tus maravillas a los muertos? ¿Se levantarán los muertos para alabarte? ¿Será contada en el sepulcro tu misericordia?</u>». Este salmo es reclamo, incredulidad y duda. También es suplica, cuando en el versículo dos dice «llegue mi oración a tu presencia; inclina tu oído a mi clamor». En otra parte, expresa su fastidio: «yo estoy afligido y menesteroso; desde la juventud he llevado tus terrores, he estado medroso» (versículo 15).

¿SOMOS AMBIVALENTES O INDECISOS?

La ambivalencia es una característica del mundo. Desde sus orígenes, pasando por la edad de piedra, los bárbaros y las épocas, antiguas, media, moderna, contemporánea y electrónica, la ambivalencia del hombre ha sido una característica: creer, no creer a veces, no creer cuando las condiciones son cambiantes. La constante de la persona humana es hamletiana: ser o no ser; creyente de Dios o no creyente. A veces sí, a veces no. Y, en esa duda trágica, el salmista, en el salmo 88 versículo 10, hace la pregunta: «¿Se levantarán los muertos para alabarte?».

Esta pregunta ya fue respondida. El propio maestro, el enviado del cielo, el verbo encarnado, dijo muy claramente: «el espíritu es el que da Vida, la Carne para Nada Aprovecha» (Juan 6: 63).

Otro código tridimensional está en una carta que escribió Pablo alrededor de sesenta y un años después de Cristo. La carta estuvo dirigida a los creyentes de Filipos, que se reunían en una casa de oración. Filipos era una antigua pequeña ciudad romana de Macedonia, en la parte que hoy pertenece a Grecia.

¿Qué escribió Pablo a los que se reunían en Filipos, que trataban de Jesucristo, el hombre que había revolucionado las creencias e ideologías de aquella época?

Pablo seguía impactado cuando Cristo, sobrenaturalmente, se le presentó en el camino a Damasco y le preguntó por qué lo perseguía. Este encuentro entre dos dimensiones marcó la vida de Pablo. A partir de esa circunstancia, y al recobrar la visión luego de tres días, Pablo respondió al llamado y no solo se convirtió en un creyente, sino en exponente del plan divino de la redención.

Entonces, ¿por qué Pablo, en su carta a lo filipenses, en el capítulo uno, versículo veintiuno, escribe algo extranatural?:

**«PORQUE PARA MÍ EL VIVIR ES CRISTO,
Y EL MORIR ES GANANCIA».**

Luego, en el versículo 23 expresa:

**«PORQUE DE AMBAS COSAS ESTOY PUESTO
EN ESTRECHO, TENIENDO DESEO DE PARTIR
Y ESTAR CON CRISTO, LO CUAL ES MUCHÍSIMO MEJOR».**

Pablo llama partir al acto de morir. Se parte de un lugar hacia otro lugar. Toda partida tiene un punto de llegada. Este apóstol no era un personaje encerrado en las limitaciones domesticas de la religión tradicional. El encuentro con Jesús, traspasando la dimensión que lo rodeaba, avivó su espíritu inquisitivo para sacudirse de las cadenas que pretendían atarlo, para que la luz del nuevo evangelio lo iluminara hacia nuevos espacios del espíritu humano. Como nuevo seguidor de Cristo, Pablo captó los entretelones de la vida en el espíritu y llegó a la comprensión de entender que el cuerpo humano solo era su ropaje transitorio, que se desgastaría en algún momento y que el verdadero «yo», el espíritu, tendría que ser liberado para cumplir su rol como espíritu engendrado por el mismo Dios Creador. Esta creación de Dios, ilimitada y eterna —como lo que viene del propio Eterno—, hecha a imagen y semejanza del Padre, no podía sucumbir a la negación. Parece que Pablo comprendió que la negación de la negación es afirmación. Negar la muerte eterna para un hijo del Eterno es afirmar la vida, porque el Supremo es vida inmortal, vida en sí mismo.

La diferencia de la carta de Filipos es que el autor descorre el velo de la vida y llama a los que entendieron el plan de Dios «ciudadanos de los cielos, esperando al Salvador, al señor Jesucristo, el cual transformará el cuerpo de la humillación nuestra, para que sea semejante al cuerpo de la gloria suya» (Filipenses 3: 20, 21).

DOS CIUDADANOS, UN SOLO PASAPORTE

Pero ¿qué hay de los otros, que no han sido declarados ciudadanos de los cielos? Si no son del cielo, ¿de dónde son? La revelación en el último libro de la biblia es de severa advertencia. En este libro reiteraremos varias veces esta advertencia, no para mortificar a los lectores, sino por el mismo amor que Dios despliega, para que todos sean salvos. En el mundo se repite frecuentemente que «guerra avisada no mata gente». Otra expresión de auxilio, «¡fuego, fuego!», es para no quedarse inmóvil, sino para correr y ponerse a buen recaudo de las llamas de fuego.

He aquí lo que advierte la revelación:

**«PERO LOS COBARDES E INCRÉDULOS, LOS ABOMINABLES
Y HOMICIDAS,
LOS FORNICARIOS Y HECHICEROS, LOS IDÓLATRAS
Y TODOS LOS MENTIROSOS TENDRÁN SU PARTE**

**EN EL LAGO QUE ARDE CON FUEGO Y AZUFRE,
QUE ES LA MUERTE SEGUNDA».**
Apocalipsis 21: 8.

¿Cuál es la principal causa de esta desastrosa situación?

La <u>incredulidad</u>. Si llegamos a creerle a Dios, será más fácil apartarse de todas las otras desobediencias. Será la vía más efectiva para tener la ciudadanía del cielo y pasar de muerte a vida.

LAS PRINCIPALES RAZONES PARA CONVENCERNOS DE QUE LA MUERTE DE UN CREYENTE ES GANANCIA

Los antiguos profetas señalaron que la tierra estaba maldita por causa de la rebeldía del hombre. Desde un comienzo, esta maldición llegó por la desobediencia de los primeros padres. El mismo Dios le dijo a Adán: «<u>Maldita será la tierra por tu causa</u>». Siglos después, el profeta Isaías describe la situación del planeta y señala que las tinieblas cubrirán la tierra y oscuridad las naciones.

Muertes, asesinatos, guerras fratricidas, enfermedades incurables, hambre, pobreza, odio, rencores y egoísmos son las *radiografías* del planeta en sus diferentes épocas. Terremotos, inundaciones y tormentas azotan a los continentes. La maldad del hombre, lejos de disminuir, aumenta. En el Apocalipsis se mencionan los «ayes», al sonido de cada trompeta para matar a la tercera parte de los hombres con plagas, homicidios y hechicerías. Se dice que el diablo, al ser expulsado del cielo, desata su furia sobre el planeta, haciendo padecer a los moradores de la tierra. Entonces las lágrimas y los padecimientos se multiplican, resultando un tormento vivir en la tierra.

Esta descripción anterior la toma John Piper, un hombre estudioso de la Palabra de Dios, y concluye que es mejor morir y salir de este infierno terrenal donde casi todo es crueldad. John Piper, que es un analista meticuloso, agrega otras razones por las cuales morir es ganancia, apoyando al apóstol Pablo. Él sostiene que cuando persona creyente muere, ocurren varias ventajas.

— La primera, dice Piper, es que nuestros espíritus se liberan de los cuerpos desgastados y son hechos perfectos.

— El dolor de este mundo ya no afecta, porque el ser humano es liberado de taras, enfermedades y ataques de sus propias células y de sus congéneres.

— El alma se va con el espíritu y entran a un descanso profundo y placentero. Se apoya en Apocalipsis 6: 9-11.

— Sobreviene un estado de paz y tranquilidad, precisamente porque en esa dimensión están otras personas salvadas y redimidas. Y, lo que es más maravilloso, la presencia de Cristo es desbordante. El amor es la característica, el pensamiento es puro y las incomodidades de espacio y tiempo ya no están presentes. Nuevas formas de comunicación se manifiestan.

SOBRE EL DÍA DE LA MUERTE, ¿SE PUEDE CONOCER?

Hubo un caso en la biblia, se trata del rey Ezequías. De pronto, este gobernante cayó gravemente enfermo. Vino el profeta Isaías y le dijo: «Jehová dice así: "Ordena tu casa, porque morirás y no vivirás"» (2 Reyes 20: 1). ¡El anuncio era terrible, sorpresivo y trágico! Anunciaba nada menos que la muerte del rey Ezequías. ¿Quién era este mortal? ¿Por qué el anuncio de tener pronta muerte?

Ezequías fue coronado como rey de Judá a la edad de veinticinco años. La historia dice que hizo lo bueno delante de Dios. Gobernó en Jerusalén veintinueve años. Fue un hombre obediente a los mandamientos del Altísimo, durante su gobierno hubo prosperidad y derrotó en muchas ocasiones a los filisteos.

Las palabras del profeta Isaías hicieron que el rey volviera su rostro a la pared. Oró a Jehová con llanto en sus ojos y rogó al Señor que le librara de la inminente muerte. Ezequías le suplicaba al Supremo que hiciera memoria de que, durante su vida, él había andado con íntegro corazón para él, y que había hecho las cosas que a Dios le agradaban. La biblia menciona que el llanto de Ezequías fue un «gran lloro» y con integridad de corazón.

¿Cuál fue la respuesta de Jehová a Ezequías?

La historia bíblica narra que la palabra de Jehová fue al profeta Isaías y le ordenó:

«Vuelve y di a Ezequías, príncipe de mi pueblo: "Así dice Jehová, el Dios de David, tu padre: Yo he oído tu oración, y he visto tus lágrimas; he aquí que yo te sano; al tercer día subirás a la casa de Jehová.

Y añadiré a tus días quince años, y te libraré a ti y a esta ciudad de mano del rey de Asiria; y ampararé esta ciudad por amor a mí mismo, y por amor a David, mi siervo"» (2 Reyes 20: 5, 6).

**RELACIÓN CAUSA-EFECTO:
SÚPLICA SINCERA Y PROFUNDA DE EZEQUÍAS
PRODUJO UNA RESPUESTA AMOROSA Y MISERICORDIOSA**

Si analizamos este hecho de forma natural, deduciremos rápidamente que Dios, en su gran misericordia, escuchó la oración de Ezequías. Pero si lo hacemos considerando las dimensiones espirituales de los tres planos en que desenvuelve esta historia, descubriremos revelaciones importantes. Primero ¿por qué Dios escuchó rápidamente a Ezequías? La respuesta tiene varias aristas. Retrocedamos en el tiempo, veamos a Ezequías en su conflicto con el rey de Asiria, Senaquerib, que quería invadir el reino de Judá, tomar las ciudades y someter a toda Judá, empezando por su rey, que era Ezequías. ¿Lo hicieron los poderosos Asirios?

Ellos venían de triunfar en muchas batallas contra otro pueblo. Asiria era una potencia militar. Su rey, Senaquerib, era muy poderoso. Tenía un ejército imbatible, soldados adiestrados y férrea disciplina guerrera. El comando militar de Asiria era estratega, al igual que su comando político. Tenía un alto personaje llamado Rabsaces, que fungía de político y embajador, pero también de aguerrido general. Este hombre dirigió la invasión y tomaron Juda. Ezequías tuvo que negociar, ofreciendo oro y plata, tesoros de la casa real e impuestos para el vencedor Senaquerib y su lugarteniente Rabsaces.

Los ambiciosos querían más y eso los destruyó

Hay otros aspectos en la confrontación bélica entre Senaquerib y Ezequías; es decir, entre Asiria, la poderosa, y Judá, la invadida. No estaban conformes los primeros por el triunfo sobre el pueblo de Dios, querían algo más, algo horrendo y satánico. Rabsaces, el representante de la invencible Asiria, quería humillar al pueblo hebreo, obligándolos a abandonar a Jehová, el Dios que los había sacado de Egipto. ¡Querían poner en ridículo al Dios de los hebreos! Entonces el enfrentamiento ya no era solo militar, político o económico, se trasladaba a quién se debería adorar: a los dioses falsos de los asirios (mundo), o al Dios verdadero, Jehová.

Un débil defensor pero potente en fe

Es aquí donde Ezequías se erige como el defensor de Jehová. ¿Qué es lo que hace Ezequías? La respuesta es ORAR. ¿Cómo fue la oración de este siervo de Dios? Dejando que su corazón y espíritu se abrieran con profunda humildad, reverencia y convicción de que el Dios Supremo era fiel y misericordioso.

Para comprender la magnitud espiritual de la profunda y sincera petición de Ezequías debemos entrar a la esfera del mundo espiritual de luz, que viene del mismo Trono y Majestad del Altísimo, que es todo amor. He aquí cómo oró Ezequías ante la inminente dictadura del demonio, obrando en las mentes del rey Senaquerib y su embajador de las tinieblas, Rabsaces.

Descubriendo la incógnita

2 REYES 18: 15-19: ORACIÓN PROFUNDA DE EZEQUÍAS

**«Y oró Ezequías delante de Jehová, diciendo:
Jehová Dios de Israel, que habitas entre los
querubines, solo tú eres Dios de todos los
reinos de la tierra**

**Inclina, oh Jehová, tu oído, y oye; abre, oh Jehová,
tus ojos, y mira; y oye las palabras de Senaquerib,
que ha enviado a blasfemar al Dios viviente.**

**Es verdad, oh Jehová, que los reyes de Asiria han
destruido las naciones y sus tierras;**

**y que pusieron en el fuego a sus dioses,
por cuanto ellos no eran dioses,
sino obra de manos de hombres, madera o piedra,
y así los destruyeron.**

**Ahora pues, oh Jehová Dios nuestro, sálvanos, te suplico,
de su mano, para que sepan todos los reinos de la tierra
que solo tú, Jehová, eres Dios».**

CIENTO OCHENTA Y CINCO MIL MUERTOS ASIRIOS POR UN ÁNGEL DE JEHOVÁ

Apreciamos con claridad que el corazón y espíritu de Ezequías se volcaron con toda intensidad ante Dios y su oración fue sincera, profunda y de enorme dolor. El clamor del agobiado rey surgió de lo profundo de su ser, no admitió que se dudase de su Dios. La inminencia del ataque dispuesto por Senaquerib estaba digitado por demonios de las tinieblas.

La súplica de Ezequías fue contestada por el Señor, y la intervención divina fue contundente. El resultado fue que un ángel de Jehová matase a ciento ochenta y cinco mil soldados asirios, y los dioses falsos, como Nisroc, fueran puestos en ridículo. La palabra del salmista —que el ángel de Jehová acampaba alrededor de los que le temieran, y los defendía— se cumplió ante el clamor y llanto de un creyente hijo de Dios.

¿QUÉ SE APRENDE DE EZEQUÍAS?

Ezequías defendió a Jehová con armas espirituales: oración, clamor, lágrimas y ruego en defensa de la majestad de su señor. Un humano fiel que se permitía desafiar demonios y potestades del lado oscuro. El arma principal era su fe y perseverante oración. ¡El amor de Ezequías hacia Dios lo hacía valiente y perseverante! Esta pareciera ser una de las razones capitales para que el Dios del amor atendiera la segunda súplica de Ezequías ante la noticia del profeta de su pronto fallecimiento. Dios revertió la situación y otorgó a Ezequías, el siervo fiel —como dice la Escritura—, quince años más de vida aquí, en la tierra.

La historia del rey Ezequías constituye la excepción de la regla, no se puede conocer el día de la muerte. El sustento a esta aseveración está en los escritos de Salomón, en el libro Eclesiastés 8: 8:

**«No hay hombre que tenga potestad
sobre el espíritu para retener el espíritu,
ni potestad sobre el día de la muerte...»**

Algunos comentaristas, aludiendo sobre el real significado de lo que Salomón quiso decir, sostienen que el poder para que el espíritu no salga del cuerpo implica retener la muerte.

El espíritu de una persona sale de su cuerpo en el instante en que muere. ¿Adónde va el espíritu?

Eclesiastés 12: 7 tiene la respuesta:

**«Y el polvo vuelva a la tierra
como era, y el espíritu vuelva
a Dios que lo dio»**

El espíritu de la persona que fallece vuelve a Dios. La pregunta inmediata que se plantea es «¿en qué condiciones vuelve a Dios? ¿Consciente o inconsciente para disfrutar el nuevo estado glorioso?, ¿para sufrir o para pagar las consecuencias de una equivocada vida, de acuerdo a cómo la pasó aquí en la tierra, incumpliendo las observaciones de Dios? Y ¿qué pasa con el cuerpo cuyo espíritu ha salido?». La respuesta es clara: El cuerpo que fue formado del polvo vuelve al polvo (principio físico de Lavoisier de que la materia no se crea ni se destruye, solo se transforma).

Juntando ambos textos supracitados, algunos escatológicos concluyen que los seres humanos no tienen otra salida, solo aceptar sus limitaciones. Deben darse cuenta de que no pueden aprehender la eternidad. No tienen poder sobre el día de su muerte. Ninguna arma vale en esta guerra, y el hombre vanamente pretende enseñorearse.

Pero entonces, ¿qué fin tienen aquellos que sí guardaron los mandamientos de Dios y creyeron al enviado de la <u>vida</u>? Pablo ilustró a los que vivían en Corintios. En su segunda carta, capítulo cinco, del versículo seis al diez, explica lo siguiente:

6- «Así que vivimos confiados siempre,
y sabiendo que entretanto
que estamos en el cuerpo,
estamos ausentes del Señor»

7- «porque por fe andamos, no por vista»;

8- «pero confiamos, y más quisiéramos estar
ausentes del cuerpo, y presentes al Señor».

9- «Por tanto, procuramos también,
o ausentes o presentes, serle agradables».

10- «Porque es necesario que todos nosotros
comparezcamos ante el tribunal de Cristo,
para que cada uno reciba según lo que haya
hecho mientras estaba en el cuerpo,
sea bueno o sea malo».

La condición para recibir los beneficios de vivir confiados en que al morir, como sostiene Pablo, <u>estaremos con Cristo</u> y, por lo tanto, conscientes espiritualmente, es reconocer que somos salvos de la muerte eterna, porque Cristo pagó nuestros pecados, y que el cuerpo en el que hemos vivido es solo un ropaje que, al gastarse, debemos abandonar. Dios nos dará un nuevo cuerpo. <u>¡El verdadero «yo» de una persona creyente es su espíritu!</u>

Es urgente buscar al verdadero Jesús, manso y humilde. Por eso recibe la corona de Rey de Reyes y Señor de Señores. Él lleva un yugo, el de nuestros pecados.

En la carta de Pablo hay algo que subrayar: «estar ausentes de nuestro cuerpo». Esta ausencia del cuerpo que nos albergó o que nos alberga no es la muerte oscura y fría. Pablo no se refiere a todos los grupos humanos, <u>sino al cuerpo de Cristo</u>, a todo aquel creyente que aplica y convive con el versículo siete. En este corto texto, Pablo, el que fuera Saulo de Tarso, perseguidor de los cristianos, admite su cambio. Ahora vive en la dimensión verdadera con el enfoque correcto. Saulo, el enemigo de los cristianos, ahora es Pablo, el creyente; <u>ha encontrado el sentido de la vida</u>, tiene algo nuevo. Ahora vive por fe y no por vista. ¡Por fin Pablo descubre el verdadero significado de su existencia! Ahora vive por fe y sabe de dónde viene y adónde va.

Si conjugamos lo afirmado por el apóstol Pablo en 2 Corintios 5: 6-10 con Apocalipsis 14: 13, «bienaventurados de aquí en adelante los muertos que mueren en el Señor. Si dice <u>EL ESPÍRITU</u>, descansarán de sus trabajos, porque sus obras con ellos siguen», estaríamos entendiendo que dichos muertos tienen continuidad espiritual como hijos de Dios, llevando consigo las buenas obras que hicieron en la vida terrenal. Además, es probable que sean trasladados a las moradas y viviendas a las que se refirió Jesús ante sus discípulos en Juan 14: 2, «**voy pues, a preparar lugar para vosotros**». En el mismo Salmos 17: 15, el rey David dice: «**estaré satisfecho cuando despierte a tu semejanza**». Indudablemente, David se refiere al espíritu que se libera (despierta) cuando el cuerpo muere.

EXHORTACIÓN AL ARREPENTIMIENTO Y VOLVER A DIOS

¿Por qué a Juan, desterrado en la isla griega de Patmos, allá por Asia Menor, se le reveló algo muy extraño para el entendimiento humano?

El acontecimiento tuvo ocasión en el primer siglo de nuestra era, entre el año 80 y 90 después de Cristo. ¿Qué ocurrió en esa isla solitaria?

El emperador Nerón produjo un incendio que casi destruyó Roma. Por los años 70, Jerusalén había sido destruida. La persecución de los cristianos era cruel, sangrienta y severa. Los frentes de batalla entre los seguidores de Cristo eran dos: el frente terrenal y el frente espiritual. Satanás estaba desbordado y enloquecido, movía a sus demonios en las esferas espirituales, y en el Medio Oriente las tinieblas se habían introducido en individuos que detentaban el poder político, militar, económico y social. El hedonismo y la liviandad andaban en Roma y Grecia. El dragón manipulaba todo. Israel y Judá estaban en decadencia. Atenas, Éfeso, Corintio, el Mar Grande y el Mar Salado eran los lugares de moda donde el diablo desarrollaba toda su actividad para desaparecer la nueva doctrina del mesías. En la actualidad, el mundo no ha cambiado mucho en esta zona. Algunos historiadores llaman al Medio Oriente el polvorín del mundo, y se habla de una futura guerra global, el Armagedón.

ANSIARÁN MORIR, PERO…

Retrocedamos, sin embargo, a la visión de Juan, el discípulo desterrado en la isla solitaria. Él escribe lo siguiente:

> **«Y en aquellos días los hombres buscarán
> la muerte, pero no la hallarán;
> y ansiarán morir, pero la muerte
> huirá de ellos».**
> Apocalipsis 9:6

Lo que parece apreciar Juan en su visión es un mundo ilimitadamente perturbador, teneboroso y angustiante. La oscuridad y tinieblas son torrentes que se mezclan con la amargura y desesperación en un escenario cargado de dolor. En ese ambiente maldito, el visionario detecta que los hombres, en el clímax de la desesperación, buscan la muerte. No solo que la buscan, sino que corren presurosos al sepulcro, pero el desengaño los aniquila, porque la muerte y el sepulcro huyen de ellos. Y la pregunta que cae como la gravedad es: «¿qué los impulsa a buscar la muerte?».

En el libro de Job, cuando este se haya en sufrimiento, lo que deplora Job es haber nacido. Ante ante la tragedia que lo rodea, prefiere estar muerto. Y **reposaría**, **dormiría**, **tendría descanso** dice este siervo, desesperado ante la dura prueba que viene experimentando. Job va más allá. Comienza a filosofar y buscar alguna explicación: «¿por qué no morí en la matriz? Pues ahora estaría yo muerto, y reposaría, dormiría y entonces tendría descanso». Job pide descanso en la muerte, y en su razonamiento filosófico aboga por los que «esperan la muerte y no llega», «aunque la buscan más que tesoros» (Job 3: 21, 22).

Hay una coincidencia entre la visión de Juan en la isla de Patmos con la desesperación de Job cuando el Señor Dios se lo entrega a Satán con la sola advertencia de que respete su vida.

El espectáculo macabro que ve Juan por el cual los hombres quieren morir y el sentir de Job, cuando maldice el día en que nació y anuncia que prefiere morir, tienen la misma explicación. Ambos están en la dimensión espiritual, aunque los de carne y hueso no lo capten a primera vista.

Entonces, ¿por qué los hombres buscan la muerte? La respuesta es del espíritu. ¡Están solos! ¡Se han separado de Dios! Hay una total soledad por la ausencia de Dios en sus vidas. Esa soledad es oscuridad. ¡Alejados de Dios, separados de Dios!, es peor que la muerte. Son profundidades infinitas llenas de tinieblas y pavor que no se pueden resistir. La metafísica habla de la «nada», pero el alejamiento y separación total del Ser (Dios, el Creador), es peor que la nada.

El propio Juan, en sus visiones en la isla griega, encuentra, sin embargo, un camino esperanzador. El aislamiento del hombre con su Creador a la larga se convierte en una eterna noche de tinieblas, sombras caliginosas van creciendo hasta convertirse en un estado peor que la muerte. Es entonces que el propio Jesucristo aparece y le susurra al hombre preso en las tinieblas **«yo soy el alfa y la omega, el principio y el fin, al que tuviere sed, yo le daré gratuitamente de la fuente del agua de la vida»** (Apocalipsis 21: 6). Hay legítima esperanza para los angustiados y desconsolados. A ellos Jesús les reitera:

«He aquí, yo estoy a la puerta y llamo;
si alguno oye mi voz y abre la puerta,
entraré a él, y cenaré con él, y él conmigo».
Apocalipsis 3: 20.

¿QUÉ ES LA ETERNIDAD? PREMISA Y CONCLUSIÓN

¿Qué es la eternidad? ¿Simple o compleja pregunta? El símbolo del infinito es el número ocho echado. Esta figura da a entender que no se sabe dónde empieza y dónde termina. ¿La eternidad es el infinito? ¿Es un estado, entelequia o situación? ¿La eternidad es el espíritu? ¿Algo indefinido? La enciclopedia humana la define como perpetuidad que no tiene principio ni fin; «siempre» es igual a lo eterno. Siempre por siempre es igual a eternidad. Pero todas estas son palabras tratando de explicar qué es realmente la eternidad.

El discípulo Juan no era filósofo, pero tuvo una declaración profunda cuando dijo:

**«Y el mundo pasa, y sus deseos;
pero el que hace la voluntad
de Dios permanece para siempre».**
1 Juan 2: 17.

Juan establece una comparación entre algo material y gigantesco (el mundo) con la «voluntad» de una persona. Es verdad, el mundo es un sistema que funciona con reglas, leyes y normas. Estas se aplican en ciudades, países y continentes, que conforman lo material. Los seres humanos habitan en el mundo, pero también los perros, gatos y caballos; es decir, los animales forman parte del mundo. Igualmente forman parte del mundo los inventos que, desarrollados en el tiempo, son perfeccionados con la electrónica, el internet y los satélites. ¡Todo el conglomerado va constituyendo la espina dorsal del mundo! Pero, ¿qué dice Juan del mundo? ¡Algo que sale fuera del escenario cotidiano! «¡EL MUNDO PASA!». Y agrega algo aplastante: TAMBIÉN PASAN LOS DESEOS DEL MUNDO. Con estas declaraciones, inspiradas en otra fuente, un hombre como Juan tira abajo el descubrimiento de los genios y echa por la borda el desarrollo multicultural. Toda la ciencia y el arte perecen. ¿Quién es Juan y por qué hace esta terrible afirmación? Para entender a cabalidad, analicemos la segunda parte de su declaración:

**«Pero el que hace la voluntad
de Dios permanece para siempre».**

¿Lo segundo es una afirmación o especulación? ¡Es una revelación! La fuente, como lo afirma Juan, es Dios. Lo que hace el discípulo es traer al mundo algo del extramundo.

Lucas apoya a Juan

Lucas era un médico de la época. Era ordenado y metodológico. De hecho, trata de presentar el fenómeno del cristianismo como un acontecimiento histórico con implicancia universal. No obstante, no lo considera un movimiento especulativo y lugareño, originado por la decadencia del judaísmo y el dominio romano, tanto militar como político. Lucas percibe que la aparición de Jesús no se trata del protagonismo de un revolucionario contra el sistema imperante. No, Lucas deduce que hay algo más en Jesús de Nazaret. ¡Ese algo más lo convierte en Salvador del mundo! Por eso acepta la palabra del maestro y la escribe en sus cartas:

«El cielo y la tierra pasarán
pero mis palabras no pasarán».
Lucas 21: 33.

Es decir, el médico judío apoya rotundamente la premisa del maestro de galilea, Jesús, cuando conjetura que el cielo y la tierra física han de pasar, y las relativiza, mientras que a la palabra que él pronuncia le da una connotación absoluta. Podemos decirlo de otra manera: el sistema mundano, con sus adelantos, inventos y poderes políticos, militares y económicos, ha de tener un final total, desapareciendo. Esta premisa tiene una conclusión trágica. La segunda premisa conjetura que las palabras de Cristo no pasarán. Por tanto, la fórmula de ambas premisas tendría la siguiente conclusión:

Premisa 1: El cielo y la tierra pasarán.

Premisa 2: La humanidad es parte de la tierra.

Conclusión: La humanidad pasará, desaparecerá.

Premisa 1-A: Las palabras de Cristo no pasarán (son eternas).

Conclusión: El hombre que tiene y hace la palabra de Cristo no pasará.

Pablo, como sabemos, era de la oposición a la doctrina de Jesucristo, hasta que un día, el propio Señor Jesucristo tuvo que utilizar procedimientos espirituales para un hombre —si bien es cierto, bien intencionado pero equivocado—, como Pablo; para llamarle la atención de su enorme error. Pablo oyó una voz, cayó a tierra y estuvo ciego algunos días. La voz de Jesús lo hizo reflexionar y, más adelante, fue un aguerrido defensor de Cristo, de la promesa de que el reino de Dios era mejor que cualquier remilgado sistema político ideológico creado por el imperfecto hombre. Estuvo en el total convencimiento de Pablo. Fue así como Pablo comenzó a predicar el reino de Dios y no doctrinas humanas, fuesen de derecha, izquierda, adelante o atrás. Estas han de finiquitar y pasar al olvido.

Es este Pablo quien escribe apoyando lo de Juan y Lucas. Pero va más allá. Explica tácitamente que el mundo espiritual es más real y permanente que el mundo material y sensorial. Él escribe:

**«pero el que se une al Señor;
un espíritu es con Él»**
1 Corintios 6:17

El hombre verdadero es espíritu. Y si este espíritu, que puede llamarse Carlos, Ana o Elizabeth, se une al espíritu de Jesucristo, constituyen un solo espíritu y, por lo tanto, se fusionan y forman una unidad (Juan 17:21). Este acercamiento repotencia el AMOR, la JUSTICIA, la GRATITUD, la LEALTAD, la FIDELIDAD, la RESPONSABILIDAD y la AMISTAD. Los frutos del espíritu maduran y se embellecen; los dones se perfeccionan y la persona es un cabal representante del Reino de Dios.

HAY UNA GRAN MULTITUD DE GENTE QUE SALE DEL MUNDO ¿QUIÉNES SON Y ADÓNDE VAN?

Si el mundo y todo lo que en él hay va a pasar, ¿qué se debe hacer? En el último libro de la biblia, Apocalipsis 18: 4, hay un señalamiento: «Salid de ella, pueblo mío, para que no seáis partícipes de sus pecados, y para que no recibáis de sus plagas».

Este cuadro descrito fue hecho hace uno dos mil años, cuando el mundo ni siquiera avizoraba que la ciencia y tecnología iban a revolucionar totalmente el planeta. La esclavitud era una práctica, lo rudimentario era la constante de los siglos. La edad de piedra duró mucho tiempo. Luego vino la edad antigua, media, moderna, contemporánea y tecnológica. De pronto la ciencia despertó, vinieron los inventos de un modo extraordinario con el aporte materialista, pero el mismo tiempo sobrevino una peligrosa desvalorización de la riqueza espiritual.

Muchas aguas han corrido bajo los puentes. Ciudades como Sidón, Gaza, Sodoma, Nínive, Babilonia, Tiro, Atenas, Roma, Berlín, Londres, París, Nueva York, Moscú, Pekín y Washington desfilan por la historia, formando la civilización del hombre sobre el planeta.

«Entonces, ¿por qué hay que salir de ella?» es la pregunta de la gran civilización. La respuesta apocalíptica es «para no ser participante de sus pecados, ni recibir de sus plagas». Pero ojo, el Apocalipsis no se dirige a la «gran civilización», sino al pueblo de Dios. Hay dos grupos, los que pasan y no queda vestigio, y los que salen para no recibir las plagas y perduran. El escritor bíblico se refiere al grupo identificado con Dios y no con el mundo.

ESTAS SON LAS REVELACIONES DEL GRUPO QUE SALE DEL MUNDO

«Después de esto miré, y he aquí
una gran multitud, la cual nadie podía contar,
de todas naciones y tribus y pueblos y lenguas,
que estaban delante del Trono y
en la presencia del Cordero,
vestidos de ropas blancas,
y con palmas en las manos
y clamaban a gran voz, diciendo:

La salvación pertenece a nuestro Dios
que está sentado en el Trono, y al Cordero.
Y todos los ángeles estaban en
pie alrededor del Trono, y de los ancianos
y de los cuatro seres vivientes;
y se postraron sobre sus rostros
delante del Trono, y adoraron a Dios,

diciendo: Amén. La bendición y la gloria
y la sabiduría y la acción de gracias
y la honra y el poder y la fortaleza,
sean a nuestro Dios por los siglos
de los siglos. Amén.

Entonces uno de los ancianos habló,
diciéndome: Estos que están vestidos
de ropas blancas, ¿quiénes son,
y de dónde han venido?

Yo le dije: Señor, tú lo sabes.
Y él me dijo: Estos son los que han
salido de la gran tribulación,
y han lavado sus ropas,
y las han emblanquecido en
la sangre del Cordero.
Por esto están delante del
Trono de Dios, y le sirven día
y noche en su templo;
y el que está sentado sobre el Trono
extenderá su tabernáculo sobre ellos.

Ya no tendrán hambre ni sed,
y el sol no caerá más sobre ellos,
ni calor alguno;

Porque el Cordero que está en medio
del Trono los pastoreará,
y los guiará a fuentes de aguas de vida;

**y Dios enjugará toda lágrima
de los ojos de ellos».**
Apocalipsis 7: 9- 17.

La gran multitud —según lo identifica la versión de la Reina Valera y la Sociedad Bíblica en América Latina— son los redimidos de los distintos grupos humanos a través del tiempo. Sostiene que la tribulación ocurre durante todo el tiempo de la iglesia hasta la segunda venida del Señor, y son las personas de los diferentes pueblos y razas que optaron ingresar a la cobertura del señor Jesucristo. Ellos salieron del sistema mundano y se pusieron bajo la protección del Salvador Jesús. Otra hipótesis es que la gran multitud está conformada por los salvados en el tiempo del fin. La gran tribulación ocurre en este tiempo vertiginoso, desde la primera revolución industrial, los adelantos del maquinismo y comodidades, la era de la velocidad y aeronavegación.

Lo sustancial del Apocalipsis es la visión de la gran multitud. Las diferencias interpretativas del espacio y tiempo multidimensional en que ocurre el evento no son gravitantes. El saludo que presenta el grupo es expresión de agradecimiento al Señor Jesucristo como Rey de Reyes y Señor de Señores. ¡Es un acto de adoración y reconocimiento al Salvador! El espectáculo es de una apoteosis indescriptible. Los ángeles, los ancianos y los seres vivientes que están cerca del Trono se postran sobre sus rostros, agradecen y adoran a Dios.

¿QUÉ DICE LA OPINIÓN DE LA TRIBUNA?

Escritores como Rick Warren, Hammerly Dupuy, Grant Jeffrey y John Eckart han escrito libros sobre el Nuevo gobierno de Dios, el milenio y el Poder de la visión. ¿Para qué estamos en la tierra? Todos ellos coinciden en que estamos a las puertas de estremecedores acontecimientos sobre la faz de la tierra, en el cielo y en el interior de cada persona. Dupuy escribe sobre la resurrección de los justos, la ascensión de los pecadores y la muerte total de los impíos, Eckart incide en que viene un nuevo orden mundial a partir de iniciarse el milenio.

El dicho aquel que corre de boca en boca por el mundo de que «todo tiene remedio, menos la muerte» queda desvirtuado. La vida eterna es real, la muerte es un cambio de domicilio con diferente ropaje, la eternidad es lo verdadero y la luz en las tinieblas resplandece.

1- **Shakeaspeare** dijo algo en que pensar:
   «Sabemos lo que somos, pero no en lo que podemos convertirnos».

2- **Fray Luis de León**, cuando volvió a su cátedra después de estar preso algún tiempo:
   «como decíamos ayer…»

3- **Jorge Manrique**, a la muerte de sus padres,
   «Recuerde el alma dormida,
   avive el seso y despierte
   contemplando
   cómo se pasa la vida,
   cómo se viene la muerte
   tan callando».

4- **Miguel de Cervantes** lo dijo como don Quijote:
   «La senda de la virtud es
   muy estrecha y el camino
   del vicio ancho y espacioso».

5- **François de Rochefoucauld**:
   «Si no tenemos paz dentro
   de nosotros, de nada
   sirve buscarla afuera».

6- **Jesús de Nazaret**, en el Monte:
   «Bienaventurados los mansos;
   porque ellos recibirán la
   tierra por heredad».

7- **Jehová** lo dijo a Moisés en la zarza:
   «YO SOY EL QUE SOY».

Capítulo VI

EL MUNDO LEGALIZANDO EL PECADO

Un hombre se quiso convertir en mujer. Cambió su nombre masculino por el de «Micaela», se operó los órganos sexuales, cambió su vestimenta, empezó a maquillarse como mujer y buscó otros hombres para seleccionar esposo. Todo le fue saliendo como esperaba, pero cuando quiso obtener un nuevo documento de identidad como mujer, el tribunal judicial se lo negó. Legalmente, seguía siendo un hombre.

La historia anterior ha ocurrido muchas veces y en diversos países. Los grupos afectados hacen campañas periódicas reclamando el libre albedrío, realizan marchas de protestas por calles y plazas y usan los medios de comunicación para sensibilizar la opinión pública a su favor. Figuras destacadas del mundo intelectual, artístico y cultural salen a la palestra para defender las posiciones de las personas «gays». Muchos de ellos son homosexuales y llegan a ocupar posiciones en la alta política y en el gobiernc. El resultado es que muchos países, especialmente en Europa y América, están cambiando sus legislaciones y decretos, dando amparo legal a los cambios de sexo. Estos aumentan exponencialmente en países de los cinco continentes; es decir, el mundo está legalizando el pecado. Ya no es delito contra la moral, ni en las buenas costumbres, el practicar actos sexuales entre personas del mismo sexo. Las nuevas leyes los vienen apoyando.

¿Qué es lo que está ocurriendo? Existe un avance vertiginoso en la ciencia, tecnología, arte y en los modelos de vida, como dice Enrique Lasserre en el prefacio del libro *El hombre*. Este autor francés, comentando la «Exposición Universal de París», que atraía al universo entero por su despliegue y avance, generó una nueva torre de Babel. El hombre se volvía orgulloso y lujurioso, y en esa fiebre comenzaron a vociferar: «¡Podemos prescindir de Dios». Hubo varias exposiciones universales en París, allá por los años 1800 y 1900. En la actualidad, la Exposición Universal de Francia se ha transformado en «Exposición Universal del Mundo». No solo grita «¡prescindamos de Dios!», sino que lo ha encarpetado en la religión y le ha dicho que solo puede hablar en la agenda pequeña de los domingos.

Nuestro tiempo no es el Tiempo de Dios

Otro autor, Ernesto Hello, incide en la idolatría imperante. La humanidad se ha cansado de esperar a Cristo y ha construido el Becerro de Oro, que publicita por las cadenas y redes. ¿Quién es este becerro de oro? ¡Es todo lo que olvida a Dios! Es el mismo de cuando Moisés subió al monte a recibir las tablas de la ley y se demoró. Esta demora cansó al pueblo israelita, que exigió a Aaron construir el becerro. Hoy el mundo se aburre, porque el señor Jesucristo tarda en su segunda venida. Ese aburrimiento los ha llevado a la idolatría y legalización del pecado homosexual, lésbico, adúltero y fornicario. Estos pecados legalizados no vienen solos, sino con amor al dinero, poder y a los derechos humanos. Esto último es la gritería «tú puedes hacer lo que quieres porque es un "derecho humano"». Todo se justifica mientras lo legalizan, defienden y promocionan. A la verdad le llaman «mentira» y a la mentira «verdad».

EL KIT PARA RAZONAR BIEN

En 1872, ya Ernests Hello, un escritor francés católico, escribía lo siguiente:

«Un hombre es raramente guiado por los razonamientos buenos o malos que sabe hacer; estos razonamientos, quedánse con frecuencia para él en un estado de fórmula, más la fuerza viva por la cual están regidos, consisten en las asociaciones de ideas y razonamientos inconscientes y soberanos, en virtud de los cuales una idea llama a otra en nuestra mente.

Las asociaciones de ideas —hablo de las asociaciones involuntarias rápidas, inconscientes e inevitables— gobiernan, no lo que se llama el intelecto puro, sino la imaginación, potencia terrible que tiene sus hábitos en el orden de la vida o en el orden de la muerte».

En su época, Hello, un hombre con mirada profunda, es conceptuado como un eco de la voz del profeta Isaías. Cuentan que un día, al pasar frente al Palacio de las Tullerías en París, residencia de los monarcas franceses en el siglo XIX y orgullo de la época, levantó la mano como los profetas de los tiempos desaparecidos y, mostrando el palacio y la ciudad inmensa, exclamó desde lo profundo de su pensamiento, con palabras lentas y acento indefinible, «¡LOS BÁRBAROS TARDAN EN LLEGAR! ¿QUÉ HACE, PUES, ATILA?».

Luego se encerró en su silencio y se fue solo, alejándose de Las Tullerías. Alguien gritó: «¡Está loco!». Sin embargo, dice la historia que los bárbaros llegaron y destrozaron Las Tullerías.

Los nuevos bárbaros están destruyendo al hombre

Es indudable que Hello, en la profundidad de su pensamiento, hizo eco a las profecías de Isaías. Los bárbaros ya llegaron a este siglo, están en todas partes. Atila vive en el corazón de cada uno de ellos, para destruir las Tullerías de este mundo globalizado. ¡He aquí la involución que nos regresa de la barbarie! Pero el habitante no admite la involución en que se encuentra la sociedad humana. Está destruida con su celular y engolosinada con el WhatsApp. La ciencia es su diosa preferida. La lascivia y el hedonismo la hace inmoral, corrupta y mentirosa. Los frutos del espíritu son egoísmo, maldades, celos, orgullos y envidias. Los frutos son borracheras, drogadicción, adulterios, fornicaciones, sexo, homosexualidad (y con animales), inmundicias, brujerías y hechicerías, en fin, cosas que hacen retroceder a los seres humanos a las condiciones más abominables y degradantes. ¡Esta es la involución del hombre, a la que él califica de evolución!

Un reportero SUI GENERIS

Si un reportero de otro planeta viniera al nuestro y le preguntara a un europeo, asiático, americano, australiano o africano por qué defiende la evolución, tal vez este respondería que los avances y mejoras continuas de la evolución están en los grandes descubrimientos científicos, el sostenido aumento de la ciencia, el evidente progreso de las comunicaciones satelitales y en la computación de la actividades comerciales, bancarias, administrativas, operativas y de sistemas que vienen desarrollándose en toda el orbe.

Es probable que algunos entusiastas eleven a la «evolución» al rango de diosa, le rindan idolatría y sean sus adoradores.

¿HA MEJORADO O EMPEORADO?

Pero ¿qué hay del hombre como tal? ¿Cómo está su interior? ¿Cuál es el desenvolvimiento de su alma, sentimientos y espiritualidad? ¿Ama al prójimo? ¿Tiene paz en su ser? ¿Cuáles son sus pensamientos? ¿Qué habla su boca? Un escritor de las Sagradas Escrituras ha dicho que de la abundancia del corazón habla la boca. Y el mundo, ¿qué nos habla? ¿Qué escuchamos en la radio, televisión o titulares periodísticos?

¿QUÉ LEEMOS EN LAS REDES DEL INTERNET?

La mayoría son malas noticias: crímenes, robos, violaciones, muertes, enfermedades incurables y gente que se droga; otros son adictos, consumidores del alcohol, glotonería y gula. Las expectativas de vida aumentan en el siglo XXI, es verdad, pero las estadísticas muestran que las alergias, influenzas, cáncer y enfermedades psicosomáticas también se multiplican.

Entonces, ¿de qué se trata? Sí, hay evolución en lo material e involución en lo espiritual. Existe un claro retroceso en lo moral, ético y cultural. Se palpa una degeneración en los Valores, los Principios y la Integridad; han pateado la honradez y la honestidad. A la virtud le han dicho que incomoda, y la buena conducta solo es apariencia o antifaz en el baile de máscaras al que suelen acudir casi todos los protagonistas. Los más graneados usan un maquillaje de nueva generación, y, a quienes sus recursos no lo permiten, adquieren mascarillas en los mercados populares de la ciudad. Todos viven de las apariencias.

La involución a la barbarie es ponderada y la disimulan

Los que viven en la involución con un retroceso ostensible creen que están en la gran evolución, y viven engañados y engañando a los demás. Dicen tener amor al prójimo, pero no lo tienen. A veces, ni ellos mismo se aman. Mezclan el egoísmo con aparente virtud, pero internamente se deleitan sádicamente con el dolor ajeno.

¿Dónde está la familia Ingalls, de la serie televisiva que construía el apego dentro de las familias? Otra serie en TV, *Papá lo sabe todo,* donde el héroe es el papá, ahora resulta incómoda porque el papá está «desfasado», fuera de onda y pertenece a épocas ya superadas. Otra serie popular, *¿Mamá y papá siempre juntos?,* no es reproducida porque muchas mamás tienen nuevos compromisos, o los papás se fueron con las secretarias de la oficina. Ellos llaman a esto «evolución hacia la liberación», pero en realidad se trata de una involución hacia la autodestrucción. Los niños y jóvenes de ahora ya no buscan series o películas como *Blancanieves y los siete enanitos, La novicia rebelde, El rey león, Papá para siempre, Mary Poppins, Daniel el travieso* o *Cenicienta.* Los mayorcitos, en la pubertad, se deleitaban con los hermanos Cartwright, que protagonizaban la serie *Bonanza.* ¡Ya no hay series sanas! Casi todas las actuales tienen revólveres y pistolas; mientras más muertos haya, mejor es el rating y ranking. El crimen, los robos, las estafas y las traiciones son los argumentos para captar sintonía y espectadores. He aquí lo que ellos califican de «EVOLUCIÓN», que en realidad es INVOLUCIÓN a la deformación de la personalidad de chicas y chicos, jóvenes y señoritas, que son manipulados en sus mentes y almas para llevarlas al matadero.

EL SEXO ➡ **HA SIDO** ➡ **DISTORSIONADO**

Los usos y costumbres han cambiado tanto en las relaciones de hombre y mujer, matrimonio y sexo, que para muchos incrédulos resulta una fantasía del escritor bíblico cuando escribió que Abraham había decidido buscar esposa para su hijo Isaac. Según lo relatado, mandó a su criado a su pueblo natal para buscar una doncella. La prueba para ser la elegida era que el criado se acercara a una fuente de agua y pidiera a una de las hijas de ese pueblo, que solían bajar al río a recoger agua, un poco de agua para beber. La que le diera agua sería la elegida para casarse con Isaac. La historia cuenta que bajó al río una doncella de aspecto muy hermoso y virginal a la que varón no había conocido, la cual accedió a la petición del criado y le dijo «bebe, señor mío», se dio prisa a bajar su cántaro sobre su mano y le dio de beber. La historia termina indicando que, después de las peticiones formales con los padres y la familia, las oraciones a Jehová y la ayuda de un ángel, la doncella, que se llamaba Rebeca, se trasladó al pueblo de Abraham y se casó con Isaac. Lo grandioso de esta historia es que en todo momento se pidió la intervención y dirección de Dios. Y fue así, porque el final fue feliz y bendecido.

En la actualidad, las personas no proceden tomando en cuenta a Dios. El matrimonio formal está pasando de moda y las parejas se juntan al estado «servinacuy» como prueba. No interesa mucho la virginidad de la dama ni el pasado del hombre. Es más, el sexo es lo primero, quedando en segundo plano la compatibilidad de carácteres, la afinidad, los gustos y preferencias… Solo el sexo cuenta para ambos.

A nivel mundial, esta decadencia y desmadre está produciendo desajustes en los estados de vida, cambios en las leyes y resoluciones permisivas en los tribunales de justicia.

— En Guadalajara (México), es legal tener relaciones sexuales en la calle.
— Un tribunal en Alemania sentenció que, además de definir el sexo en los recién nacidos como «femenino» y «masculino», se podría poner una tercera opción, «diverso» (tercer género).
— En Guatemala hubo un desfile de gente defendiendo el llamado «orgullo homosexual».
— En Dinamarca se permite el cambio de sexo legal sin operarse.
— La prostitución en sus diversas modalidades aumenta en casi todos los países.
— Los desfiles de multitudes gay aumentan en muchos países de todo el globo terráqueo.
— Se insiste en que son «derechos humanos» y libre albedrío las prácticas de lesbianismo, homosexualismo y bestialismo

Lois Mowday, autora del libro *La trampa*, señala que los enredos emocionales y sexuales están en avance exponencial. Ella cuenta que los esposos, cuando son descubiertos en adulterio por sus cónyuges, atinan a decir «solo fue una aventura de pico y zafa». Y hace una pregunta: ¿por qué no aceptar la inmoralidad como parte de un estilo de vida cristiana? La pregunta, sin embargo, no es de ella. La ha recogido del sentir de mucha gente que, sin duda, no es cristiana. «Claro —dirán algunos—, si los que cometen adulterios, fornicación y lesbianismo son los llamados cristianos que van los domingos a las iglesias, luego piden perdón y ¡zas!, ya están perdonados». ¡Pero el Señor Dios no es ingenuo! De Dios no nos podemos burlar. ¡Cuidado!

Lois Mowday dice que se peca porque somos vulnerables <u>y tenemos expectativas no cumplidas… No es solamente un asunto de una noche.</u>

Justifican la degradación. Ellos alegan como un derecho incuestionable elegir lo que quieres hacer sin restricciones de ninguna clase. La frase aquella de «si te sientes bien haciéndolo, hazlo» es la patente de corzo para consumar actos contra la moral pública.

— En Estados Unidos hay grupos que pregonan que el matrimonio homosexual es bueno.
— En Canadá el sexo con animales se practica.
— España permite que se proyecten películas pornográficas en las escuelas.
— Colombia tiene algunas iglesias donde rinden culto a Satanás.
— Alemania permite el incesto (sexo de padres con los hijos o entre hermanos).
— Sudáfrica permite el adulterio.
— En Miami, llamada la capital de Latinoamérica en el estado de Florida, el sexo puede ser público. Lo realizan en cualquier sitio (igual que los perros y perras, o los potros y yeguas).
— En muchos lugares, especialmente en países orientales, la prostitución de menores es permitida. A los turistas se les muestra albúmenes fotográficos de niñas y niños que se prostituyen por una tarifa determinada.

Estos razonamientos en el intelecto de una persona, sea o no sea cristiana, son posibles justificaciones para dar el paso a a desobediencia. Si no se detiene desde un comienzo, puede alimentarse de otros argumentos, y, al final, dar el paso inmoral, y con ello la pérdida de la relación con la vida, que es Jesucristo.

La biblia Reina Valera dice que la «paga del pecado es muerte», y la biblia latinoamericana católica dice, en el libro Eclasiastés 7: 36, «en cualquier cosa que hagas, acuérdate de tu fin y nunca más pecarás».

Las relaciones sexuales prohibidas tienen un envilecimiento dimensional que probablemente los ángeles, querubines y serafines conocen mejor que los seres humanos. Dios, el Altísimo, lo ha prohibido.

Dios es amor y nunca quiere un terrible mal para sus hijos. El sexo fuera del matrimonio es ilícito. El sexo es pertinente entre esposo y esposa. Está bendecido. Dios aprobó el matrimonio de Isaac con Rebeca por esta línea en la que vino Jesús de Nazaret, el Salvador. Todo matrimonio aprobado por Dios es bueno. Parafraseando el texto del libro Eclesiástico, podemos decirnos a nosotros mismos «acuérdate de tus postrimerías y no pecarás».

La paga del pecado es muerte eterna. El pecador es borrado del libro de la vida. El estado postrero de un pecador es una tragedia hamletiana, ser o no ser; ser de Cristo o no ser de Cristo, ¡esta es la gran cuestión! La vida eterna o la muerte eterna.

Caer en las trampas satánicas o estratagemas diabólicas tratando de decir y asegurar que estamos en la gran evolución es otra mentira del engañador. Hay una franca INVOLUCIÓN de nuestra moral y conducta. Va al garete y a zozobrar. Solo el bote de Pedro, el pescador, puede salvarnos. En el bote está el maestro, Jesús de Nazaret. Él nos llama.

¿EL SEÑOR JESUCRISTO TARDA MUCHO EN VOLVER?

• <u>Algunos dicen que ya no vuelve</u>

La respuesta es NO. Él se fue hace aproximadamente dos mil años, parece demasiado tiempo transcurrido. Algunos escépticos alegan que dicha tardanza pone en tela de juicio las propias palabras de Jesús en el Apocalipsis, cuando dijo: «Ciertamente vengo en breve» (22: 20). Los incrédulos andan diciendo que Jesús ya no volverá, porque justamente ellos nunca han creído en la obra sobrenatural del « llamado mesías», y la frase «vengo en breve» prueba que el propio Jesús falló en el vaticinio de su regreso.

¡Pero no es así! Las especulaciones de diversos matices que corren en algunos círculos pierden sustento cuando comprobamos cómo opera Dios. Cuando el padre del señor Jesucristo y Supremo Creador expidió su primera sentencia, al pecar Adán y Eva, él profetizó que la simiente de la mujer heriría la cabeza de la serpiente (el diablo tentador), derrotándolo en la cruz. ¿Cuánto tiempo transcurrió entre la sentencia y la aparición de la simiente que magulló la cabeza de la serpiente, Satanás, el diablo? Aproximadamente cuatro mil años desde Adán hasta Cristo.

Otro caso fue el tiempo que los israelitas estuvieron en Egipto. Al comienzo, como invitados a los que se les dio techo y comida. Tiempo después fueron esclavos, al cambiar del gobierno faraónico bondadoso al otro gobierno faraónico dictatorial. Este tiempo fue de cuatrocientos treinta (430) años, hasta que Moisés, mandado por Dios, los liberó de la esclavitud.

También los israelitas que salieron de Egipto a la tierra de Canaán demoraron mucho tiempo en dicho traslado, como cuarenta años, pese a que el ángel de Jehová los acompañaba. Hoy los buses que salen de Egipto a Canaán demoran excesivamente doce días. ¿Por qué el tiempo de Dios no es el tiempo del hombre?

Para el hombre, especialmente para el hombre carnal y sensorial, los tiempos difieren en las dimensiones existentes. Para Dios, mil años son como un día, y un día como mil años (2 Pedro 3: 8). Entonces, desde que Cristo se fue el día de su ascenso han pasado dos días (estamos en pleno siglo XXI). Estaríamos a punto de entrar al tercer día, aunque otros analistas sostienen que ya estamos en el tercer día. Tengamos paciencia, ¡Cristo viene de todas maneras! No viene por todos, solo viene por sus seguidores. ¿Eres tú un seguidor de Cristo?

Recordemos: En el mundo espiritual no existe el tiempo, es un eterno presente. El propio ángel que vió Juan en su visión:

«Juro por el que vive por los siglos de los siglos,
que creó el cielo y las cosas que están en él,
y la tierra y las cosas que están en ella,
y el mar y las cosas que están en él,
que el tiempo no será más».
Apocalipsis 10: 6.

El concepto de eternidad está más allá del razonamiento humano. Filosóficamente, es que «no tiene antes ni después», es una duración infinita continua. Dios es el Eterno, y hace eterno lo que él quiere. Está escrito que en el principio Dios creó los cielos y la tierra, es decir, antes de eso no existía ni el cielo ni la tierra. Dios los creó, por eso su nombre es «Yo Soy el que Soy», el único que tiene vida en sí mismo. Se podrá inferir que el tiempo en realidad no existe; pero está en la voluntad de Dios, el gran Yo Soy, abrir en la dimensión de lo eterno e infinito un espacio de tiempo del fin. En el capitulo doce de Daniel se habla del «tiempo de angustia y del tiempo del fin». En otro momento, Daniel habla de «tiempos, tiempos y la mitad de un tiempo». Es el mismo Dios que al final le dice a Daniel sobre el tiempo del fin, como cerrando un espacio y abriendo la eternidad, que es consustancial en el Creador. La fe como fruto del espíritu es lo que los seguidores de Cristo deben cultivar. Está escrito una vez más. El justo por la fe vivirá.

¿QUÉ ESCOGERÍAS? ¡ES UN REGALO! ¿CINCUENTA MIL MILLONES DE DÓLARES O UN CHEQUE A FUTURO PARA ENTRAR A THE KINGDOM OF GOD?

Un hombre sencillo pero práctico, llamado Henry Ford, de Estado Unidos, fue uno de los sobresalientes fabricantes de automóviles. En el año 1769 apareció el triciclo con ruedas de madera, y en 1886 nace el automóvil con combustible interno. Fueron varios los pioneros de la ahora poderosa industria automotriz. Entre ellos Nicolas Cugnat, de Francia, y Karl Benz y Gottlieb Daimler, de Alemania. Sin embargo, fue Henry Ford que, con su modelo T, llegó a fabricar quince millones de unidades, convirtiéndose en el millonario de la época, allá por los años 1900.

Los más poderosos multimillonarios del mundo, década 2015-2025, son, según registros estadísticos:

Jeff Bezos, de Estados Unidos, con ciento cuarenta y dos mil millones de dólares.
Bill Gates, de Estados Unidos, con noventa y seis mil millones de dólares.
Warren Buffet, de Estados Unidos, con ochenta y cinco mil millones de dólares.
Bernard Arnault, de Francia, con setenta y siete mil millones de dólares.
Mark Zuckerberg, de Estados Unidos, con sesenta y seis mil millones de dólares.

La pregunta formulada en el título de esta sección es si escogeríamos los cincuenta mil millones de dólares o el cheque a futuro para ingresar al God's Kingdom. ¿Cuánto representan los cincuenta mil millones de dólares? Graficaremos con un ejemplo. Nos regalan una caja o maletín tipo James Bond con un millón de dólares en su interior. Imagine lo que puede comprar en su ciudad o país con un millón de dólares.

¿Cuánto gana un funcionario en promedio mensual? Supongamos que gana diez mil dólares al mes, lo que al año serían ciento veinte mil dólares. En cien años, esta cantidad llegaría a doce millones de dólares, una cantidad muy por debajo de los cincuenta mil millones que le están ofreciendo. Este hombre tendría que vivir más de cuatro mil años y todavía le quedarían muchos dólares. ¿Es tentación aceptar los cincuenta mil millones de dólares? Depende de quién sea el hombre. Si vive en el mundo natural, lo puede aceptar de inmediato. Si vive en el mundo espiritual, no lo va a aceptar ligeramente. Preferiría el cheque a futuro, que lo conducirá al reino de Dios, que es eterno.

¿Cómo gastaría los 50 mil millones de $?

1.	En un mes	$ 10000 dólares
2.	En un año	$ 120000 dólares
3.	En diez años	$ 1200000 dólares
4.	En cien años	$ 12000000 dólares
5.	En mil años	$ 120000000 dólares
6.	En diez mil años	$ 1200000000 dólares
7.	En cien mil años	$ 12000000000 dólares
8.	En cuatrocientos mil años	$ 48000000.000 dólares

AÚN TE QUEDAN 2000 MILLONES DE DÓLARES

Pedro describe la diferencia de vivir en el primer grupo, ansiando los bienes materiales, con la del segundo grupo, que prefiere escoger el rescate que pagó otro por él. El pago fue su sangre preciosa e invalorable, no como el oro y la plata y piedras preciosas, que al final son corruptibles.

¿Acaso miraríamos con añoranza no escoger el primer regalo y solo aceptar el cheque a futuro? Probablemente muchos estarían en esta condición.

Pedro explica que de nada valdría aceptar los cincuenta mil millones de dólares si no tienes la vida suficiente para disfrutarlos.

En la cuarta línea del cuadro de gastos, al llegar a los cien años de vida, solo habríamos gastado doce millones. Y si pudieras vivir mil años (quinta línea del cuadro), habrías utilizado apenas ciento veinte millones de dólares.

El apóstol Pedro dice:

**«Sabiendo que fuisteis rescatados de
vuestra vana manera de vivir,
la cual recibisteis de vuestros padres,
no con cosas corruptibles,
como oro o plata,**

**sino con la sangre preciosa de Cristo,
como de un cordero sin mancha
y sin contaminación**

**ya destinado desde antes de la
fundación del mundo,
pero manifestado en los postreros
tiempos por amor de vosotros».**
1 Pedro 1: 18-20.

¿Qué está diciendo Pedro? Que la manera de vivir tal como la entendemos y practicamos es vana. Es necesario sacudirse del viejo y tradicional estilo de vida. El sistema que nos tiene capturados direcciona nuestras metas a obtener las cosas perecibles, pasajeras y fugaces, como los dólares, euros o pesos.

¡Todo esto se esfuma! Es imperioso salir de la vieja vida. Hemos sido rescatados. El elemento que paga el rescate es la sangre perfecta de un hombre perfecto. ¡Se llama Jesucristo! En el versículo diecinueve se aclara que la sangre preciosa de Cristo <u>sin mancha y sin contaminación</u> es la que purifica y renace, «<u>por la palabra de Dios que vive y permanece para siempre</u>», según el propio versículo 22 de 1 Pedro 1. Es decir, la garantía de la vida eterna es sólida —vuelve a reiterar Pedro—, mientras «la carne es como una hierba y la gloria del hombre como flor de hierba; la hierba se seca y la flor se cae, mas la palabra del Señor permanece para siempre».

Mateo apoya decididamente a Pedro. Mateo, metafóricamente, desechó los cincuenta mil millones de dólares por el cheque a futuro del reino de Dios. Él dijo, sin dudarlo, lo siguiente:

**«Mas buscad primeramente el
reino de Dios y su justicia,
y todas estas cosas os serán añadidas».**
Mateo 6: 33.

El cheque del Reino para Mateo es la Vida Eterna con el Eterno. Él acepta ser rescatado de su pasada e infructífera manera de vivir. Aceptar ser limpiado por la Sangre derramada por Jesús. Él le otorga la justicia. Vale decir que los pecados de Mateo son asumidos y pagados con una sangre limpia, perfecta y sin mácula, la de Dios. Luego, Mateo pasa de muerte a vida.

El justo Jesús murió por Mateo, y los pecados de Mateo los asumió Jesús. Mateo quedó libre y expédito para recibir la vida eterna, y la recibió.

Ahora bien, Mateo recibe la vida perdurable y agrega algo inusitado: «<u>todas las otras cosas me serán añadidas</u>». ¿Qué es lo añadido? Las peticiones del corazón de Mateo (Salmo 37:4). Si en el corazón de Mateo hubiera estado el deseo de recibir los cincuenta mil millones de dólares, él los hubiera recibido como añadidura.

Dios reconoce que su siervo buscó primero el reino de Dios. Ahora el Soberano se dispone a premiarlo, otorgándole añadiduras como premio. ¡Qué grande y misericordioso es Jehová, el Dios de amor!

Pero ojo, no buscar primero las añadiduras, porque se estaría alterando el plan del cielo. Está escrito que «como los cielos son más altos que la tierra, así los pensamientos de Dios son mas altos que los pensamientos de los humanos» (Isaías 55:9). ¡Seria vanagloria pretender que un razonamiento humano le enmiende la plana a Dios!

Salomón rogó por sabiduría antes que por poder y riquezas

Siglos antes de Mateo y Pedro, otro hombre, llamado Salomón, tuvo un diálogo con Dios. El lugar fue Gabaón, donde se ofrecían los holocaustos. En aquel lugar, Jehová se presentó una noche en sueños y le dijo a Salomón «pide lo que quieras que yo te daré» (1 Reyes 3: 5).

Salomón acababa de recibir el trono como rey, en lugar de David. Su respuesta fue diferente a lo que se podría pensar: «Da, pues, a tu siervo corazón entendido para juzgar a tu pueblo, y para discernir entre lo bueno y lo malo; porque ¿quién podrá gobernar este tu pueblo tan grande» (1 Reyes 3: 9).

La escritura dice que la respuesta de Salomón agradó a Jehová. «Y le dijo Dios: "Porque has demandado esto, y no pediste para ti muchos días, ni pediste para ti riquezas, ni pediste la vida de tus enemigos, sino que demandaste para ti inteligencia para oír juicio, he aquí que lo he hecho conforme a tus palabras; he aquí que te he dado corazón sabio y entendido, tanto que no ha habido antes de ti otro como tú, ni después de ti se levantará otro como tú. Y aun también te he dado las cosas que no pediste, riquezas y gloria"».

Como se aprecia, Salomón recibió lo que pidió, pero además muchas cosas adicionales. Estas fueron las añadiduras. Tal vez el rey Salomón recibió fuerte influencia y aprendizaje de su padre, el rey David. No olvidemos que cuando se buscaba un nuevo rey para el pueblo, el profeta fue a la casa de Isaí y evaluó a todos sus hijos, pero ninguno calificó para el Espíritu Santo. Al final fue David, el menor, el que calificó. David amaba a Dios, aunque su carnalidad lo llevó a pecar muchas veces. Fruto del adulterio con Betsabe, nació Salomón. Una vez más la misericordia del Altísimo se evidenció, amparando la vida y el gobierno de estos hombres, David y Salomón.

El llanto y arrepentimiento de David se manifiestan en el Salmo 51. Este hombre confiesa su pecado, se arrepiente y le implora a Dios que le dé «un corazón limpio».

Salomón, al igual que su padre, David, pidió sabiduría. Ambos hombres y gobernantes se identifican más con el espíritu y corazón. Las riquezas materiales y el poder político y militar pasaron a segundo plano. Ellos se inclinaron por el honor, la justicia, la verdad, la fidelidad y la honra. Salomón siguió el ejemplo de su padre y decidió irse por lo permanente en vez de lo transitorio. Las banderas y estandartes de padre e hijo fueron siempre D os, vida, justicia, fidelidad y buena voluntad.

Salomón, en un momento de contrición e inspiración divina, escribió una loa sublime por excelencia:

«Bienaventurado el hombre que halla la sabiduría,
y que obtiene la inteligencia;

porque su ganancia es mejor
que la ganancia de la plata,
y sus frutos más que el oro fino.

Más preciosa es que las piedras preciosas;
y todo lo que puedes desear,
no se puede comparar a ella.

Largura de días está en su mano derecha;
en su izquierda riquezas y honra.

Sus caminos son caminos deleitosos,
y todas sus veredas paz.

Ella es árbol de vida á los que de ella echan mano
y bienaventurados son los que la retienen».
Proverbios 3: 13-18.

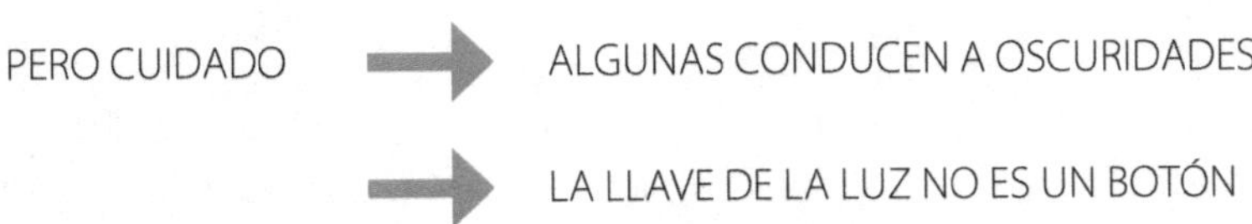

Una puerta puede estar abierta o cerrada. Para abrir una puerta se necesita tener la llave. En el mundo natural existen variedades de puertas, dependiendo de qué se encuentre al transponer dichas puertas. Puede tratarse de una casa, oficina, banco, tienda, iglesia, municipalidad o la casa del presidente de la nación.

En las dimensiones espirituales también hay puertas. Unas en las que, al abrirse, nos encontramos con luces de diversos colores, ambientes brillando y resplandecientes. Hay otras puertas en las que, al ingresar, encontraremos habitaciones frías, oscuras y llenas de penumbras. ¿Cómo ingresar por las puertas que nos conducen a la luz?

Cuando ingresamos a un cuarto o habitación podemos tener una sensación de negativismo o incomodidad, si el ambiente que impera es hostil a nuestra percepción interna. Por el contrario, cuando la percepción es positiva, fluye en nosotros conformidad, paz y bienestar. ¿Cómo se explica esto? Según las fortalezas que imperen en dichos aposentos. Lo egoísmos, orgullos y maledicencias de los que han vivido o frecuentan dichos lugares se constituyen en fortalezas espirituales negativas, que se posicionan de tales territorios. El lugar es contaminado e influye en los que viven o visitan dichos sitios. Las áreas de influencia de tales espacios son adversas y atentatorias. Algunos viven esclavizados, dominados por este tipo de fortalezas.

Lo contrario es cuando el predominio de tales lugares está dado por el bien, empatía y, esencialmente, por el amor. En este caso, las fortalezas son de paz, comprensión y benevolencia. El área de influencia que se expande de este lugar es altamente favorable a la benignidad y tolerancia. El ambiente resulta grato y los que viven o visitan estas casas, oficinas o instituciones son personas amables y hospitalarias.

Son las mismas personas quienes levantan fortalezas de maldad. Algunas lo hacen sin darse cuenta.

¿Qué es lo que determina el tipo de fortalezas que se posicionan al interior de las puertas espirituales?

Olea Espitia, una investigadora colombiana, enumera algunos puntos y características en sus videos y redes:

— Si los que viven dentro son personas orgullosas por el conocimiento que tienen o poseen muchas cosas materiales, dicho orgullo, mezclado con vanidad, hace que este tipo de fortaleza se enquiste en esa casa y se agigante. Toda conversación y relación interpersonal girará desde la óptica de la fortaleza del orgullo y vanidad.

— El no perdonar, mantener una posición de permanente conflicto y confrontación llevará a dichas personas a tener las puertas cerradas. La maledicencia será la fortaleza predominante en estas personas. Los lugares donde viven o trabajan recibirán fuertes influencias de ellas.

— La pornografía y prácticas sexuales perversas mantendrán latentes pensamientos impúdicos en las personas y lugares donde vivan. Estas fortalezas de inmoralidad producirán degradación y decadencia, esclavizando a los que frecuenten dichos lugares. Vivirán en cuerpos degradados por los vicios de la carne, causándoles postración y degeneración.

— Los conflictos de familia, chismes, mentiras constantes y envidias construirán una terrible fortaleza de negativismo y traerán maldición. El estilo de vida alterado los irá destruyendo poco a poco.

— El ocultismo, la tabla ouija, los tatuajes en la piel, leer el horóscopo y adivinar la suerte son puertas abiertas para que las tinieblas y maldiciones se introduzcan en una casa, oficina o lugar donde frecuentemente pasamos tiempo.

— Los amuletos, practicar la brujería y el control mental o enredarse con el vudú y la magia envilece a las personas, sumiéndolas en la perversidad e imprecación.

¡No toquéis lo inmundo!

Olea Espitia aclara que esta horda de maldiciones, puede vencerse con la palabra de Dios, y nos lleva a un versículo clave, que está en 2 Corintios 4: 6. Dice:

**«Porque Dios, que mandó que de las tinieblas resplandeciese la luz,
es el que resplandeció en nuestros corazones,
para iluminación del conocimiento de la gloria de Dios en la faz
de Jesucristo».**

Dios revierte una situación de oscuridad en un resplandor restaurador. Una fórmula efectiva para no exponernos a esta clase de maldiciones es la que el apóstol Pablo nos da en 2 Corintios 6: 14-17:

**«No os unáis en yugo desigual con los incrédulos;
porque ¿qué compañerismo tiene la justicia con la injusticia?
Y ¿qué comunión la luz con las tinieblas?**

**¿Y qué concordia Cristo con Belial?
¿O qué parte el creyente con el incrédulo?**

**¿Y qué acuerdo hay entre el templo de Dios y los ídolos?
Porque vosotros sois el templo del Dios viviente, como Dios dijo:
Habitaré y andaré entre ellos,
y seré su Dios,
y ellos serán mi pueblo.**

**Por lo cual,
salid de en medio de ellos,
y apartaos, dice el Señor,
y no toquéis lo inmundo;
y yo os recibiré».**

La síntesis de la escritura paulina es:

**«Apartaos (dice el Señor),
no toquéis lo inmundo».**

Y el mismo Pablo continúa diciendo:

**«Limpiémonos de toda contaminación
de carne y de espíritu».**

2 Corintios 7: 1.

El rey David, siglos antes, había advertido:

**«En integridad andaré
en medio de mi casa».**

David admite que el camino del desarrollo personal no se obtiene necesariamente en la universidad de la vida o en la captura de mayor conocimiento. En el salmo 101: 2-4 lo declara:

**«Entenderé el camino de la perfección
cuando vengas a mí.
en la integridad de mi corazón andaré en medio de mi casa.**

**No pondré delante de mis ojos cosa injusta.
Aborrezco la obra de los que se desvían;
Ninguno de ellos se acercará a mí.**

**Corazón perverso se apartará de mí;
No conoceré al malvado».**

Un consejo a tener en cuenta se refiere a los objetos y adornos que tenemos en nuestros hogares. Hay cuadros abstractos que te conducen a las tinieblas. Hay dibujos con caras tristes o que reflejan pobreza. Muchos lo catalogan como arte de la vida real. Los desnudos y pinturas de las fiestas de carnaval son colgados en los patios o pasajes de ciertas residencias, pero en realidad son trampas invitando a una vida disoluta. Los jarrones de buda y colgajos de calaveras o huesos de muertos son puertas a la hechicería y brujería. Los floreros de buda, según la investigadora Mercedes Olea Spitia, abren espacios a las religiones falsas que al comienzo te ayudan, pero después te cobran con creces, capturando las almas de las personas incautas y sometiéndolas a la idolatría, cautiverio y encadenamiento a las sombras.

Deuteronomio 7: 26 es claro: «y no traerás cosa abominable a tu casa, para que no sea anatema; del todo la aborrecerás y la abominarás, porque es anatema».

¡Anatema es maldición, imprecación, ex comunión! Anatema es apartarse de Dios y enrolarse con los rebeldes del Altísimo, que son los demonios y potestades de las tinieblas.

La guía bíblica es explicita: «Mas así habéis de hacer con ellos: Sus altares destruiréis, y quebraréis sus estatuas, y destruiréis sus imágenes de Asera, y quemaréis sus esculturas en el fuego» (Deuteronomio 7: 5).

¿Cómo abrir una puerta de luz?

HUBO UNA VEZ ALGUIEN QUE DIJO «YO SOY LA LUZ, YO SOY LA PUERTA».

Hay ciertos requisitos para abrir una puerta para que, al transponerla, podamos disfrutar de una iluminación diáfana y acogedora. La llave para abrir una puerta de luz debe estar constituida de elementos espirituales, como buenos pensamientos, empatía y actitudes bondadosas. Es imprescindible evitar el orgullo, la prepotencia y la soberbia.

Una clave para abrir puertas es la oración. Este método es practicado por la colombiana Olea Espitia. Ella sostiene que una oración sincera y ferviente toca la puerta del cielo. Otra puerta que es vital abrir es la puerta de la fe, que los apóstoles Pablo y Bernabé predicaron en Listra, haciendo caminar a un cojo de nacimiento que jamás había andado. Pablo, a gran voz, dijo al cojo «levántate derecho sobre tus pies», y él saltó y anduvo. La fe del ciego y la fe de Pablo se unieron y produjeron el milagro. En Hechos 14: 27 se anota cómo se abrió la puerta de la fe a los gentiles, y Dios hizo grandes cosas precisamente por la apertura de puertas en lugares como Psidia, Panfilia y Antioquia.

Un ángel abrió las puertas de la cárcel, liberando a los apóstoles Pedro y Juan y diciéndoles: «Id y, puestos en pie en el templo, anunciad al pueblo todas las palabras de esta vida» (Hechos 5: 19). El gran ministerio de llevar las buenas nuevas a todas las naciones, pueblos y lenguas tuvo sus inicios con puertas que se abrían. Dios no solo utilizó hombres, sino también ángeles.

Desde los orígenes, Dios, en su omniscencia, dijo en Génesis 22: 17 «De cierto te bendeciré, y multiplicaré tu descendencia como las estrellas del cielo y como la arena que está a la orilla del mar; y tu descendencia poseerá las puertas de sus enemigos» . Aquí, el Altísimo concede particular importancia a las puertas de los enemigos. Él promete a Abraham que su descendencia será muy numerosa y poseerá las puertas de sus enemigos. ¿Por qué las puertas tienen gran importancia para Dios? Por una puerta se entra y se sale. En caso de un enemigo, abrir su puerta o ingresar es para tomar su casa y todo lo que hay dentro. El botín es para el ganador, quien llega a poseerlo todo.

Al referirse a la urgencia de abrir una puerta espiritual, Pablo insiste en la llave de la oración. Él invoca usarla para que se abran todas las puertas en pueblos, ciudades y naciones, con el mensaje específico de «dar a conocer el misterio de Cristo» (Colosenses 4: 3). En este versículo, el apóstol aclara que el mundo debe conocer quién es Cristo, cómo ha venido del Cielo, por qué y para qué es su venida. Pablo reconoce que el mundo va a tratar de distorsionar, alterar y enredar el verdadero propósito de la presencia de Jesús. El apóstol, bajo inspiración divina, se adelantó a las estrategias de Satanás y, con profunda oración, imploró al Señor que abrieran las puertas que permanecían cerradas a la palabra de Dios. Y ¿quién trae estas sublime palabras? Es Jesús, el Enviado del Cielo.

Por lo tanto, es imperativo abrir las puertas y dar a conocer el misterio de Cristo.

Aún hoy, millones de seres en este planeta no conocen el verdadero porqué de la venida del mesías. Circulan historias para todos los gustos, presentando a Jesús con distintos ropajes. Tanta ha sido la distorsión que algunos están convencidos de que Jesús es solo un gran profeta. Otros lo califican como El Santo, pero sin misión concreta. Hay quienes se han atrevido a señalarlo como un ser extraterrestre. No son pocos lo que tildan a Jesús como un buen maestro y filósofo. Ponen candado para que no se conozca el verdadero propósito de

Jesús. Así las cosas, la urgencia de abrir las puertas espirituales para buscar la luz no es simple alternativa, o el plan «B» o «C» de un creyente, ¡es una necesidad perentoria! El viejo sistema humano, preñado de sombras tenebrosas, debe ceder a la luz. Y la luz es Cristo. Es de vida o muerte abrir la puerta del reino de Dios.

BASAMENTOS Y SUSTENTOS PARA ABRIR PUERTAS DE BENDICIÓN

1. «Orando también al mismo tiempo por nosotros, para que el Señor nos abra puerta para la palabra, a fin de dar a conocer el misterio de Cristo, por el cual también estoy preso» (Colosenses 4: 3).

2. «Y, habiendo llegado, y reunido a la iglesia, refirieron cuán grandes cosas había hecho Dios con ellos, y cómo había abierto la puerta de la fe a los gentiles» (Hechos 14: 27).

3. **«PORQUE SE ME HA ABIERTO UNA PUERTA GRANDE Y EFICAZ, Y MUCHOS SON LOS ADVERSARIOS»** (1 Corintios 16: 9).

¿Cómo derribar una fortaleza mental?

Cuando una fortaleza mental se ha posicionado en ti, no es fácil derribarla con armas psicológicas, científicas o de razonamiento meramente intelectual. Es como una roca profunda que puede resistir temblores fuertes, de hasta seis y siete grados de la escala de Ritcher. Sacudir una fortaleza que fue formada por un hombre fuerte y grande requiere de otro hombre más fuerte y grande para destruirla.

Lucas 11: 21, 22:

**«Cuando el hombre fuerte
armado guarda su palacio,
en paz está lo que posee.**

**Pero cuando viene otro
más fuerte que él y le vence,
le quita todas sus armas
en que confiaba, y reparte el botín».**

Primer hombre fuerte armado: SATÁN.
Otro hombre fuerte le vence y quita el botín y lo reparte: **JESUCRISTO**.

Las fortalezas son posesiones del maligno dentro de nosotros. Pueden formarse por orgullo, soberbia, vanidad o superioridad. Son ideas fijas en una persona capturada en los lazos del diablo. Ellos creen a pie juntilla que sus ideas están sustentadas en la teoría científica, el conocimiento intelectual, la investigación profesional o en el razonamiento matemático. La fortaleza, desde su óptica, es inexpugnable. Estos tipos de fortalezas surgen en un pensamiento que se convierte en ideas, luego en acción y finalmente se posiciona con la persona, hasta esclavizarla. Estas personas pregonan de ser librepensadores, pero están cautivos por la fuerza espiritual negativa, cuyo origen está en el hombre fuerte armado que guarda su palacio. Para vencerlo, debemos ir a la fuente prístina que la embarazó y luego parió como fortaleza bebé, hasta convertirse en fortaleza madura. El versículo veintidós de Lucas 11 nos orienta a buscar el otro hombre más fuerte, que lo vence y reparte el botín. Analiza el código revelado en estos mensajes.

La opresión diabólica quiere pasar desapercibida. Su autor, el diablo, hace jugarretas en el mundo natural para discurrir anónimamente. Es más, él desea que se le ignore, como si no existiera. El diablo utiliza la táctica de tirar la piedra y esconder la mano. Muchas historietas y programas cómicos en la TV presentan al diablo, a veces, como impulsivo. Todo es parte de una componenda teatral para actuar sin que él aparezca como autor de los males que hay en la tierra.

En 1 Corintios 16: 9 se reconoce que hay oposición diabólica, pero la vencemos. Pablo escribe: «<u>Porque se me ha abierto puerta grande y eficaz y muchos son los adversarios</u>». Estos adversarios son hombres y espíritus del sector de las tinieblas, que actúan en contra de la Palabra de Dios. Algunos están enquistados en las propias organizaciones religiosas, para entretenerlas y jugar a la enseñanza de la palabra de Dios, pero lo que hacen es disfrazarse, siendo su principal razón alejar a las personas de la verdadera fuente de la salvación, presentando a un falso Cristo, anquilosado, rutinario y adormecido.

¡NO USAMOS LA ARMADURA DE DIOS!

EXISTE INERCIA ENTRE NOSOTROS

—HACEMOS POCA PROMOCIÓN DEL ESCUDO Y LA ESPADA—

Hay un equipamiento magistral para el creyente que tiene que andar en este mundo. Está en Efesios 6: 11-18:

11. «Vestíos de toda la armadura de Dios,
para que podáis estar firmes
contra las asechanzas del diablo».

12. «Porque no tenemos lucha
contra sangre y carne,
sino contra principados,
contra potestades, contra los gobernadores
de las tinieblas de este siglo,
contra huestes espirituales
de maldad en las regiones celestes».

En estos dos versículos nos están diciendo dos cosas gravitantes. Primero, la armadura es para la lucha espiritual, no es humana. Segundo, claramente se nos advierte que las batallas son contra personajes invisibles potestades de las tinieblas, es decir, demonios.

13. «Por tanto, tomad toda la
armadura de Dios, para que podáis
resistir en el día malo,
y habiendo acabado todo,
estar firmes».

14. «Estad, pues, firmes,
ceñidos vuestros lomos
con la verdad, y vestidos
con la coraza de justicia».

Darse cuenta el lector de que las armas que se mencionan en los textos precedentes son la verdad y la justicia.

15. «y calzados los pies con el
     apresto del evangelio de la paz».

16. «Sobre todo, tomad el escudo de la fe,
     con que podáis apagar todos
     los dardos de fuego del maligno».

Aquí se aluden a dos armas más, y son contundentes: informan las buenas noticias de que habrá paz. Debemos colgarnos en este tipo de zapatos y no ser aves de mal agüero. La otra arma es decisiva para la victoria aplastante: la Fe. La consignan como un escudo, arma defensiva, pero también es arma ofensiva. Chequear en 1 Juan 5: 4, que nos indica que la victoria que vence al mundo es nuestra fe.

17. «Y tomad el yelmo de la salvación,
     y la espada del Espíritu,
     que es la palabra de Dios».

18. *«Orando en todo tiempo con*
     toda oración y súplica en el Espíritu,
     y velando en ello con toda
     perseverancia y súplica
     por todos los santos».

El yelmo es una armadura que protege la cabeza y el rostro. Cuando nos dicen que coloquemos el yelmo de salvación, la recomendación especifica es que el soldado sea un creyente genuino, ya salvado por haber aceptado a Cristo como su redentor. La espada está representada por el espíritu, que nos revela la Palabra de Dios. Recordar que Jesús venció al diablo cuando fue tentado, respondiéndole «está escrito», es decir, la palabra de Dios.

Una última arma, referida en el versículo dieciocho, es la oración. Recordar que el Apóstol Pablo por algo dijo: «ORAD SIN CESAR».

Es necesario cerrar las puertas de las tinieblas

El creyente dinámico, dispuesto a usar las armas que Dios le ha dado, debe mantener cerradas las puertas de las tinieblas. Y ¿cuándo se abren estas puertas? El diablo y el mundo emplean sus tácticas subliminales para engatusar a la gente. La enorme producción de telenovelas en la pantalla chica de los televisores nos «vende» licencias para pecar en la forma de robos, crímenes y novelas de pasiones enfermizas, como el incesto y el lesbianismo. Son tan dramáticos los argumentos que el espectador siente simpatía por el hombre casado que se acostó con la vecina de su esposa porque encontró en ella mayor comprensión que en su mujer. Iguales justificaciones brindan los guionistas de las películas de cortometrajes para disculpar a la esposa que se enredó con un «amigo» porque la entendió mejor y era más paciente que su propio cónyuge. Las escaletas, guiones y tramas de las producciones en Netflix y online aceptan el pecado como una solución al drama de la pareja. Aun el robo, la estafa y los asesinatos que presentan tienen una explicación por la cual deben ser comprendidos por el espectador. Son formas y procedimientos para que los televidentes acepten y se abran a las fuentes de las tinieblas.

Las puertas de infierno y la muerte se abren de par en par en los mercados cuando los hombres roban y asaltan. Los torrentes de perversidad y las ligaduras de muerte salen disparados cuando las puertas de la moralidad y el temor a Dios han sido derribadas. Sueltos en el mercado de una ciudad, multiplican los dolores de aquellos que han caído en la trampa de la corrupción. Y si estos que caen y tropiezan son los gobernantes, autoridades y políticos de un país, este entra en zonas de maldiciones diversas, afligiendo la vida de toda una nación. Las almas de estas figuras quedan atrapadas en el Seol. Las maldiciones se expanden y el pueblo sufre y se desespera.

En las puertas abiertas, los demonios salen en estampidas y se meten a las casas, hogares y familias. Empiezan los pleitos, divisiones y desencuentros. Cada uno actúa egoístamente. Las obras humanas son guiadas por un espíritu de violencia. La represión aumenta y los dolores del alma se incuban, aunque el licor, la droga y los desenfrenos sexuales tratan de «apaciguar» y sustituir esos dolores. Sin embargo, estos, por el contrario, aumentan y en muchos casos son trasmitidos a las descendientes hasta la cuarta generación.

Los enemigos de los cristianos suelen parecer poderosos, y lo suelen ser, si a la par que se abrieron puertas, las personas caen cautivas por el engaño diabólico y luego son quebrantadas. La situación se agrava si dichas personas se alejan del Dios verdadero, librados a sus aparentemente sabias decisiones, sustentadas en el libre albedrío y en los derechos humanos del hombre carnal. En estos casos, el demonio espiritual de las tinieblas se consolida en desmedro de la luz espiritual que viene de Cristo, a quien en la práctica han dejado, aunque algunos siguen vociferando que son creyente de Dios.

Freda Bonnells, una predicadora online, sostiene que la llave de la puerta es indispensable en los temas de las puertas espirituales. Ella, acertadamente, comenta que en el diálogo de Jesús con Pedro, el señor le explica a Pedro que las puertas del Hades (infierno) no prevalecerán contra sus seguidores. Y ¿por qué? Porque los seguidores de Jesús le reconocen como el Cristo, el hijo del Dios viviente, el Enviado, de donde se deduce que para cerrar una puerta demoníaca y abrir otra puerta (pero de luz y del reino de Dios), es imperativo reconocer al Señor Jesucristo como el salvador y redentor de nuestras vidas. Es el primer paso para cerrar todas las puertas de las tinieblas.

«Y SOBRE ESTA ROCA EDIFICARÉ MI IGLESIA
Y LAS PUERTAS DEL HADES
NO PREVALECERÁN CONTRA ELLA.

Y A TI TE DARÉ LAS LLAVES
DEL REINO DE LOS CIELOS».
Mateo 16: 18-19.

Freda, al comentar este diálogo, pone el acento en dos puertas que se mencionan: la puerta de la muerte (hades) y la puerta del Reino de Dios. Un seguidor de Cristo como hijo de Dios (Juan 1: 12) está en capacidad de cerrar la puerta de la maldición y abrir la puerta de las bendiciones.

Freda nos da algunos textos de apoyo al diálogo de Jesús y resalta:

«Porque las armas de nuestra
milicia no son carnales,
sino poderosas en Dios para

la destrucción de fortalezas».
2 Corintios 10: 4-5.

**«Os doy potestad de hollar serpientes
y escorpiones, y sobre toda
fuerza del enemigo».
Lucas 10: 19.**

**«En mi nombre echarán fuera demonios;
hablarán nuevas lenguas».**
Marcos 16: 17.

Muchos pastores en varios países coinciden en que las partes que corresponden al hombre convertido son la oración constante, las continuas alabanzas y el uso de las armas que Dios ha dado a sus hijos. De lo contrario, el enemigo se reirá, mantendrá las puertas cerradas y consolidará las fortalezas de maldad en sus territorios.

En Mateo 18: 18 Dios ha dado a los creyentes la autoridad de atar circunstancias, ataques, procedimientos y acciones que atenten contra las buenas costumbres. También ha extendido dicha autoridad para que pueda desatar todo aquello que redunde en instaurar el reino de Dios en una persona, familia, ciudad y territorio. Es más, Jesús dijo que «todo lo que atéis y desatéis aquí en la tierra, será atado y desatado en el cielo». Las puertas de las tinieblas, de hecho, pueden ser atadas, clausuradas y vueltas inoperativas, solo con la condición de que el creyente ejerza dicha autoridad y la ponga en práctica.

En Daniel 12: 9, Dios le dice a Daniel: «Anda, Daniel, pues estas palabras están cerradas y selladas hasta el tiempo del fin». Aquí, el Altísimo sella y cierra sus propias profecías. Pero ojo, le agrega «hasta el tiempo del fin». Es decir, en el tiempo señalado deberán ser desselladas y abiertas. La interrogante es si estamos en el tiempo del fin. Leamos en Mateo 24 las señales alusivas y comparemos si corresponden al actual siglo XXI. ¡Escucha las noticias! ¡Mira las naciones! ¿Cómo está la ciencia?, ¿y los terremotos, tormentas y huracanes? ¿Qué hay del cambio del clima? ¿Cómo andan las familias, los hogares e hijos?, ¿y los matrimonios, ¿se casan y se divorcian? Y la moral personal y la moral pública, ¿cómo andan? Lo evidente es que a

Daniel se le responde a su curiosa pregunta. Ahora bien, vayamos a Juan, el desterrado en la isla Patmos:

En Apocalipsis 3: 7, el desterrado discípulo amado escribe:

«Escribe al ángel de la iglesia en Filadelfia:
Esto dice el Santo, el Verdadero,
el que tiene la llave de David,
el que abre y ninguno cierra,
y cierra y ninguno abre».

¿Quién trae la llave? El Señor
¿Quién abre y quién cierra? El Señor

Entonces es hora de armar las piezas del rompecabezas: ¿A quién le dio las llaves el Señor? A Pedro, a la iglesia. La biblia *RV-60 PLENITUD* explica que «las llaves sugieren autoridad». A través de Pedro, que es figura de la iglesia, Jesús está traspasando su autoridad a la iglesia para atar y desatar, abrir y cerrar. Entonces es ahora que la iglesia, llena del Espíritu Santo, cierra las puertas del hades y abre las puertas del reino de Dios.

En Isaías 26: 20 dice:

«Anda, pueblo mío, entra en tus aposentos,
cierra tras ti tus puertas;
escóndete un poquito, por un momento,
en tanto que pasa la indignación».

¡El momento ha llegado! El pueblo de Dios, la iglesia, la nación santa, el real sacerdocio, el pueblo escogido, debe cerrar sin dilaciones las puertas de Satanás y abrir las del Reino de Dios.

«Venid, y subamos al monte de Jehová,
a la casa del Dios de Jacob;
y nos enseñará sus caminos,
y caminaremos por sus sendas».
Isaías 2: 3.

Este portentoso llamado es para los convertidos, los creyentes, la iglesia, los hijos de Dios, los arrepentidos. Los que han dejado el mundo y sus deseos porque saben que va a pasar rápido. Los que hacen la voluntad de Dios permanecerán para siempre.

¡CUIDADO! No dilatar más el tiempo. Subamos al refugio de Dios. Él hace un llamado urgente. La convocatoria es más bien un ruego del que está sentado en el Trono.

Jeremías escribe en el capítulo 13: 19 lo siguiente:
«Las ciudades del Neguev fueron cerradas,
y no hubo quien las abriese;
toda Judá fue transportada,
llevada en cautiverio fue toda ella».

Contextualizando, no esperemos que las puertas del reino de Dios se cierren y ya no podamos ingresar. El tiempo se acaba. Entretanto, cerremos las puertas de la tentación, que nos conducen como toros al camal y como ovejas al matadero. Más bien abramos las puertas de la luz .

Capítulo VII

PRIORIDADES DE LA MUJER DEL SIGLO XXI POLÍTICAS SOCIALES, RELIGIOSAS Y SEXUALES

MUJERES ¿CUÁL ES SU ROL?

Elizabeth George, autora del libro *Una mujer conforme al corazón de Dios*, escribe en su dedicatoria del libro un saludo a sus amigas e hijos, Katherine y Courtney. Luego, en el desarrollo de sus capítulos, pone de relieve que toda acción, tarea y búsqueda de Dios debe originarse en el corazón. La autora y su esposo Jim dirigen, en California, el Instituto Christian Development Ministries. Ellos están convencidos de que cuando el corazón de cada persona no dirige y controla sus acciones, es como arar en el mar, y por más que se haga, no se obendrán buenos resultados. No habrá huellas y todo esfuerzo será estéril e improductivo.

La International Works Transport Federation (ITF), con sede en Londres, realizó en décadas pasadas numerosos seminarios y fórums a nivel mundial sobre el rol de la mujer en el mundo sindical. Ha propic ado debates en torno a la igualdad de las mujeres en el sector laboral. En algunos países, se ha reclamado periódicamente la participación de la mujer en la vida política de los países. Allí están:

- Margaret Thatcher, de Reino Unido.
- Hillary Clinton, de Estados Unidos.
- Angela Merkel, de Alemania.
- Theresa May, de Reino Unido.
- Indira Gandhi, de India.

- Golda Meir, de Israel.
- Isabel de Perón, de Argentina.
- Michelle Bachelet, de Chile.
- Cristina Kirchner, de Argentina.
- Dilma Rousseff, de Brasil.

MUJERES IMPORTANTES A NIVEL HISTÓRICO

- Marie Curie, científica.
- Hedy Lamarr, actriz.
- Valentina Tereshkova, mujer soviética que viajó al espacio.
- Coco Chanel, mundo de la Moda.
- Amelia Earhart, primera mujer piloto. Cruzó sola el Mar Atlántico.
- Elizabeth Taylor, actriz de Hollywood. Triunfó en varias encuestas de popularidad.
- Sophia Loren, actriz italiana.
- Diana de Gales, princesa de Gales en el Palacio de Buckingham, Londres.
- Chabuca Granda, compositora y cantante peruana.
- Sofía Mulánovich, campeona mundial de surf.
- Yma Súmac, soprano lationamericana.
- Benazir Bhutto, primera mujer elegida como ministra de un país musulmán.

Se han realizado conferencias mundiales de mujeres, asistiendo defensoras de sus derechos como esposas, madres y trabajadoras, y reclamando mejor posición dentro de la sociedad humana. Solicitan la igualdad de género y mejor trato en el mundo laboral. Han aparecido mujeres líderes, defensoras de sus derechos en las diversas áreas de la vida. Anteriormente, en muchos países las mujeres no tenían derecho al voto en las elecciones de estos. Se ha logrado mucho, pero aún falta. Especialmente en el campo moral, donde, en muchas circunscripciones, se las considera a ellas como objetos sexuales y de placer. La prostitución sigue fomentándose por causa de pobrezas, miserias y cargas familiares. La promiscuidad sexual está latente en la publicidad comercial, se siguen usando los desnudos de las bellas jóvenes, escogiendo modelos insinuantes y obligándolas a lucirse, exhibiendo sus partes exteriores (piernas, bustos y glúteos), como artículos de promoción y atracción para vender uno que otro artículo, ¡estrategia de venta!

Los sindicatos y organizaciones feministas tratan de encarar y constituir un frente contra los malos tratos al sector femenino. En algunos lugares se han obtenido logros. En otros países, como los árabes, aún se mantiene en tercer y cuarto plano el valor intrínseco de una mujer. En ciertos pueblos de América Latina, las mujeres solo cocinan, crían y lavan; ejecutan labores domésticas para el esposo y los hijos. Son como esclavas, sin derecho a esparcimiento, reconocimiento o gratificaciones.

Una conclusión y recomendación de un Fórum Internacional, analizando el problema femenino, llegó a los siguientes resultados:

- PAZ Y LIBERTAD CON DEMOCRACIA.
- MEJORAS DE LAS MUJERES EN EL TRABAJO.
- ELABORAR AGENDAS ECONÓMICAS PARA LAS MUJERES EN EL TRABAJO, HOGAR, ROPA, SALUD Y ESPARCIMIENTO.
- COMBATIR LA VIOLENCIA DE GÉNERO EN EL MUNDO DEL TRABAJO.

En el año 2015, en Viena, Austria, trescientas mujeres sindicalistas, representando a más de sesenta países, asistieron para abordar el tema de la mujer en el sector industrial. El propio presidente de Austria, en la inauguración del evento, pidió a las asistentes que al final de la conferencia «salieran más fuertes y mejor equipadas». Ofreció mejorar la vida de las mujeres a través del movimiento sindical. El tema principal fue incidir en la prevención de la violencia contra el sector femenino que labora. Criticó la discriminación y abogó en la protección de la maternidad. Consideró que la mujer tiene responsabilidad en el hogar, con el esposo e hijos. Otra moción que fue argamente debatida fue aumentar de 30 a 40% la representación de la mujer en la labor industrial y en la estructura dirigencial.

Volviendo a Elizabeth George, autora del libro *Una mujer conforme al corazón de Dios*, ella establece un análisis comparativo en el rey David, que recibió múltiples bendiciones, a pesar de sus caídas y debilidades, porque Dios valoró en alto grado el buen corazón de David en su relación con el Altísimo. Una mujer cualquiera que tenga dispuesto su corazón conforme al corazón de Dios, tiene ganada gran parte de su partida. La autora, Elizabeth, hace referencia a un nombre, Betsabé, y a la tentación terrible del rey David, que «hizo planes fríos y sangrientos para asesinar a Urías» y así poderse casarse con Betsabé. A pesar de este desenlace pecaminoso, por la fiebre pasional del hombre David, que perdió los estribos y la conducta moral en un período donde la tentación lo ofuscó, a pesar de ello, Dios confiaba en David, el chico que un día, defendiendo a Dios y su pueblo, mató al gigante Goliat. ¡<u>Dios nunca olvidó que David arriesgó su vida en defensa de Jehová</u>! Gloria a Dios. La misericordia del Señor es inconmensurable. Dios conoce el fondo de nuestros corazones. La pregunta clásica sería «¿qué hay en los corazones de las mujeres que hoy viven en este mundo digital?». Porque la tecnología ha cambiado la realidad de nuestras familias. El mundo ha progresado. Pero, junto a este real progreso, tienes el mundo en tu celular. Vemos ahora cómo las personas no necesitan acudir a las bibliotecas. Tienen la información en sus manos, con Google, Facebook y WhatsApp. Los dispositivos móviles tienen capacidad de informar lugares turísticos, clima y tradiciones. Pueden llevarte al pasado, indagando personajes, obras y gobiernos. Las consultas sobre medicina, dietas, deportes y espectáculos son posibles, al igual que conocer obras escritas, novelas, artes, música, cantantes de antaño o figuras pasadas y actuales.

Estos adelantos y progresos tienen sus peligros. ¿Todos estamos preparados para indagar, preguntar, informarnos y acceder a todo lo que hay en móviles y computadoras?

La Sociedad Bíblica advierte de los peligros de accesar indiscriminadamente a estos campos digitales: Hay ofertas pornográficas, servicios sexuales para lesbianismo y homosexualidad, ventas de objetos para el placer sexual, consultas a horóscopos, adivinos y brujas. En realidad, los bíblicos hacen mención a Mateo 10: 16, «<u>he aquí, yo os envío como a ovejas en medio de lobos; sed, pues, prudentes como serpientes, y sencillos como palomas</u>». Niños, jóvenes y adultos, todos podemos caer en manos de los lobos tras la tecnología digital. «¡Cuidemos y cuidémonos, y cuidamos a los demás!», es lo que encierra el mensaje de Mateo.

Podemos ubicar la tendencia del mensaje de la autora, Elizabeth George, en su estilo piadoso y compresivo para convencer a sus leales de las bondades de un corazón que ama. En los capítulos, se observa el estilo exhortativo y piadoso para practicar la devoción, amar, orar y cultivar el cariño maternal.

Resalta la misión de la mujer de ser cuidadora del hogar y de fortalecimiento espiritual. Concede a la esposa y madre un rol de servicio, fundamentado más que nada en el dar, obedecer y someterse. David, el vencedor de Goliat, es catalogado como el hombre que tenía un corazón dispuesto para Dios. Esto no le impedía acometer batallas personales y militares contra los enemigos de Dios. Incursionó, igualmente, en enfrentamientos espirituales, no solo como rey sino también como profeta. En el salmo tres alude que sus adversarios se han multiplicado contra él, mas él responde que Jehová *«es escudo alrededor de mí, mi gloria y el que levanta mi cabeza»*. Más adelante agrega *«no temeré a diez millares de gente que pusieron sitio contra mí»*, mostrando su disposición de enfrentar a los enemigos en todos los campos de batalla. Es decir, actuar conforme al corazón de Dios no INHIBE a un hijo de Dios de ser solamente manso como paloma, sino actuar en autoridad y decisión frente al mal, porque sabemos que *«la lucha no es solo contra sangre ni carne, sino contra huestes de maldad en las regiones celestes»*.

Hoy más que nunca, en pleno siglo XXI, la mujer debe esforzarse para tener un corazón conforme al corazón de Dios, pero paralelamente tiene que estar preparada para las luchas y batallas contra los practicantes de la maldad, y estar armada con la armadura de Dios. Los enfrentamientos no solo se dan en el ámbito del corazón. En la vida cotidiana, la mujer necesita educación, formación profesional y posicionamiento real en el mundo de las comunicaciones. La propia Organización Internacional del Trabajo (OIT), junto a federaciones sindicales, ha abogado por la igualdad de derechos, eliminación de los prejuicios y hábitos, por derrumbar los viejos mitos de que todas las mujeres son bellas durmientes que deben ser contempladas, y que ellas no deben hablar nunca. La propia Naciones Unidas emitió, a mediados del siglo pasado, una «DECLARACIÓN SOBRE LA EVALUACIÓN DE LA DISCRIMINACIÓN DE LA MUJER», expresando que es «injusta y constituye una ofensa a la dignidad humana».

MUJERES QUE DIOS UTILIZÓ

«EL CASO DE ABIGAIL, UNA MUJER DE BUEN ENTENDIMIENTO, DE HERMOSA APARIENCIA»
(1era Samuel: 25).

La historia narra que Abigail era una mujer bella y sensata. Estaba casada con Nabal, un hombre poseedor de muchísimas tierras, de ovejas y cabras, signo de riqueza en aquellas épocas. El esposo de Abigail era un hombre soberbio y cruel. En realidad, era una pareja dispareja. Es probable que el matrimonio de Abigail con Nabal haya sido el resultado de las conversaciones de quienes ejercían la patria potestad de Abigail. El profeta Samuel había muerto. Saúl reinaba en Israel y David, al frente de un comando de hombres, ayudaba al rey.

La historia bíblica cuenta que en esas circunstancias David acampó en el desierto. «Entonces envió David diez jóvenes y les dijo: "Subid a Carmel e id a Nabal, y saludadle en mi nombre, y decidle así: 'Sea paz a ti, y paz a tu familia, y paz a todo cuanto tienes. He sabido que tienes esquiladores. Ahora, tus pastores han estado con nosotros; no les tratamos mal, ni les faltó nada en todo el tiempo que han estado en Carmel. Pregunta a tus criados, y ellos te lo dirán. Hallen, por tanto, estos jóvenes gracia en tus ojos, porque hemos venido en buen día; te ruego que dés lo que tuvieres a mano a tus siervos, y a tu hijo David'"» (1 Samuel 25: 5-8).

El mensaje de David al rico Nabal, como se aprecia, es ponderado, cordial y respetuoso. Le solicita a sus criados y a él «lo que tuviera a mano». Se muestra en paz y le desea paz. ¿Cuál fue la respuesta de Nabal? «¿Quién es David?, ¿he de tomar mi pan, mi agua y la carne que he preparado, y darla a hombres que no sé de dónde son?». La respuesta no solo fue despectiva, sino también de menosprecio, rayando en el egoísmo. Los jóvenes emisarios, al recibir la negativa, se volvieron por su camino y le contaron a David la respuesta de Nabal. «Entonces David dijo a sus hombres: "póngase cada uno a su espada" y subieron tras David como cuatrocientos hombres, y dejaron doscientos en el bagaje». La descortesía de Nabal y su negativa a brindar toda ayuda determinó en David atacar con todo a Nabal y liquidarlo.

Es entonces, ante el peligro que se cernía sobre la casa de Nabal, que su esposa, Abigail, decidió actuar por cuenta propia para defender su casa, su esposo y la gente que estaba con ellos, así como proteger sus vacas, ovejas y cabras, que tenían en gran número. Abigail, sin consultar a su esposo, pues intuía que lo no le iba a prestar atención, se preparó con diversos regalos, como cueros de vino, ovejas guisadas y doscientos panes de higo para ir adonde David, llevándole todos esos presentes en señal de paz y tratando de bajar las tensiones que se habían encendido. ¿Abigail lo consiguió?

<u>¿Cuál era la estrategia de Abigail?</u> Devolver bien por mal. Practicó empatía y, haciendo relaciones públicas en la práctica, se dirigió adonde David para invitarle alegóricamente una taza de café en señal de paz, la misma paz que David le deseó a su esposo. Este no lo comprendió. Ofuscado en su soberbia, capacidad económica y aparente poder, se dio el lujo de tirarle un portazo al propio David. La reacción de David fue reunir cuatrocientos hombres y buscar a Nabal para bajarle su copete y desprecio, por los demás. Es en este cuadro nada bueno, Abigail, esposa de Nabal, decidió intervenir para apaciguar los ánimos en ambos lados.

La historia narra que, al llegar Abigail con su asno y los regalos ante David, se inclinó y se postró delante de él, y le dijo «señor mío». Luego, echada a sus pies, le rogó que la perdonara y reconoció la necedad de su esposo, Nabal, a quien calificaba de perverso e insensato. Ella, como esposa, pedía clemencia para su pueblo, tierras y ganado. Pedía misericordia. El resultado fue favorable, David agradeció su sinceridad y su buen razonamiento, evitando lo que iba a ser inminente: el derramamiento de sangre y la muerte de Nabal y sus hombres. Aceptó los regalos y la despidió, deseándole paz en su regreso.

A su regreso, Abigail halló a su esposo en un banquete organizado por él, encontrándose muy borracho.

Al día siguiente, luego de que la borrachera hubo pasado, le contó todo lo que había hecho y cómo David había decidido matarlo a él y sus hombres. Nabal se quedó estupefacto, mudo y temeroso. La historia narra que diez días después Jehová hirió a Nabal y este murió.

El final de esta historia es que David, al enterarse de la muerte de Nabal, agradeció a Jehová por haberlo preservado del mal. Envió una embajada a Abigail, invitándola a reunirse con él, para tomarla como esposa, lo que ella aceptó como «sierva delante de mí señor».

El Supremo Dios Jehová es multidimensional y actúa con diferentes estrategias para lograr sus propósitos. Honró a David por defender el nombre de Jehová y permitió que la viuda Abigail se uniera a David como su mujer. Ella había demostrado ser fuerte, decidida y valiente. Estuvo siempre a favor de lo correcto. Su hermosura fue usada para un propósito divino. Esta mujer reconoció que Jehová, el Dios de David, era el Dios verdadero.

GRAN CONVOCATORIA DE JÓVENES VÍRGENES PARA ELEGIR UNA REINA

LA BIBLIA DICE QUE ESTER ERA UNA JOVEN DE HERMOSA FIGURA Y BUEN PA-RECER. CONCURSÓ CON OTRAS BELLAS JÓVENES.

El caso de la joven judía, Ester, es un testimonio de cómo Dios actúa en momentos de tormenta, cuando, por intrigas políticas, se pretendía dar muerte a todo el pueblo judío.

Gobernaba en el mundo un rey llamado Asuero, rey de Persia, cuyo dominio se extendía desde la India hasta Etiopía, es decir, sobre las ciento veintisiete provincias del poder del mundo, 485 aC.

En el palacio se celebraba un segundo banquete por siete días. Representantes y príncipes se encontraban allí. El rey Asuero exhibía el brillo y la magnificencia de su poder. En el banquete anterior, con comidas, licores, conferencias y demostraciones del poder territorial y militar, se había mostrado por espacio de ciento ochenta días todo el esplendor y riquezas de la poderosa Persia y de Media. En este segundo banquete, en el patio del huerto del Palacio Real, querían consolidar su total y absoluto poder. Se decía que en el palacio los reclinatorios eran de oro y plata. Bebían, en vasos de oro, mucho vino real por generosidad del rey. Paralelamente, la reina Vasti, esposa del rey, hacía otro banquete en la casa real del rey Asuero. ¡Todo era alegría, abundancia y poder!

El dios trino del rey Asuero era el Poder, las Riquezas y los Banquetes. Un materialista total. El pueblo de Dios, el pueblo judío, vivía en subordinación. La raza judía no estaba en posición cómoda. Hombres prominentes del rey Asuero despreciaban a los judíos. Uno de ellos, llamado Amán, tramaba la forma de matar a los judíos y eliminarlos del imperio hegemónico Medo Persia.

En el séptimo día del banquete, «estando el corazón del rey alegre del vino», mandó a siete de sus sirvientes a que trajeran a la reina Vasti a su presencia, mas la reina Vasti no quiso comparecer a la orden del rey. El rey se enojó mucho y se encendió en ira. Aconsejado por sus sátrapas, el rey convocó a que en todo su imperio se escogiera a una joven virgen con las mejores cualidades, la prepararan y educaran para que fuera la próxima reina, en reemplazo de la desobediente Vasti.

Fue así como Ester, por su belleza, dulzura y calidades espirituales, fue escogida entre las señoritas jóvenes que fueron reclutadas, preparadas y embellecidas en un Centro de mujeres. Mardoqueo, el tío de Ester, la preparó y le aconsejó que no dijera nada de su verdadera identidad judía, ni que era huérfana. Le prohibió también que revelara su parentesco con Mardoqueo como tío, aunque en realidad obró como padre adoptivo, criándola en la buena enseñanza y en la adoración de Dios Jehová, contándcle a Ester que Dios había rescatado de la esclavitud a sus ancestros cuando eran humillados por el faraón en el antiguo imperio egipcio. Mardoqueo tenía cierto acceso en la casa de mujeres donde preparaban a las bellas jóvenes al reinado como futura esposa del Rey. Este judío también solía sentarse a las puertas del palacio.

«Y la doncella Ester agradó a sus ojos, y halló gracia delante de él, por lo que hizo darle prontamente atavíos y alimentos, y le dio también siete doncellas especiales de la casa del rey; y la llevó con sus doncellas a lo mejor de la casa de las mujeres» (Ester 2:9).

«Y el rey amó a Ester más que a todas las otras mujeres, y halló ella gracia y benevolencia delante de él más que todas las demás vírgenes; y puso la corona real en su cabeza, y la hizo reina en lugar de Vasti» (Ester 2:17).

La huérfana llegó a ser Reina. El rey y todo el imperio ignoraban que ella era judía. El propio Amán, segundo del rey, tampoco lo sabía. Este personaje odiaba al pueblo judío y en su mente buscaba un plan para desterrarlos o matarlos. Metafóricamente, podremos señalar que AMÁN era la versión de Hitler de su tiempo, quien mandó a ejecutar a más de seis millones de Judíos en el siglo XX. Otro lugarteniente o sátrapa de Hitler fue Adolf Eichmann en la segunda guerra mundial. Amán, el hombre fuerte del rey Asuero, se constituyó el pensante para ejecutar a los judíos. Hitler, el nazi, en retrospectiva, era AMÁN.

Un día, Mardoqueo, sentado a la puerta del rey, escuchó los planes intrigantes de dos eunucos que planeaban poner mano en el rey Asuero. Este se lo comunicó a su sobrina, que ya era reina, y ella a su vez al rey. Descubriendo el plan, el rey mandó a ahorcar a los dos eunucos. Se anotó en el libro de las crónicas del rey que el complot fue descubierto por Mardoqueo. El rey lo tuvo en cuenta. Este incidente permitió a Mardoqueo ganarse la confianza del rey Asuero.

PLAN GENOCIDA PARA MATAR AL PUEBLO DE DIOS

¡LA MALDAD CONTRA DIOS!

Al pasar el tiempo, la figura del segundo del rey, Amán, creció y tuvo un asiento prominente en las sillas de los príncipes. Pero Amán miraba con desdén a Mardoqueo, pues sabía que era judío. No se arrodillaba ni se humillaba delante de él, solo lo hacía ante Jehová, el Dios de los judíos. La ira de Amán crecía y urdió un terrible plan para destruir a Mardoqueo y a todos los judíos. Un buen día, se acercó al rey Asuero y le dijo:

**«Oh, Rey, hay un pueblo esparcido
 y distribuido
 entre los pueblos en todas
las provincias de tu reino,
y sus leyes son diferentes
de las de todo pueblo,
y no guardan las leyes del rey,
y al rey nada le beneficia el dejarlos vivir».**
Ester 3: 8.

El pedido de muerte para todos los judíos, dondequiera que se encontraran, estaba planteado. El argumento de Amán era concluyente. No admitía duda. ¿Que respondió el rey? La biblia dice lo siguiente:

**«Entonces el rey quitó el anillo de su mano,
y lo dio a Amán, hijo de Hamedata agagueo,
enemigo de los judíos, y le dijo:
La plata que ofreces sea para ti,
y asimismo el pueblo,
para que hagas de él lo que
bien te pareciere».**
Ester 3: 10-11.

Amán entonces convocó a escribanos y **sátrapas**, y emitió un decreto para todas las provincias, patentado con el anillo del Rey, con la «orden de destruir, matar y exterminar a todos los judíos jóvenes y ancianos, niños y mujeres, y apoderarse de sus bienes». Era inminente la matanza contra todos los judíos (cuatrocientos sesenta y cinco **años antes de Cristo)**. Amán, el malo, estaba logrando su propósito genocida de aniquilación total del pueblo israelita.

Es aquí donde el Señor intervino, contra toda estrategia militar, política o legalista, para interrumpir el exterminio sistemático y ponzoñoso del diablo, cuyo espíritu homicida estaba en el corazón de Amán. ¡Escogió a la joven mujer llamada Ester para desbaratar el plan del diablo! Esta bella muchacha, ahora convertida en reina por selección y previo concurso a nivel provincial, también estaba en peligro de muerte. ¡Ella era judía! El decreto del rey era matar a toda la raza judía sin excepción. ¡El drama o tragedia era que el propio rey Asuero ignoraba que su amada reina era judía! El decreto ya estaba firmado. Era público en todas las provincias del imperio Medo Persia. Marcoqueo, el tío de Ester, al enterarse del mortal decreto, rasgó sus vestiduras, se vistió de cilicio y ceniza, y, clamando y clamando con grande amargura, fue a la puerta de Palacio, tratando de hablar con Ester. El decreto había traído llanto, color, gran luto, lamentación y ayuno. ¡Se venía lo peor!

POR EL AMOR DE UNA MUJER

Por el amor de una mujer fue el título de una canción española cantada por Julio Iglesias y Danny Daniel, que tuvo buen rating en los primeros años del siglo XXI. Y, justamente por el amor del rey Asuero a su amada reina, Ester, el panorama de destrucción total contra el pueblo de Dios tuvo un final inesperado.

Mardoqueo, el judío, habló con su sobrina Ester, que también era judía, sobre la inminencia de la muerte de todos los judíos y de ellos mismos ante la obligatoriedad de ejecutar al malhadado decreto del terrible Amán. Él insitía a Ester que actuara en defensa del pueblo judío, y le decía:

**«Porque si callas absolutamente en este tiempo,
respiro y liberación vendrá de alguna
otra parte para los judíos;**

mas tú y la casa de tu padre pereceréis.
¿Y quién sabe si para esta hora has llegado al reino?»

Mardoqueo confrontó a su sobrina y le dio a entender que tal vez Dios la había hecho reina para ese crucial momento. Debía actuar. Ella había sido escogida por Jehová Dios; de lo contrario, perecerían. El Señor, por otro medio, salvaría a su pueblo. ¿Cuál fue la reacción de la sobrina?

Fue en esta hora dramática que la joven reina decidió usar las armas espirituales que el Supremo le había entregado desde su nacimiento: Dispuso un ayuno de tres días para todos los judíos que estuvieran en Susa, capital del imperio, empezando por ellos mismos y sus doncellas. Luego del ayuno, se arriesgó a hablar con el Rey, rompiendo el protocolo. Decidida, le dijo a Mardoqueo «si perezco, que perezca, pero entraré al aposento real para salvar al pueblo de Dios».

Transcurridos los tres días de ayuno, Ester se vistió con la vestimenta real y entró al aposento del rey, arriesgándose a que el rey no le extendiera el cetro de oro para recibirla. Empero, el rey extendió el cetro y, cariñosamente, le preguntó:

«¿QUÉ TIENES, REINA ESTER?, Y ¿CUÁL ES TU PETICIÓN? HASTA LA MITAD DEL REINO SE TE DARÁ».
Ester 5: 3.

La respuesta no podía ser más favorable. El rey estaba dispuesto a darle a su bella esposa y reina hasta la mitad de su reino. Al parecer, la bella joven judía tenía ganada gran parte de la partida. A pesar de ello, su respuesta fue prudente. Solo se resumía en una invitación a un banquete al rey y a su primer ministro, Amán. Al día siguiente se concretó el banquete, y, mientras el rey y Amán celebraban y tomaban vino, aquel insistió, volviendo a preguntarle cuál era su petición. Una vez más, Ester dilató en contarle el agudo problema que le embargaba, atinándole a responder que su petición era volver a invitarlo al día siguiente a un segundo banquete, que el rey aceptó, y Amán se regocijaba muy contento por el privilegio que la reina le concedía, invitándolo a él también.

La segunda invitación de Ester al rey y al primer ministro puede parecer innecesaria y dilatoria. El tiempo corría y el decreto de muerte de los judíos estaba en cuenta regresiva. Desde la mirada del mundo, esta demora resultaba engorrosa y de suspenso. Sin embargo, en los planes del hombre natural, el tiempo es de Dios. Ester era mujer obediente al Espíritu, y preparar un segundo banquete estaba sincronizado con la estrategia divina.

La mujer de Amán y su grupo de amigos le sugirieron a Amán, cuando él regresó del banquete, que preparara una horca y al día siguiente colgara a Mardoqueo en ella. Le aconsejaron aprovechar el segundo banquete para pedir al rey que ordenara la horca del judío Mardoqueo.

Los planes de Dios eran diferentes.

Esa misma noche se le fue el sueño al rey, y buscó leer el libro de *Memorias y crónicas*. Recordó que tiempo atrás Mardoqueo había descubierto un complot para asesinarlo, y que gracias a su información el plan asesino había sido desbaratado. Al día siguiente, preguntó a los oficiales si en aquella ocasión se había premiado a Mardoqueo. Al enterarse de que ni siquiera se le agradeció, ordenó que se le rindieran honores y honra, vistiéndolo con ropas de realeza, poniéndole una corona real en su cabeza y haciéndole cabalgar por la plaza de la ciudad, pregonando la honra hacia Mardoqueo, el varón que le salvó la vida. Y esta orden se le da a Amán. Apesadumbrando y cabizbajo, el primer ministro tuvo que cumplir la orden real. Luego, al caer la noche, los eunucos del palacio llegaron para llevar a Amán al banquete que Ester había dispuesto. La historia bíblica narra esta parte del modo siguiente:

«Fue, pues, el rey con Amán al banquete de la reina Ester.

Y en el segundo día, mientras bebían vino, dijo el rey a Ester:
¿Cuál es tu petición, reina Ester?, y te será concedida.
¿Cuál es tu demanda?
Aunque sea la mitad del reino, te será otorgada.

Entonces la reina Ester respondió y dijo:
Oh rey, si he hallado gracia en tus ojos,
y si al rey place, séame dada mi vida por mi petición,
y mi pueblo por mi demanda.

Porque hemos sido vendidos,
yo y mi pueblo, para ser destruidos,

para ser muertos y exterminados.
Si para siervos y siervas fuéramos vendidos,
me callaría; pero nuestra muerte
sería para el rey un daño irreparable.

Respondió el rey Asuero, y dijo a la reina Ester:
¿Quién es, y dónde está, el que ha
ensoberbecido su corazón para hacer esto?

Ester dijo: El enemigo y adversario
es este malvado Amán.
Entonces se turbó Amán
delante del rey y de la reina.

Luego el rey se levantó del banquete,
encendido en ira, y se fue al huerto del palacio;
y se quedó Amán para suplicarle
a la reina Ester por su vida;
porque vió que estaba resuelto
para él, el mal de parte del rey.

Después, el rey volvió del huerto
del palacio al aposento del banquete,
y Amán había caído sobre el lecho
en que estaba Ester.
Entonces dijo el rey:
¿Querrás también violar a la reina
en mi propia casa?
Al proferir el rey esta palabra,
le cubrieron el rostro a Amán.

Y dijo Harbona, uno de los
eunucos que servían al rey:
He aquí en casa de Amán la horca de
cincuenta codos de altura que hizo
Amán para Mardoqueo,
el cual había hablado bien por el rey.
Entonces el rey dijo: Colgadlo en ella.

**Así colgaron a Amán en la horca
que él había hecho preparar
para Mardoqueo; y se apaciguó la ira del rey».**
Ester 7: 1- 10.

La salvación del pueblo judío de una muerte masiva inminente es el testimonio fehaciente de cómo el Dios soberano usa, sin duda alguna, el rol de una mujer bella, obediente y adoradora de su majestad divina para obtener resultados provechosos para su pueblo. Por el amor de una mujer, el rey aceptó las palabras de Ester, y paralelamente castigó a su primer ministro con la misma horca con la que él pensaba ahorcar a Mardoqueo. Poco antes, cuando el rey ofreció a su amada Ester hasta la mitad de su reino, la victoria estaba ganada. Los ayunos de la reina y sus doncellas, y las perseverantes oraciones fueron respondidas con creces por Dios. Ester fue recompensada por su temor a Dios y no a los hombres. Ella arriesgó su vida ante el absolutismo de una monarquía vertical, que solo con el abrir la boca del rey podía mandar a la muerte, no solo a una bella y hermosa reina, sino a todo un pueblo adorador del Dios verdadero. Los caminos del Todopoderoso son multidimensionales.

DIOS TAMBIÉN USÓ A UNA PROSTITUTA PARA UN NOBLE FIN NI CUCHILLO NI BOMBA, SOLO DEL ESPÍRITU

El Altísimo no está parametrado en los convencionalismos humanos. Tampoco aspira presentar una «buena imagen» para complacer a las grandes mayorías. El caso de Rahab, la ramera que vivió en Jericó en 1350aC, es una evidencia del obrar de Dios desde un enfoque tridimensional, no desde la perspectiva de los criterios humanos.

Josué debía conquistar Jericó, una ciudad amurallada. Tenía que cruzar el río Jordán. Estos acontecimientos son figuras para cada creyente que vive en los diferentes ciclos del acontecer histórico del planeta. Ahora, en pleno siglo XXI, la iglesia de Cristo, como grupo humano, también tiene que derribar muros, tradiciones y tecnologías que son usadas para neutralizar el reino de Dios. Los muros, por ejemplo, son fortalezas inexpugnables en este sistema que son difíciles de derribar, si acaso no hay intervención divina. Algunos de los muros son de Europa, América y Asia. Un muro que se fortalece cada día más es la vida homosexual y el lesbianismo. Son reclamados como derechos humanos y libertades. La corrupción, el cohecho y la coima han escalado y ahora son muros tácitos que son aceptados disimuladamente. La violencia y el consumo de drogas son combatidas, pero en el subconsciente de ciertos gobernantes se esconden actitudes permisivas y disimuladas, con argumentos de activar las economías y las balanzas de pago de varias regiones.

Los muros de Jericó, como patrimonio del mundo natural, tenían que ser derribados por los guerreros de Josué. Este varón no dependía de si mismo, sino que seguía la línea de Moisés. Jehová, el Dios verdadero, era el baluarte y conquistador. Los patriarcas denominaron a Dios «Jehová de los Ejércitos, poderoso Rey». Y, actualmente, ¿nosotros, seguimos proclamando que el Señor es Jehová de los Ejércitos?

Dios no actuó en Jericó con cien mil guerreros. Tampoco lo hizo con espadas, lanzas y arcos de bronce. ¡Usó a una mujer! No pertenecía a la élite, tampoco era una mujer de hogar. ¿Como se llamaba? Rahab. ¿Qué haría esta dama? Era una cortesana. El sinónimo para esta palabra, según la enciclopedia, es ramera, zorra, fulana, puta, hetera. En otras palabras, se dedicaba a la profesión más antigua del mundo.

Rahab, la cortesana, recibió a los espías israelitas cuando llegaron de incógnitos a Jericó, para indagar e informar a su líder, Josué, el momento de atacar al pueblo de Jericó.

Rahab recibió en su casa a los espías israelitas. Y cuando el rey de Jericó mandó a buscarlos, ella los escondió en el terrado, despistando a los guardias de Jericó, informándoles que ya se habían retirado, mintiendo al decir que habían tomado el camino del Jordán. Esta acción le valió el agradecimiento de los espías, asegurándole a Rahab que, el día de la invasión, las fuerzas ofensivas de Israel respetarían la vida de Rahab, su padre, su madre, hermanos y hermanas. Los espías agradecieron a Rahab y juraron que respetarían la vida de ella y su familia, indicándole que pusieran una cuerda en la puerta de la casa como señal de que no debía ser tocada.

¿Por qué Dios escogió a Rahab, una ramera, para ayudar a su pueblo y conquistar Jericó? Hay varias respuestas, pero la principal es que esta mujer sabía de las hazañas milagrosas del Dios de los hebreos. Ella había oído que Jehová había hecho secar las aguas del mar rojo, que los egipcios habían sucumbido y que este pueblo había logrado sendas victorias ante los amorreos y ante Sehon y Og, los cuales fueron derrotados por este pueblo. Es más, Rahab estaba convencida de que Jehová, Dios de los hebreos, era el factor de victoria, y ella manifestó su temor ante este Dios poderoso.

En el libro de Proverbios está escrito que «el principio de la sabiduría es el temor de Jehová». La mujer Rahab había mostrado su temor al Dios hebreo y admitido que era el Dios verdadero.

En el caso de Rahab, la mujer ramera, Dios vio su corazón y ayudó en los planes israelitas. Se decidió, por lo que ella considero justo, a ayudar a los espías y rogó a ellos —pues consideraba que el pueblo de Jehová resultaría triunfante, por sus antecedentes— que le juraran que respetarían su vida y la de sus padres cuando ellos volvieran como los conquistadores de Jericó.

Dios no tomó en cuenta la vida material de una mujer cortesana y su conducta equivocada. Dios miró el corazón creyente de esta mujer. Y ella además dio muestras de gran «fe» cuando imploró a los espías que juraron por Jehová que respetaran su vida, la de sus padres y sus hermanos. La tercera manifestación de Rahab fue cuando ella aseguró que «Jehová, vuestro Dios, es Dios arriba, en los cielos, y en la tierra» (Josué 2:11).

Dios, en su gran misericordia, actuó con RAHAB, prescindiendo de su vida pecaminosa en la tierra, como lo hizo con el ladrón arrepentido en el monte calvario, al lado de la cruz de Cristo, cuando el Señor prometió llevarlo al paraíso. El pasado pecaminoso no es óbice para obtener la salvación futura.

JUDITH, BELLA Y ATRACTIVA

UNA VIUDA DEFENSORA DEL PUEBLO DE DIOS

Dios se vale de las personas para sus propósitos de salvar al hombre del pecado y de la muerte. La historia de Judith se remonta siglo y medio antes de Cristo. Gobernaba al mundo, con todos los poderes en su mano, NABUCODONOSOR, rey de Asiria. Un buen día, expidió una ley obligando a todos los pueblos conocidos a reconocerlo a él como el único Dios verdadero. Dispuso a sus ejércitos a que obligaran a la gente a adorarlo como Dios. Venció a otros pueblos, pero encontró su «talón de Aquiles» cuando decidió obligar al pueblo judío a que rindiera pleitesía.

Judith era muy bella y atractiva, como la registra la biblia latinoamericana. Su marido, Manasés, había muerto tiempo atrás. Le había dejado mucho bienes y riquezas. Se mantenía sola y fiel a su difunto esposo. Todos la conocían por su integridad y fidelidad. Oraba mucho a Jehová, el Señor. La viuda poseía bellas facciones, alta educación y pasión patriótica. Cuando se enteró de que el rey Nabucodonosor había ordenado a su mejor general, el invencible Holofernes, que atacara el pueblo judío y lo sometiera, la bella Judith se postró ante Dios. Se enteró de que el general Holofernes vendría con ciento veinte mil infantes guerreros y doce mil jinetes y se apoderarían del territorio y de la gente, para que después el propio rey absolutista lo enviara a la muerte, jurando por él y por el poder de su reino que cumpliría todo lo que había sentenciado.

¿Qué hizo la viuda Judith? Su primera acción fue entrar a la dimensión espiritual de Dios y oró de esta manera:

«Sí, oh Dios de mi padre,
Dios del pueblo de Israel,
Señor del cielo y de la tierra,
Creador de las aguas,
rey de todo lo que has creado,
escucha mi oración:

Dame palabras para poder engañarlos
y causarles el desastre y la muerte,
pues tienen planes perversos contra tu Alianza,
contra el templo consagrado a ti,
contra el monte Sión
y contra la ciudad que es hogar
y propiedad de tus hijos.

Haz que todo tu pueblo y
todas las naciones reconozcan

que solo tú eres Dios,
Dios de todo poder y fuerza,
y que fuera de ti no hay
otro que proteja a Israel»
Judith 9: 12-14 (B. Gateway).

El general Holofernes había dado un ultimátum. Les dio treinta y cuatro días para que se rindieran. Esperaba una rendición total y la capitulación de Israel. De lo contrario, los mataría a todos. La estrategia de Holofernes era cercarlos con su poderoso ejército y cortarles los suministros de agua y alimentos, esperando que por hambre y sed se rindieran.

En esos cruciales días, un hombre llamado Ajior, profeta de Dios, se acercó el comando militar de Asiria y, ante el propio general Holofernes, explicó que el pueblo al que iba a invadir era el pueblo que había salido airoso de Egipto, que su Dios les había abierto el mar rojo y que en todas las batallas era victorioso, porque el Dios de ellos era Jehová, un Dios Todopoderoso; que solo sufrían y eran derrotados cuando eran desobedientes a su Dios y le volvían las espaldas. Entonces sufrían severas derrotas y desgracias. Pero eran causadas por su alejamiento de Dios. Ajior, el profeta, les recomendó que antes de atacarlos averiguaran si estaban en buena relación con su Dios, Jehová. Y, si estaban en distante relación con ese Dios, entonces estarían desprotegidos, y en ese caso, la estrategia era liquidarlos e infligirles una derrota total. Pero si se encontraban en buena relación con el Dios de ellos, no era aconsejable enfrentarlos, pues su poderoso Dios les iba a ayudar. «Tengan cuidado» aconsejó el profeta:

Holofernes y su comando de guerra no le creyeron a Ajior, incluso se burlaban de él. Finalmente, le echaron fuera de su territorio y lo enviaron a las puertas de Israel. Luego, los israelitas lo cogieron y oraron por Ajior como un profeta del Señor. Le agradecieron por su valentía.

Judith, después de orar y ayunar, se presentó antes los líderes de Israel y les dijo que no se rindieran, que le dieran permiso a ella y a su sierva de hacer algo especial en favor del pueblo, con la guía del Señor. Pidió que esperaran no más de cinco días y no preguntaran lo que ella realizaría. Que tuvieran fe en que el Dios de Abraham de Israel y de Jacob les respondería en las súplicas, y que oraran por ella, por lo que iba a hacer. Recibió la aprobación de los líderes y clamaron a Jehová por protección.

Al día siguiente, muy engalanada con sus mejores prendas, perfumada y con una cinta en la cabeza, luciendo verdaderamente una extremada belleza, elevó una patética oración al Dios de su padre, gimiendo e intercediendo por su gente. Luego, con su sierva, se aprovisionó de odres de vino, cántaros de aceite con harina de cebada, tortas y panes, encaminándose a las puertas de la ciudad, pidiendo que se les abriera. Y, saliéndose a las afueras, se encaminó al encuentro con una avanzada de los terribles ejércitos de los asirios.

Al ser requerida por los comandos, le preguntaron de dónde era y adónde iba. Ella respondió «soy una hebrea, pero huyo de mi pueblo porque está a punto de convertirse en presa de ustedes.

»Por eso vengo a presentarme ante el general el jefe de los ejércitos, para darle buenas informaciones».

La historia narra que estos hombres fueron cautivados por la hermosura de Judith. La condujeron de inmediato a la tienda de campaña de Holofernes, escoltados por cien hombres hasta la carpa.

El encuentro entre Judith y Holofernes puede ser catalogado como el encuentro de una bella mujer y un militar y guerrero con mucho tiempo de no alternar con la hermosura femenina. El hombre quedó maravillado, según está registrado en la biblia versión latinoamericana de los libros canónicos. Ella se arrodilló, pero los ayudantes la levantaron de inmediato y Holofernes, impresionado, le dijo «ten confianza, mujer, no tengas miedo, porque nunca he maltratado a los que deciden servir a Nabucodonosor, el rey de toda la tierra».

El resto del diálogo fue de concesiones mutuas. Judith ofreció ayudarlo a conquistar Israel y confirmó las dudas del profeta Ajior de que el pueblo de Israel había pecado y desobedecido ante Jehová, por lo cual Dios no les iba a defender, y entonces la victoria de Holofernes sería un hecho para la honra y el poder del rey Nabucodonosor. Ambos se trataron bondadosamente y fueron muy asequibles en los acuerdos de ayuda. Luego, Judith fue invitada con manjares y vinos con cubiertos de plata, pero Judith rehusó, porque dijo que prefería comer de las provisiones que había llevado. Judith permaneció tres días en el campamento militar, pero en los momentos en que estaba sola seguía orando y encomendándose a Jehová, su Dios. Le pedía que encomendara sus pasos para alegría de todo su pueblo.

Invitación especial y glamourosa

Al cuarto día, Holofernes dio un selectivo banquete y solo invitó a sus oficiales de primer nivel. Instruyó a sus mayordomos que uti izaran todos sus recursos diplomáticos y poder de convencimiento para invitar a la mujer hebrea al banquete. Su íntimo propósito era tener relaciones sexuales con esta estupenda y perturbadora ejemplar fémina. Holofernes tenía un intenso deseo de poseerla, desde el día que la había visto, y esperaba el momento para seducirla.

Judith aceptó la invitación, y la alegría de Holofernes se desbordó. Bebió mucho vino y ella también tomaba, pero no el vino de Holofernes, sino lo que había preparado su criada. Cuando se hizo tarde, los oficiales se fueron retirando uno tras otro, hasta quedarse solos Holofernes y Judith, mientras la criada se retiró a otra habitación. Holofernes, muy alegre, había bebido en exceso, y se hundió en su cama, ahogado por el licor hasta quedarse dormido. No hubo sexo, porque Judith le seguía la corriente, y en su intención oraba a Jehová que dirigiera sus actos en favor de Israel, hasta que Holofernes se quedó profundamente dormido por el exceso del licor ingerido.

Dios es Jehová de los ejércitos, ganador de batallas y repartidor de botines. Escuchó la súplica de Judith. Ella descolgó la espada de Holofernes, que estaba en la pared de su cama, y clamando «Señor, Dios de Israel, dame fuerzas en este momento», le golpeó dos veces el cuello con todas sus fuerzas y cortó su cabeza con la filuda espada. terminando con la vida del general asirio cuyo Dios era Nabucodonosor. Luego metió la cabeza en una bolsa, salió de la habitación y, dándole la bolsa a su criada, en medio de la noche, mientras todos dormían, inició el regreso. Atravesaron el campamento, rodearon la quebrada, caminaron con perseverancia y llegaron a las puertas del pueblo hebreo.

Mientras tanto en el campamento militar, los oficiales dormían y nadie osaba acercarse a la tienda del general. Suponían que estaba con la bella Judith y la prudencia aconsejaba a todos dejarlos en total privacidad de la pareja. Así pasaron las horas. Al mediodía, como no salían Judith ni Holofernes, entraron a la tienda y encontraron muerto a Holofernes, desangrado y sin cabeza,

Cundió al pánico en toda la oficialidad. En el ejército asirio entró en total desanimo. Recordaron al profeta AJIOR, quien profetizó que el pueblo hebreo tenía un Dios Todopoderoso, cuyo nombre era Jehová. Así las cosas, todas las tropas entraron en miedo y desbande ante una fuerza superior.

Judith, delante de los lideres hebreos, abrió la bolsa y ellos vieron la cabeza del que fuera el terrible y sanguinario Holofernes. Bendijeron al Señor Dios Creador del cielo y la tierra y bendijeron a Judith como una mujer guiada por la mano de Dios para derrotar a rey Nabucodonosor y su general Holofernes. Al amanecer de ese día, colgaron la cabeza Holofernes en una muralla y los israelitas se lanzaron contra las tropas asirias, que huyeron a diferentes lugares. Los hombres de Israel se adueñaron de todo lo que dejaron en su huida, recogiendo grandes riquezas.

Dios usó a una mujer que andaba en el espíritu. Se enfrentó a dos hombres carnales, como Holofernes y Nabucodonosor. Este se había proclamado Dios y exigido adoración. Pero eran carnales, sujetos a pasiones, al deseo de los ojos y al deseo de la carne. Judith, en cambio, pese a su atractivo y belleza, mantuvo su línea espiritual con oración, comunión y adoración al Ser Supremo. Pudo volver a casarse, pero prefirió mantener el recuerdo de su esposo, Manases, sabiendo que lo temporal y transitorio pasaría indefectiblemente. Tenía fe en que los seguidores de Jehová, el Dios de Moisés, serían honrados con la vida perdurable. El cántico de Judith es una alabanza sin par y de genuino agradecimiento al Dios de los hebreos, cantando un cántico nuevo al Omnipotente. Una vez más, Dios usó a una mujer, rompiendo los esquemas y legalismos humanos, que obnubilan la mirada del Espíritu y que sobrepasan los entendimientos del mundo conocido.

UNA MUJER TALENTOSA GOBERNÓ ISRAEL

UN PODEROSO EJÉRCITO ES DERROTADO POR UNA MUJER: DÉBORA

Débora es el nombre de una mujer que fue jueza del pueblo de Israel por cuarenta años. Su nombre significa «abeja», tal vez por su constancia en el trabajo. Tuvo que enfrentarse al rey Jabín y al capitán del ejército, Sísara, que atacaron y sometieron al pueblo de Débora por espacio de veinte años.

Sísara, con novecientos carros herrados, decidió enfrentar al pueblo de Israel. Débora y los hijos de Israel clamaron a Jehová, se humillaron y se arrepintieron por lo malo que habían hecho ante los ojos cel Señor. La respuesta de Jehová ante la crueldad de los cananeos y de Sísara fue ayudarlos en la batalla y entregar en sus manos a todos sus enemigos, al ejercito opresor del pueblo que con ellos estaba y a Sísara, el cruel capitán. Débora designó a Barac como jefe de diez mil hombres que marcharían para enfrentarse a los novecientos carros de Sísara y a todo el pueblo tras él.

Jehová apoyó la fe de Débora, quebrantando a Sísara, a sus carros y a todo su ejército a filo de espada. Sísara huyó en busca de un refugio, y se introdujo en casa de Jael, mujer de Heber Ceneo, quienes eran neutrales en el conflicto de ambos bandos.

Al comienzo, Jael atendió al fugitivo Sísara, dándole de beber leche. También le dio posada y mantas para que se cubriera. El capitán Sísara le recomendó que, si sus enemigos lo buscaban, ella lo negara, ocultándolo en el interior de la casa. Empero Jael, al quedarse dormido Sísara, se acercó silenciosamente y le clavó una estaca en las sienes, muriendo Sísara por mano de esta mujer. Cuando Barac llegó a la casa de Jael, ella salió a recibirlo y lo condujo al interior de la casa, mostrándole que Sísara yacía muerto.

Aquel día, Dios abatió a los enemigos de su pueblo, derrotándolos totalmente. Fueron dos mujeres que Dios utilizó, Débora, como jueza, profetiza y guerrera, y Jael, que tuvo el coraje de clavar la estaca al terrible capitán Sísara. Aquel día de victoria, Débora y Barac cantaron al Señor con salmos, poemas y bellas poesías de agradecimiento a Jehová por haberlos librados de los mortales enemigos. Terminaron sus cantos diciendo: «así perezcan todos tus enemigos, oh Jehová;

Mas los que te aman, sean como el Sol cuando sale con fuerza. Y la tierra reposó cuarenta años» (Jueces 5: 31).

Una vez más, Jehová usaba la mano femenina para ayudar a su pueblo escogido, Israel.

— DIOS USÓ A LA JOVEN RUTH, QUE NO ERA CREYENTE. ERA MOABITA Y ADORABA A QUEMOS, UN DIOS FALSO. DESPUÉS SE CONVIRTIÓ.

— ¿SABEMOS POR QUÉ? ¿ACASO EXTRAÑABA A SU DIFUNTO ESPOSO, EL JOVEN HEBREO, MAHLON, FALLECIDO PREMATURAMENTE?

— EN REALIDAD, ¿CUÁNDO SE CONVIERTE LA JOVEN RUTH A JEHOVÁ DIOS?

— ¿QUÉ LA MOTIVÓ? EL CASO DE RUTH PUEDE SER TRIDIMENSIONAL.

En la genealogía del señor Jesucristo, se menciona que Booz engendró de Ruth a Obed y Obed a Isaí. Este engendró al rey David, y David engendró a Salomón. Y sigue la línea de nacimientos y generaciones hasta llegar al nacimiento de Jesús, llamado Cristo.

Es decir, el antepasado de Jesús es Ruth, la moabita.

¿Por qué es importante la vida de Ruth? La historia empieza con Noemí, una mujer israelita que decidió emigrar de su tierra natal, Israel, por la carestía y y el hambre que asolaba. Se dirigió a MOAB junto con su esposo, Elimelec, y sus hijos, Mahlon y Quelion.

Para ilustrar el caso de Ruth, comentemos cómo es el juego de ajedrez. Hubo grandes jugadores, entre ellos Karjahin, de Ucrania, que no superaba los quince años de edad. Kasparov fue campeón mundial, y Fischer fue otro gran estratega de nacionalidad estadunidense. El objetivo del fuego es capturar al rey del contrario y acorralarlo con el <u>jaque mate</u>, antesala del triunfo total.

¿Por qué se traen a colación las tácticas del juego del ajedrez en la vida de una mujer no seguidora de Jehová? Ruth es escogida por Dios para una misión clave: las bases para la instauración del reino de Dios en su primera etapa aquí en la tierra.

La respuesta puede ser que con las fichas de tu adversario puedes ganarle la partida. El joven pastor, David, en el duelo con Goliat, el gigante, ¿no es verdad que terminó de matarlo con la espada del mismo? ¿No es cierto que Judith, la bella Israelita, con la propia espada del general Holofernes, le cortó su cabeza, ahuyentado a todo el ejército asirio?

Jehová, en Egipto, para liberar a su pueblo de la esclavitud, usó al propio faraón, endureciendo su corazón para que le negara la libertad al pueblo israelita. Con esta actitud negativa, Dios trajo las plagas al propio Egipto. Dios se engrandeció con las torpezas y caprichos del faraón.

Una vez más, la comprensión y proyección de un hecho o suceso no puede ser realizada en su total connotación, sino que se consideran las implicaciones exógenas y subjetivas de los personajes y el entorno. Somos seres tripartitos (espíritu, alma y cuerpo). En nuestro caminar, la vida no está reducida solo a las manifestaciones sensoriales. Va más allá.

Estando Noemí en Moab, sufrió su primera desgracia. Elimelec, su marido, murió repentinamente. Al pasar el tiempo, su hijo, Mahlón, tomó como mujer a Ruth, y su hermano, Quelion, a Orfa. Ambas eran princesas moabitas. Pero la historia narra que ellos también murieron. Por lo que Noemí, de pronto, se vio sola, sin esposo y con sus hijos muertos. Solo tenía a sus dos nueras. Ante esta desgracia, Noemí decidió volver a la tierra de Judá, diciéndoles a estas que volvieran a sus familias y que hallaran consuelo y descanso en casa de sus padres. Pero ellas insistieron en seguir con Noemí y acompañarla en el regreso a su tierra. Noemí agradeció el gesto de amor de las nueras, pero rehusó la proposición. Sin embargo, fue Ruth la insistente en seguir a Noemí, registrándose para todos los tiempos las inmortales frases de la moabita, quien dijo «<u>no me ruegues que te deje, y me aparte de ti; porque a dondequiera que tú fueres, iré yo, y dondequiera que vivieres, viviré</u>».

**«Tu pueblo será mi pueblo
y tu Dios, mi Dios».**
Ruth 1: 16.

La trascendencia de la declaración de Ruth sale del común denominador de ser una frase emocional o de simpatía personal a la suegra. Está renunciando a su antigua identidad de moabita o gentil. En su fuero interno, deduce que el

Dios de su difunto esposo y de Noemí es un Dios todopoderoso y eterno que está más allá de una temporalidad, sea placentera o desgraciada. Cuando Ruth declara «tu Dios será mi Dios», la joven viuda intuye que volverá a ver a Mahlon, su desparecido esposo. Es probable que durante el tiempo que vivieran juntos como matrimonio le haya contado sobre Jehová, su dios, el dios de Noé y Abraham; la vida de Jacob con sus hijos y las hazañas del libertador Moisés. Es probable que la propia Noemí haya inculcado el gran amor de Jehová, el Creador, y entendido cómo el ángel rebelde, Luzbel, se convirtió en diablo.

Ruth, además, afirmó su deseo de que el pueblo de Noemí, que es el pueblo de Dios, fuese también su pueblo. ¡Este es un acto de conversión genuina! A no dudarlo, no se origina en la mente de Ruth, sino que es generado por el espíritu de ella en contexto con el espíritu de Dios. Debemos recordar que 1 Corintios 6: 17 dice: «el que se une al Señor, un espíritu es con él». El obrar del Espíritu Santo no está constreñido a las normas humanas, que son cambiantes en los tiempos. El espíritu de Dios vive en un eterno presente. Estuvo en Abel, como en Daniel, está en un hermano de la misma fe, en cualquier iglesia en que sean verdaderos adoradores.

Al regresar Noemí a su pueblo, acompañada de Ruth, fue bien recibida y un pariente de ella, llamado Booz, un hombre rico, le dio trabajo a Ruth en sus campos. Noemí, sin embargo, trató de que Booz se fijara en Ruth como posible esposa. Era costumbre que una viuda fuese redimida casándose con el pariente más cercano del difunto. Ruth estaba detrás de este propósito, y lo logró, porque finalmente Booz tomó a Ruth por su mujer, quien le dio un hijo, al cual le pusieron por nombre «Obed». Noemí fue la niñera del niño, criándolo con esmero, porque ella consideraba que Jehová estaba restaurando y bendiciendo la vida de ambas mujeres. Obed llegó a ser padre de Isaí, que fue a su vez el padre del rey David.

Ruth, la mujer moabita, es figura de las mujeres gentiles que no conocen a Cristo ni a Jehová. Muchas mujeres gentiles han contraído nupcias con hijos de Dios, seguidores de Cristo. Actualmente, el ministerio de las mujeres está siendo consolidado por su actitud de servicio, integridad a Dios y fieles esposas. LAS MIRADAS DE ESTAS MUJERES CREYENTES NO ESTÁN EN LAS COSAS QUE LAS RODEA, sino en las moradas y viviendas celestiales, en caso de que los MAHLONES dejen este mundo y se trasladen al lugar preparado por el Señor Jesucristo. De no ser así, el reino de Dios ya es una realidad en las modernas Ruth y los actuales Mahlon, que viven en el espíritu, anhelando que el Reino de Dios venga pronto sobre este planeta. En tanto esto no llegue aún, ellos continúan trabajando en los campos del mundo, separando la cizaña de la buena hierba.

Deberíamos enfocar el caso de Ruth y Noemí desde sus orígenes, dificultad y decesos. Las muertes de Elimelec, Malhlon y Quelión podrían calificarse de desgracias irreparables. Sin embargo, justamente por la línea de ellos y de la gentil Ruth llegó Jesucristo. A su voz, los muertos resucitarán. El espíritu es el que da la vida, y los espíritus de Elimelec, Mahlon y Quelión, al escuchar la voz de Cristo, volverán a la nueva vida en el reino de Dios, que no tendrá fin.

UNA JOVEN CASADERA ES VISITADA POR EL ÁNGEL

EL ENCUENTRO DE DOS DIMENSIONES

Se llamaba María y vivía en Nazaret. Estaba de novia con un joven llamado José. Era virgen y dedicada al Señor. En el entretiempo del noviazgo y el casamiento, el joven se dio cuenta de que Maria estaba embarazada. Decidió separarse de ella silenciosamente para no difamarla. Empero esta decisión no se llevó a cabo. ¡Una intervención sobrenatural se produjo! Fue un ángel que se apareció en sueños y le dijo que lo engendrado en ella provenía del Espíritu Santo, que el hijo que nacería se llamaría Jesús y que sería el Salvador del pueblo de Dios. José comprendió la magnitud del mensaje y decidió obedecer y colaborar en el plan divino.

Antes de este hecho, fue la joven María quien recibió la visita del ángel. Le informó que ella estaba bendecida entre todas las mujeres por el Señor. Le dio a conocer que de su vientre nacería un bebé que sería llamado «hijo del Altísimo», recibiría el trono de David, su padre, y reinaría sobre la casa de Jacob, y su reino no tendría fin. María se turbó y se sorprendió. Al comienzo no comprendía el mensaje del ángel. Fue entonces cuando el ángel dio a conocer que su prima, Elizabeth, que era estéril, estaba embarazada de seis meses, y que era una respuesta de Dios. Es decir, el Ser Supremo incursionaba en la historia humana. Había llegado el tiempo del nacimiento de la simiente de la mujer, anunciado en Génesis a la caída de Adán y Eva. También en el cumplimiento de la profecía de Isaías, al rey Asaz, cuando le anunció que «una virgen concebiría un hijo y su nombre será Enmanuel» (Isaías 7: 14).

María, en el espíritu, captó con humildad lo dicho por el ángel. No lo entendió, pero fue obediente. Sabía que las cosas de Dios no eran comprensibles para el razonamiento natural, pero, en el interior de su espíritu, aceptó el mensaje, sabiendo que nada había imposible para el Creador.

El ángel complementó la información sobrenatural. Le indicó que al hijo que nacería debía ponerle el nombre de Jesús, y que el hijo de su prima Elizabeth sería llamado Juan. Él sería el bautizador.

La respuesta final de María correspondió a la de una mujer obediente que discernía que el Ser Supremo le había escogido para cumplir la suprema misión de que a través de ella, el Verbo que era en el principio y el verbo que es Dios, debería encarnarse (ser un humano de carne y hueso), y cuya misión sería rescatar lo que Adán, el primer hombre perfecto, perdió en el Edén. Ahora venía otro humano perfecto, el unigénito de Dios, el verbo que estaba con Dios. Este verbo, al encarnarse, es llamado Jesús de Nazaret. Romanos 5: 17-18 menciona:

**«Pues si por la transgresión de
uno solo reinó la muerte,
mucho más reinarán en vida por uno solo,
Jesucristo, los que reciben la abundancia
de la gracia y el don de la justicia.**

**Así que, como por la transgresión
de uno vino la condenación a todos los
hombres, de la misma manera por la justicia
de uno vino a todos los hombres
la justificación de vida».**

Algunos opinan que tal vez María no estaba cabalmente consciente del propósito de Dios. Pero es de advertirse que las profecías anunciaban la venida de la simiente que magullaría la cabeza de la serpiente. Otras profecías eran claras en cuanto a que una virgen concebiría un hijo y su nombre sería «Enmanuel»; es decir, «Dios con nosotros». En todo caso, María fue obediente, y al visitar a su prima Elizabeth, esta le exclamó: «Bendita tú eres entre todas las mujeres, y bendito es el fruto de tu vientre» (Lucas 1: 42). Y agregó «¿Por qué se me concede esto a mí, que la madre de mi Señor venga a mí?». Si Elizabeth tenía la revelación de quién se formaba en el vientre de María, es de suponer que María también lo sabría, e igualmente José, a quien el ángel de Dios le había ordenado que recibiera a María y no la desechara, porque lo engendrado en ella era del Espíritu Santo.

La venida del Mesías era esperada. El rey Herodes, antagónico en la llegada del mesías, ordenó buscarlo con la mentira de que lo iba a adorar. ¡En realidad quería matarlo! Por eso, al no ubicarlo, mandó a matar a todos los niños menores de dos años que había en Belén y alrededcres, con el fin de eliminar a Jesús como futuro rey. Herodes obraba en la carne, por celos políticos y por el poder que detentaba. María, en cambio, obraba en el espíritu, al igual que Elizabeth, José y Zacarías. Ellos eran los instrumentos de Dios.

María, esposa de José, cumplió su rol en varias dimensiones. Por medio de ella, vino el salvador del mundo; el hijo del Altísimo; el mesías anunciado; la simiente de la mujer; aquel que magullaría la cabeza de la serpiente, el ángel rebelde que se convirtió en Satanás, el diablo. La cuenta regresiva para este cruel personaje que será arrojado al lago del fuego y azufre está en marcha. ¡María tiene mucho que ver en el plan de redención del pueblo e iglesia del Señor! EL ROL DE MARÍA, LA NOVIA DE JOSÉ, ES MULTIDIMENSIONAL Amén.

Capítulo VIII

VIENE UN COLAPSO ECONÓMICO MUNDIAL

ANTE UNA PROBABLE QUIEBRA, ¿DÓNDE ESTARÍA EL REFUGIO?

10% de los ricos controlan el 80% de la riqueza

Un semanario llamado *The Economist* investigó que el 10% de los más ricos controlan más del 80% de las riquezas, en tanto que, de la mitad para abajo, solo controla el 1%. Esta desproporción está llevando a una crisis galopante por el empeoramiento de la distribución del ingreso. A juicios de muchos expertos, aumenta la desconfianza en el sistema imperante y anda desconcertada de los políticos y gobernantes, cuyas erráticas decisiones están haciendo tambalear la equidad económica y social con peligrosas perspectivas.

Instituciones como el Fondo Monetario Internacional (FMI), la Banca Pública y Privada, la Organización Mundial del Comercio (CMC), la UNCTAD, el BID y otras, han advertido la necesidad de dictar medidas correctivas, principalmente en tres áreas: Primero, disminuir el endeudamiento de los países grandes y pequeños, por ser un peligro inminente de *default*, como el caso de Grecia en la década 2005–2015, que no podía pagar su deuda externa. Segundo, emisiones de dinero sin respaldo, que lleva a inflaciones incontrolables, como el caso de Perú en 1987, que tuvo que cambiar su moneda «sol» por «inti». También Venezuela, con el gobierno de Maduro (2018), que obligó al éxodo de miles de miles de venezolanos al migrar a los países vecinos. La inflación es la pérdida del valor del dinero cada día. Los precios suben por ascensor y por la escalera sube el resto. La Morgan Stanley, entidad financiera de Estados Unidos, enciende la luz roja cada vez que aparece la inflación en un país. La señala como una pérdida de valores en los ahorros de cualquier persona, y puede ser el comienzo de descontroles en las economías hogareñas y de un país. La tercera receta tiene relación con la primera (disminuir las deudas). En este caso, el consejo es la pre-vención. Mejor dicho, ¡NO ENDEUDARSE! Cuando los países se endeudan, que-dan como «empeñados» o «embargados». Si no se levantan ambas situaciones, el peligro es quedarse sin nada. Dicho en otras palabras, sobreviene la quiebra.

A fines del año 2019, Kristalina Georgieva, presidenta del FMI y Ray Dalio de la Fundación HEDGE, reconoció que se han aplicado políticas muy alegres en materia de endeudarse sin sopesar los efectos nocivos del endeudamiento imprudente. Dalio ha alertado que el sistema ha cruzado la luz roja y puede estallar en cualquier momento. La receta, en este caso, es detenerse y ejercitar dominio en la banca comercial privada y pública. La palabra «austeridad» ya no está en este mundo loco —según muchos economistas conservadores—, y el populismo de derechas e izquierdas compiten desordenadamente.

El vaticinio de una quiebra económica mundial no viene de gente alar-mista, sino del propio interior del sistema. Son los llamados *gurús* de la ciencia económica los que pregonan las alarmas. El enfoque desalentador reproducido por el economista y asesor financiero Ricardo Lago, en su columna *Pronósticos y realidades*, se refiere a las DEUDAS y el peligro en ciernes cuando estas cre-cen alegremente por los entusiasmos de ciertos gobernantes irresponsables. Lagos reproduce, en un periódico de Lima, un párrafo del artículo *Deudas del año 2015*: «Lo terrible es que a siete años de la crisis financiera de 2008, se ha avanzado bastante poco en el proceso desapalancamiento, que es el símil de la física con que los banqueros se refieren a la reducción gradual de niveles excesivos de endeudamiento».

En otro enfoque, al referirse a la posibilidad de que ocurra un desastre económico, Bob Slosser y Pat Robertson sostienen que esta se debería a que las naciones en desarrollo se hayan ido endeudando incontrolablemente, a veces solo para pagar los intereses, lo que hace revolventes los montos a pa-gar. ¡Esto es trágico! La quiebra está a la vuelta de la esquina. ¡Las deudas to-tales que no están en millones, sino en billones de dólares! Y en estas danzas trágicas no solo están los países en desarrollo, sino también los desarrollados. Todos en un mismo saco.

Bob y Pat simulan una escena que al final se torna dramática. Se empieza en esta forma:

«El ministro de finanzas de un país como Zambia o Turquía espera nervioso ante el directorio de un consorcio de banqueros en París. En la sala de conferencias, el presidente de los banqueros, en forma circunspecta y con las cejas arrugadas, le informa que se le ha vencido el plazo para el pago de los empréstitos de su país. No será posible otorgarle préstamos adicionales. Esta noticia corre como pólvora y causa alarma, entonces el ministro de un país rico en petróleo y petroquímica, como Arabia Saudita, Kuwait o Irak, podría sacar discretamente los depósitos de su país de todos los bancos. Al conocerse la noticia entre los depositantes habría una estampida de los fondos y de la noche a la mañana, los certificados de depósitos bajarían sus valores, las bolsas tendrían un sacudón. El pánico cundiría, se restringiría los grandes retiros de eurodólares y la gente trataría de sacar sus ahorros. El sistema bancario perdería confianza y el colapso se precipitaría: Industria, Comercio y Producción paralizarían por completo. Este drama económico podría contagiarse a otro país y a varios países, con lo cual la cadena de bonos, acciones, oro, plata y piedras preciosas experimentaría un descenso. Aparecería la hiperinflación y muchos bancos quedarían arruinados y otros desaparecerían. Sería la quiebra convertida en una epidemia regional y probablemente mundial».

Este cuadro presentado podría tildarse de estar en el subjetivismo de ambos autores. No obstante, hay que recordar que ahora el mundo está interconectado y los países económicamente fuertes, como Estados Unidos, China continental, Rusia y las potencias europeas, como Alemania, Francia y el Reino Unido, son dependientes del comercio mundial con un amplio espectro de aranceles, impuestos, subvenciones, donaciones, reglas aduaneras y la mar de normas que, tratando de ordenar, causan engorrosos cuellos de botellas y muchas veces solo privilegian a determinados grupos de poder. Estos casi siempre actúan pensando en sus propios intereses y no los del país que los cobija, cumpliendo el dicho aquel de que «el dinero es peregrino», no tiene la nacionalidad o bandera de algún país.

Es de advertir que varios de los llamados países altamente desarrollados suelen endeudarse para cubrir sus altos presupuestos desorbitantes en defensa militar e investigaciones. A ello súmese la aplicación de políticas económicas erráticas y experimentales, so pretexto de buscar crecimiento económico o estabilidad, resultando en fiascos por el dispendio, la corrupción o el mal manejo humano.

Grant R. Jeffrey, en su libro *El aviso final*, es otro vaticinador de un posible colapso económico. Él se refiere específicamente a Estados Unidos y Canadá, que podrían caer financieramente «cuando la deuda nacional e intereses se hayan elevado tanto que los dividendos totales de los impuestos del país no sean lo suficiente para pagar los intereses de la deuda nacional de ambos países. Y como otros que se endeudan irresponsablemente, les serán negados nuevos préstamos, por el peligro de que no paguen». Algunos países, como los del tercer mundo, «improvisan dinero» en su desesperación, pero el monstruo de la hiperinflación será la antesala del colapso económico final.

La Organización para la Cooperación y el Desarrollo Económico (OCDE) observa, analiza y recomienda medidas a los países para obtener crecimientos anuales del 3% y del 5%. Laurence Boone, jefe de la OCDE, explicó en una ocasión que las tensiones comerciales entre regiones como Europa, Asia y América son cíclicas por sus vaivenes en los mercados. Aludió, por ejemplo, que China, por su potencial, va a tener descuentos en Estados Unidos y países europeos. «Un estudio cabal de los mercados para dinamizarlos es necesario», dice la mayoría de teóricos, pero los pesimistas son siempre negativos y creen que la economía mundial se va estancar en algún momento.

En macroeconomía, hablar de millones, billones y trillones de dólares es algo usual. Los economistas se disputan en hacer cálculos y proyecciones como si fuera el consumo corriente de cada hogar. Cierto economista habló de que la deuda nacional de EUA es de siete coma cinco trillones de dólares, y que solo en intereses de esta deuda se tienen que desembolsar seiscientos quince billones de dólares por año. ¿Cómo se creó esta deuda?

Los estadísticos dicen que el 10% se gastó en defensa y programas sociales. ¿Y el resto? El 90% fue por intereses que se añaden a la deuda original.

Una crítica severa al sistema está dirigida a la irresponsabilidad de los gobernantes, asesorados por economistas expertos en subir constantemente los impuestos a la gente. Gran R. Jeffrey asegura que un estudio canadiense realizado por el FRASER INSTITUTE reveló que la demanda de impuestos de una familia promedio se elevó un 12% en las tres últimas décadas.

Se dice que una familia paga en promedio veintiún mil doscientos dólares de impuestos anualmente. Se gasta más en impuestos de lo que se gasta en vivienda, alimentos, ropa… No consideran el esparcimiento, pues tendrían que reducir el gasto de otros rubros. ¿Seguirán agobiando a la gente con impuestos municipales, regionales y nacionales?

La burocracia estatal aumenta en todos los países y los sueldos son altos en comparación al promedio de la gente. ¿Cómo hallar el justo medio de los gastos municipales y de las administraciones nacionales?

Los preocupados ante la posibilidad de una caída en la economía de sus propios países y de los clubes del cobre, petróleo, oro y plata, diseñan estrategias para salir al frente de derrumbes en los mercados de valores. Entre las tácticas usuales, los países emiten los llamados BONOS a mediano y largo plazo, con tasas de intereses atractivas que permiten la colocación inmediata de dichos bonos en el mercado, logrando liquidez los tesoros públicos de los países colocadores de los bonos. También las grandes empresas, trust y corporaciones emiten y colocan bonos corporativos que pueden tener aceptación, dependiendo de la confianza que se tenga en dichas corporaciones.

El mutualismo, cooperativismo y los depósitos a plazo fijo son parte de las estrategias que se emplean para salir de las crisis que suelen aparecer periódicamente.

Las compañías de «seguros», los bancos hipotecarios y las dinámicas para los bienes raíces suelen ponerse en auge como formas de dinamizar las transacciones económicas. En materia de «seguros», la variedad va desde asegurar casa y viviendas por huracanes y terremotos, salud, sistema de pensiones por jubilación, fallecimientos, enfermedades, operaciones, tratamientos médicos, accidentes, etc. Los seguros de vida se dan principalmente al papá y mamá del hogar, y eventualmente para los hijos y otros miembros de familia.

Los temores del ser humano no solo reflejan inseguridad del futuro, sino falta de convicción. Los críticos que salen en los medios y los promotores de las empresas aseguradoras, mutuales y redes de bancos defienden el sistema con eslóganes como «más vale tener un seguro y no necesitarlo a necesitarlo y no tenerlo», «ahorrar es guardar dinero para tu futuro», «ahorra para tu vejez», «si quieres viajar y conocer el mundo, empieza hoy mismo a ahorrar». En realidad, la sociedad humana, en su estilo de vida, siempre ha dependido del dinero. Este se ha convertido en un factor de evaluación de cómo se vive, cómo se disfruta o cómo se padece la estrechez en la vida cada quien.

**HACE DOS MIL
AÑOS ATRÁS
YA SE HABLABA
DE QUIEBRA ECONÓMICA MUNDIAL**

EL APOCALIPSIS MENCIONA QUE EN UNA HORA «SERÁN CONSUMIDAS LAS RIQUEZAS»

El libro de Apocalipsis, escrito por el apóstol Juan, irrumpe en la historia de la humanidad para embestir cual furioso toro en el ruedo de sangre y arena para matar o ser muerto.

¿Quién es el verdadero autor del Apocalipsis? La mayoría concuerda en que es Juan, lo cual es correcto. Pero si analizamos multidimensionalmente lo escrito en el libro, encontraremos algunas sorpresas. Apocalipsis significa revelación. Esta palabra tiene sinónimos, como «manifestación de algo secreto», «conocer algo oculto» o «información de lo desconocido».

Si leemos el primer versículo de este misterioso libro, se podría comprender que es «la revelación de Jesucristo, que Dios le dio». Entonces el autor no es Juan, precisamente, sino Jesucristo. Si continuamos leyendo, se aprecia que la fuente de la información es Dios (que Dios le dio al señor Jesucristo), y es imprescindible anotar también el proceso de lo informado: «y la declaró enviándola por medio de su ángel». Aquí aparece un ángel, y no es un ángel cualquiera. Es el ángel del señor Jesucristo. También podría tratarse del ángel de Jehová.

Al margen de las diversas interpretaciones y posiciones que ocasionan debates y puntos de vista disímiles, lo evidente es que en este primer versículo se menciona que las cosas que se manifiestan son «las cosas que deben suceder pronto». La proyección es futurista, va hacia adelante, «porque el tiempo está cerca». Obviamente, si escribimos algo para el futuro, casi siempre los escritores hacen referencias a hechos del pasado, antecedentes, orígenes, las causas que producen los efectos. Indudablemente, no se colige a una narrativa si no se toma todo el espectro del tiempo. Un escritor puede anunciar los planes y programas futuros de alguien como Juan Pérez, pero en algún momento puede volver al pasado para informar donde nació Juan Pérez, quiénes fueron sus padres y en qué escuela recibió sus primeras enseñanzas. Lógicamente, el escritor del Apocalipsis escribirá lo que viene por delante según la revelación, pero hará referencia a los orígenes o causas de los hechos y acontecimientos que dieron lugar a la situación presente. Esta óptica de mirar las cosas en varias dimensiones ha dado lugar a posiciones pretéritas, futuristas y presentes. Y los escenarios son tridimensionales:

El mundo natural que nos rodea.
El mundo espiritual que no vemos, pero es de gravitante influencia.

Y el subjetivismo del hombre interior, con razonamientos, conocimientos, filosofías y circunstancias.

Todo este cúmulo, necesariamente, tiene que ser considerado para extraer el real mensaje. Finalmente, el Espíritu Santo es quien revela lo oculto dentro de los parámetros establecidos.

Es decir, locura para los incrédulos y cosas grandes y ocultas, para los creyentes. En 1 Corintios 2: 9 está escrito: «Cosas que ojo no vio, ni oído oyó, ni han subido en corazón de hombre, son las que Dios ha preparado para los que le aman».

No vamos a encontrar la captación de lo que revela el Altísimo en la metodología, el procedimiento o la sindéresis. Si así fuera, Nicodemo no hubiera buscado a Jesús, ni los maestros de la filosofía, como Sócrates, habrían dicho alguna vez: «solo sé que nada sé», ni Platón, su discípulo, lo habría apoyado al escribirlo. Otro filosofo contemporáneo, Jean Paul Sartre, dijo que «el hombre está condenado a ser libre», tal vez recogiendo lo que siglos antes Yeshua dijera, «conoceréis la verdad y la verdad os hará libres». Otra corriente filosófica, llamada «existencialismo», apareció en el siglo XIX con filósofos como Kierkegaard y Friedrich Nietzsche. Estos hombres buscaban una explicación de la vida a su manera, pero ignoraron las revelaciones del mundo de la luz regido por Jehová el Todopoderoso.

El Apocalipsis o revelación es el anuncio de Dios al hombre de alguna suceso o acontecimiento que va a ocurrir y que él decidió comunicar a sus siervos en la tierra. Leemos Amos 3: 7: «Porque no hará nada Jehová el Señor, sin que revele su secreto a sus siervos los profetas». Lo escrito por Amos coincide con el Salmo de David, quien escribe:

> **«La comunión íntima de Jehová es con los que le temen,**
> **Y a ellos hará conocer su pacto».**
> Salmo 25: 14.

En ambas escrituras hay coincidencias en que el propósito de Dios es dar a conocer sus planes a los fieles. Este accionar del Todopoderoso no es sino la expresión y demostración cabal de su amor y misericordia para quienes han dado el paso trascendental de fe, creer. La respuesta del padre al hijo es darle nuevas revelaciones y, por ende, un incremento de la <u>fe</u>, a su <u>palabra</u> y a sus <u>promesas</u>.

LA CAÍDA ESTREPITOSA QUE SE VIENE ES DE TODO EL SISTEMA MUNDIAL

El mundo del siglo XXI esta globalizado. Existe una interconexión estrecha entre la economía, la política y la religión. No están separadas. Los voceros y líderes mundiales pregonan que cada sector es independiente el uno del otro. La economía tiene sus propias reglas y se ciñen a ellas: <u>producción</u>, <u>circulación</u>, <u>distribución</u>, <u>consumo</u> e <u>inversión</u> son los pasos clásicos de la dinámica, y esto no es patrimonio de un solo país, sector o región. La política, en sus diversas modalidades, monarquías, democracia, dictadura, socialismo, presidencialismo, parlamentarismo y cualquier otro «ismo», no es sino la búsqueda del poder para gobernar.

En el campo religioso, aparentemente dividido, en su esencia no lo está. Unos creen en la existencia de una deidad, otros son agnósticos o ateos. Los primeros solo difieren en quién es la deidad, si Alá, Mahoma, Jehová, Vishnu, Siddartha Guatama, el Sol, la Luna, la piedra o una cebolla. Se diferencian en qué es Dios, pero sustancialmente creen en alguien o en algo. Este es el grupo de los creyentes. En el otro lado están los no creyentes. Y todos viven en el mundo que, como decía Ciro Alegría, «es ancho y ajeno», y para todos los gustos.

Al visionario Juan, el ángel le revela, en Apocalipsis 17 y 18, la caída de Babilonia, la grande, convertida en habitación de demonios y guarida de espíritus inmundos. El ángel, a tenor de lo revelado, desciende del cielo con gran poder. Al ocurrir este acontecimiento, la revelación continúa diciendo que la tierra es alumbrada con la gloria del ángel.

La primera pregunta que podría surgir es: «¿Quién o qué es Babilonia la grande?». Algunos estudiosos de la escatología señalan que la propia biblia, al mencionarla como «una gran ciudad», y al mismo tiempo como «madre de las rameras y de las abominaciones de la tierra», se trataría de todas las religiones falsas que han existido y existen. Compara a esta mujer con una prostituta lujosamente vestida, adornada de oro y piedras preciosas, de perlas, en la cual han fornicado los reyes de la tierra y también los mercaderes de la tierra (Apocalipsis 17: 4, 5 y Apocalipsis 18: 1, 3). Es decir, la religión falsa ha logrado cautivar a los políticos, gobernantes y grandes empresarios de la globalización, para cautivarlos y entramparlos en sus redes.

Otras interpretaciones, llamadas dispensacionalistas, aseguran que Babilonia representa el satánico sistema mundial en todo su impío comercialismo industrial y económico, en contraste con las fuerzas religiosas apóstatas de los últimos días (Biblia Plenitud).

Es decir, Jesucristo, en su caminar terrenal, tuvo dos expresiones que podrían explicar los poderes fácticos que conforman el mundo. El Señor se encontraba frente a una multitud, él les acababa de hablar. De pronto ocurrió un hecho fuera de lo común. Se oyó una voz que venía como del cielo, diciendo **«lo he glorificado, y lo glorificaré otra vez»** (Juan 12: 28).

Indudablemente, se refería a Jesús de Nazaret. La multitud que estaba allí exclamaba que se trataba de un trueno, otros decían que era un ángel que le hablaba a Jesús. Entonces el Señor dijo: «No ha venido esta voz por causa mía, sino por causa de vosotros. Ahora es el juicio de este mundo; ahora el príncipe de este mundo será echado fuera. Y yo, si fuere levantado de la tierra, a todos atraeré a mí mismo» (Juan 12: 30-32).

LAS DOS COSAS A RESCATAR SON:

1. **EL JUICIO PARA ESTE MUNDO HA LLEGADO.**
2. **EL PRÍNCIPE DE ESTE MUNDO SERÁ ECHADO FUERA.**

Como el propio Jesús lo identificó, el príncipe del mundo es el diablo, y el mundo es el sistema imperante bajo el dominio de Satanás, el diablo. Cuando el maestro se refiere al mundo, engloba a la religión falsa, a gobiernos y al sistema comercial, monetario y económico. Es decir, al mundo globalizado de hoy. En este mismo saco debe colocarse a los vicios, placeres y la larga fila de abominaciones carnales, como el homosexualismo, lesbianismo y bestialismo. El consumo y tráfico de drogas que mueve cantidades de dinero también es parte del mundo. Jesús lo expone y su discípulo Juan lo reitera cuando escribe: «No améis al mundo, ni las cosas que están en el mundo. Si alguno ama al mundo, el amor del Padre no está en él. Porque todo lo que hay en el mundo, los deseos de la carne, los deseos de los ojos, y la vanagloria de la vida, no proviene del Padre, sino del mundo» (1 Juan 2: 15-16).

Babilonia, la grande, no es solo la religión falsa, como la mujer ramera. Tampoco es solo la gran ciudad que ejerce dominio sobre gobernantes, políticos y empresarios de todo calibre. Es preponderantemente la guarida de fuerzas espirituales que alientan la corrupción. Los grandes robos a los tesoros públicos la delincuencia en sus variadas formas se multiplican. Simultáneamente, las potestades de las tinieblas impulsan el hedonismo desenfrenado con falsas apariencias de piedad y altruismo, cuando lo que inculcan es vanagloria y orgullo.

Babilonia, la grande, es un agente empoderado del mundo de las tinieblas para ejercer dominio en las carnes y almas de los hombres en la tierra. En los tiempos del fin, este poder oscuro se acrecienta y penetra a todas las áreas que palpitan en los continentes y mares del mundo. Actúa por igual en la economía y cultura. Está presente en el devenir histórico de las civilizaciones a través del tiempo y del espacio. Se disfraza de saber humano, maestría y tecnología con el fin de tener las almas subyugadas. El propósito es aumentar el área de influencia de Babilonia, no solo en política, sino que manipula al deporte y deportistas de fama, invitándolos al consumo de drogas, a los seudos placeres de la fornicación y el sensualismo. Se mete por cualquier puerta, sea grande o insignificante. Pero el íntimo deseo es hacer daño. Familias humildes en recursos y educación sucumben a diario, trayendo desgracias y dramas que alimentan los titulares periodísticos y noticieros radiales y televisivos. Incestos de padres con hijas o madres con hijos se dan a conocer en familias con escasos recursos económicos, en los asentamientos humanos o pueblos pobres de algunos continentes. En las clases altas ocurren estas abominaciones, pero se mantienen en el oculto, fuera de las miradas de los reporteros. Algunas por sobornos, chantajes y en otras por el pago dinerario para ocultar y «echar llave» a la información incestuosa.

La secuencia de la caída mundial según las revelaciones del ángel

«Vino entonces uno de los siete ángeles que tenían las siete copas, y habló conmigo diciéndome:
Ven acá, y te mostraré la sentencia contra la gran ramera, la que está sentada sobre muchas aguas; con la cual han fornicado los reyes de la tierra, y los moradores de la tierra se han embriagado con el vino de su fornicación».
Apocalipsis 17: 1-2.

Es uno de los siete ángeles el que habla con Juan. Lo llama para que se acerque. Le muestra la sentencia, que es contra el sistema mundial manejado por el hombre a través de los tiempos. El mentor del sistema es Satanás, el diablo, aunque él ha pasado desapercibido, casi anónimo. Invisiblemente, ha manejado los hilos. La sentencia incluye a los habitantes del planeta que han fornicado con la gran ramera. Nótese que la gente está embriagada en su fornicación. La gran ramera está sentada sobre muchas aguas. A través del tiempo ha dominado a grupos humanos. Ha usado doctrinas, políticas y organizaciones como consorcios, países, pueblos, reyes y gobiernos. Ha usado doctrinas, políticas y organizaciones como rameras para dominar y esclavizar al hombre.

«Y me llevó en el Espíritu al desierto; y vi a una mujer sentada sobre una bestia escarlata llena de nombres de blasfemia, que tenía siete cabezas y diez cuernos, y la mujer estaba vestida de púrpura y escarlata, y adornada de oro, de piedras preciosas y de perlas, y tenía en la mano un cáliz de oro lleno de abominaciones y de la inmundicia de su fornicación».
Apocalipsis 17: 3-4.

La mujer es una representación de formas atractivas y sugerentes para atrapar el sistema de cosas, vaivenes y circunstancias. La finalidad es destructiva. Está adornada de lo que agrada a los placeres de la carne y el alma. Manipula a los poderes económicos, dirige a los políticos que se creen librepensadores y gestores del bien común, cuando en realidad es la mujer sentada sobre una bestia que controla los hilos del mundo en la historia. El visionario emplea dos palabras terribles para diagnosticar el mal en la tierra: abominaciones e inmundicia, con lo que coincide el filósofo francés, De Maistre. Él decía que los niños recién bañados y en ropas limpias, en vez de ir a jugar al jardín, se iban a revolcar en el baño del chiquero. Entonces el poderoso Napoleón nada podría hacer. La inmundicia era consecuencia de la adoración a otros dioses y no al Creador. Y las abominaciones de la gente están en un cáliz de oro, y se engañan ellos mismos y al resto de la humanidad.

> **«Y en su frente un nombre escrito, un misterio:**
> **BABILONIA LA GRANDE, LA MADRE DE LAS RAMERAS**
> **Y DE LAS ABOMINACIONES DE LA TIERRA.**
>
> **Vi a la mujer ebria de la sangre de los santos,**
> **y de la sangre de los mártires de Jesús;**
> **y cuando la vi, quedé asombrado con gran asombro».**
> Apocalipsis 17: 5-6.

Babilonia, como sistema antagónico a Dios, siempre ha existido en toda la historia humana. Su ropaje es cambiante. Antes de Cristo aparece como una ciudad. Después, como prostituta de lujo, bella, bien vestida, y con adornos de las mejores boutiques de París, Londres, Nueva York o Dubái. En ocasiones ya no se presenta como prostituta, sino como religión falsa; habla de bondad, amor y altruismo. Pero los frutos de la religión son guerras, fratricidios, genocidios, explotación del hombre por el hombre, inequidades, masas de gente en pobreza extrema y élites que lo tienen todo y necesitarían vidas extras de ochocientos y novecientos años para poder gastar lo que tienen, y quedaría para sus hijos y nietos, que también necesitarían expectativas de vidas superiores a los setecientos años en esta tierra. Y aun así les quedaría suficiente dinero.

Los capítulos 7 al 13 de Apocalipsis encierran un jeroglífico que solo se puede entender si se ruega al Espíritu que nos dé sabiduría, que es mencionada en el versículo 9: «mente que tenga sabiduría». Coincidentemente, el apóstol Pablo, escribiendo a los Efesios, les recomienda pedir que «el Padre de gloria, os de espíritu de sabiduría y de revelación» (Efesios 1:17).

> **«Y EL ÁNGEL ME DIJO ¿POR QUÉ TE ASOMBRAS?**
> **YO TE DIRÉ EL MISTERIO DE LA MUJER Y DE**
> **LA BESTIA QUE LA TRAE, LA CUAL TIENE LAS SIETE CABEZAS Y**
> **LOS DIEZ CUERNOS**

**La bestia que has visto, era, y no es;
y está para subir del abismo e ir a perdición;
y los moradores de la tierra, aquellos cuyos nombres
no están escritos desde la fundación
del mundo en el libro de la vida,
se asombrarán viendo la bestia que era y no es, y será.**

**Esto, para la mente que tenga sabiduría:
Las siete cabezas son siete montes,
sobre los cuales se sienta la mujer,**

**y son siete reyes. cinco de ellos han caído;
uno es, y el otro aún no ha venido;
y cuando venga, es necesario
que dure breve tiempo.**

**La bestia que era, y no es,
es también el octavo;
y es de entre los siete, y va a la perdición.**

**Y los diez cuernos que has visto,
son diez reyes, que aún no han recibido reino;
pero por una hora recibirán autoridad
como reyes juntamente con la bestia.**

**Estos tienen un mismo propósito,
y entregarán su poder y su autoridad a la bestia».**

Existen diferentes interpretaciones de los supracitados versículos. Algunos deducen que los siete montes se tratan de Roma como centro del papado. Los siete reyes son siete emperadores romanos, o la totalidad, toda vez que el número siete es el número perfecto. Los diez cuernos serían las provincias del imperio romano. Otros sostienen que los siete reyes son las siete potencias del mundo hasta el final, Egipto, Asiria, Babilonia, Medo-Persa, Grecia, Roma, Gran Bretaña, Estados Unidos. Hay quienes sostienen que la bestia que era y no es, es también el octavo, se refiere a la Liga de las Naciones que se formó en 1919 al final de la primera guerra mundial, mediante el Tratado de Versalles, por los países que estuvieron en el conflicto bélico y otros. En la primera asamblea participaron cuarenta y dos países. Este organismo sale (según otros intérpretes), de los siete y se convierte en el octavo, la Liga de las Naciones. Duró un tiempo breve. Revivió al finalizar la Segunda Guerra Mundial (1945), con un nuevo nombre, Organización de las Naciones Unidas (ONU). En cuanto a los diez cuernos, el propio Apocalipsis señala que son diez reyes. El hecho de tener cuernos y que los cuernos sirvan para cornear y agredir es indicativo de ataque y defensa.

Los versículos siguientes presentan a un cordero que representa al Señor Jesucristo, el cual es reconocido como Señor de Señores y Rey de Reyes.

> **«Pelearán contra el Cordero,**
> **y el Cordero los vencerá,**
> **porque él es Señor de Señores**
> **y Rey de reyes;**
> **y los que están con él**
> **son llamados y elegidos y fieles.**
>
> **Me dijo también: Las aguas que has visto**
> **donde la ramera se sienta,**
> **son pueblos, muchedumbres,**
> **naciones y lenguas».**
> Apocalipsis 17: 14-15.

«Las aguas son pueblos, muchedumbres, naciones y lenguas»

> **«Y los diez cuernos que viste en la bestia,**
> **éstos aborrecerán a la ramera,**
> **y la dejarán desolada y desnuda;**
> **y devorarán sus carnes, y la quemarán con fuego;**
> **porque Dios ha puesto en sus corazones**
> **el ejecutar lo que él quiso:**
> **ponerse de acuerdo, y dar su reino a la bestia,**
> **hasta que se cumplan las palabras de Dios».**
> Apocalipsis 17: 16-17.

«Y la mujer que has visto es la gran ciudad que reina sobre los reyes de la tierra» (Apocalipsis 17: 18).

La visión mostrada permite distinguir dos grupos radicalmente opuestos. El primero lo conforma Jesucristo, como rey absoluto y señor, y los que están con él, que son elegidos por su fidelidad. El otro grupo está conformado por la mujer, sentada sobre la bestia. Ahora bien, la mujer, que es la gran ramera, no solo monta la bestia, sino que también está sentada sobre muchas aguas. La propia revelación da a conocer que estas aguas simbolizan a pueblos y naciones, vale decir, al sistema mundano preñado del activismo comercial y afiebrado por poseerlo todo. La estructura mundana diseña y usa políticas gubernamentales, incentivando a los emprendedores. Este bullicio trae confusión en las divisiones y embrollos entre los mismos grupos del interior, creando frentes que se oponen entre sí. Los diez cuernos, que son los gobernantes de los países, llegan a tener fuertes enfrentamientos y, en ocasiones, son azolapados con guerras frías entre ellos mismos.

Los religiosos quieren poder y los gobernantes políticos, por sus ambiciones y placeres, prefieren generar sus filosofías y creencias. Son defensores de seguir a Dios a su manera, ignorando la ley de Moisés y las enseñanzas de Cristo. Es por eso que en el versículo catorce se habla de un fuerte enfrentamiento entre el Rey de Reyes, Jesucristo, versus la bestia y la gran ramera. Pero también en el interior de la tríada, bestia, ramera y los cuernos (los gobiernos), se producen pleitos y aborrecimientos. Se cumple lo dicho por Yeshua: «toda casa dividida será asolada».

¡Fuertes y terribles profecías!

EL DESEMBARQUE DE LA HUMANIDAD PECADORA

- **DE PRONTO EL MUNDO GLOBALIZADO SE CONVIERTE EN HABITACIÓN DE DEMONIOS**
- **LOS CENTROS TURÍSTICOS Y LUGARES ATRACTIVOS SE VUELVEN GUARIDAS DE DEMONIOS**

Es un ángel que desciende del cielo y, con potente voz, anuncia la total caída del orgulloso mundo digital, transformándose en un aquelarre de inmundicia. El tremendo poder del personaje angelical que viene del reino de la luz hace estremecer toda la tierra. He aquí lo revelado:

> **«Y clamó con voz potente, diciendo:**
> **Ha caído, ha caído la gran Babilonia,**
> **y se ha hecho habitación de demonios**
> **y guarida de todo espíritu inmundo,**
> **y albergue de toda ave inmunda y aborrecible.**
>
> **Porque todas las naciones han**
> **bebido del vino del furor de su fornicación;**
> **y los reyes de la tierra han fornicado con ella,**
> **y los mercaderes de la tierra**
> **se han enriquecido de la**
> **potencia de sus deleites».**
> Apocalipsis 18: 2, 3.

Hay un fluir de información que viene de la dimensión espiritual del Tercer Cielo a los habitantes de Europa, América y el Medio Oriente, principalmente. El agente que emplea Dios es un ángel, con la intervención del Espíritu Santo en acciones combinadas. El resto de lugares también reciben las noticias, pero se prioriza a estos lugares porque Dios escogió, desde un principio, a los primeros hombres que recibieron el mensaje de salvación, como Noé, Abraham y Moisés, en el Asia Menor y la zona del Mar Rojo y del Mar Mediterráneo, donde siglos después nace Yeshua, anunciando el reino de Dios. Es en estos lugares donde el apóstol Pablo inició el mensaje a los gentiles, inconversos y seguidores de deidades falsas. A partir de allí, el mundo comenzó a recibir las nuevas noticias. Se acercaba el reino verdadero anunciado por Daniel, profeta.

> **«Y oí otra voz del cielo, que decía:**
> **Salid de ella, pueblo mío,**
> **para que no seáis partícipes de sus pecados,**
> **ni recibáis parte de sus plagas».**
> Apocalipsis 18: 4.

La batahola también se globaliza, el jaleo no se limita a las llamadas potencias o metrópolis. Están tanto en Tokio como en Copenhague, Pekín o Bogotá, Adís Abeba o Canberra. Por todas partes, los escándalos, degradaciones y corruptores se incuban y aparecen, llevándose honras y vida. Los malandrines se multiplican en los negocios, profesiones, usos y costumbres. En todos los campos del quehacer humano, la degradación aumenta, haciendo insostenible una vida ética y moral. La voz que exhorta viene del cielo. No está dirigida a tutilimundi. Para este último grupo, parece no haber remedio alguno. El llamado es a los creyentes.

A ellos se les dice «pueblo mío», y la exhortación es salirse del mundo. Es decir, corrobora lo dicho por el maestro, «vivimos en el mundo, pero no somos del mundo» (Juan 17: 16 y 1 Juan 2: 15-17).

Quedarse en el sistema y contagiarse con sus prácticas en realidad es letal. La voz celestial advierte que las plagas invadirán toda la redondez del planeta, y la paga del pecado tal vez sea irreversible. Lo aconsejable es salirse del aparentemente atractivo sistema, ponerse a buen recaudo y seguir las indicaciones del ángel que habla en el versículo cuatro.

«Cuanto ella se ha glorificado
y ha vivido en deleites,
tanto dadle de tormento y llanto;
porque dice en su corazón:
Yo estoy sentada como reina,
y no soy viuda, y no veré llanto».
Apocalipsis 18: 7.

La sociedad consumista, orgullosa por los adelantos de la tecnología, la cibernética y computación, se ha mostrado autosuficiente y petulante. Hinchada de vanidad, como dice la revelación del ángel, ha vivido y buscado nuevos deleites. Pornografía, drogas, tríos, cambio de parejas, robos millonarios y estafas a gran escala han rebalsado la paciencia de los veinticuatro ancianos y los cuatro seres vivientes que están alrededor del trono de la gracia. Envanecida a lo sumo, Babilonia, la grande, madre de las rameras, se dice a sí misma: «Yo estoy sentada como reina, y no soy viuda». Es decir, justifica su vida licenciosa y abierta sin restricciones. Pero he aquí, en este tiempo de vértigo triunfante del sistema mundano, es cuando se oye la orden del Divino: «DADLE TORMENTO Y LLANTO».

«POR LO CUAL EN UN SOLO DÍA
VENDRÁN SUS PLAGAS; MUERTES,
LLANTO Y HAMBRE, Y SERÁ

¡EL PANDEMÓNIUM PARA EL MUNDO REBELDE SE PRODUCE EN UN SOLO DÍA!

Pandemónium es una palabra que viene del griego y significa «reunión de demonios con gran confusión y griterío». El juicio al sistema mundano rebelde viene del tercer cielo, donde mora el Todopoderoso en su trono, rodeado de una miríada de ángeles, cuyos rostros se postran delante del trono donde está sentado Dios, y, alrededor, los cuatro seres vivientes y los veinticuatro ancianos. Algunos escolásticos e investigadores creen que los veinticuatro ancianos podrían ser los doce apóstoles de Yeshua, y los otros doce representando a los patriarcas que formaron las doce tribus de Israel. En todo caso, el hecho de que los veinticuatro ancianos rodeen el trono sería indicativo de que la sentencia contra Babilonia, es decir, el sistema mundano, viene de Dios en unidad con los veinticuatro ancianos, además de los cuatro seres vivientes, mostrando unidad y sumisión al Altísimo, en contraste con la rebeldía de Satanás y los ángeles sublevados.

La sentencia con plagas, muerte, llanto y hambre no solo estaría afectando al mundo terrenal, sino al segundo cielo, donde moran Satanás y sus demonios. La doble sanción material y espiritual comprende las primeras medidas para encadenar al diablo y sus huestes de maldad. Es la hora de quitarles sus poderes durante mil años.

En este período del milenio, los fieles y mansos del Señor tendrán la tarea de reconstruir la tierra. El versículo ocho es el prolegómeno. La caída total y vertiginosa se produce en un solo día, no de mil años, sino de veinticuatro horas. Babilonia, la madre de las rameras, ya no existirá durante el milenio. Para comprender mejor la secuencia, debemos percatarnos de lo que descubren los versículos nueve, diez y once del capítulo dieciocho del Apocalipsis, que se transcribe a continuación:

**«Y LOS REYES DE LA TIERRA QUE HAN
FORNICADO CON ELLA, Y CON ELLA HAN**

**VIVIDO EN DELEITES, LLORARÁN Y HARÁN
LAMENTACIÓN SOBRE ELLA, CUANDO VEAN
EL HUMO DE SU INCENDIO**

**Y, PARÁNDOSE LEJOS POR EL TEMOR DE
SU TORMENTO, DICIENDO: ¡AY, AY DE
LA GRAN CIUDAD DE BABILONIA, LA
CIUDAD FUERTE, PORQUE EN UNA
HORA VINO TU JUICIO!**

**Y LOS MERCADERES DE LA TIERRA
LLORAN Y HACEN LAMENTACIÓN SOBRE
ELLA, PORQUE NINGUNO COMPRA MÁS
DE SUS MERCADERÍAS».**
Apocalipsis 18: 9, 10, 11.

Tres cosas debemos advertir. No debemos circunscribir el enfoque a la lógica humana del receptor de la revelación, sino a la implicancia espiritual que trata de suministrar el ángel que trae la información.

- La primera es la contracción violenta de las transacciones comerciales en la tierra: «nadie compra las mercaderías», manufacturas y productos. Se produce una parálisis en las exportaciones e importaciones. Y en cada país, el consumo disminuye con la quiebra de fábricas, tiendas y súpermercados. El circuito de PRODUCCIÓN, DISTRIBUCIÓN Y CONSUMO se detiene, y sobreviene una crisis múltiple, que involucra a los agentes de compra–venta, y por ende los pedidos y solicitudes caen sin explicación en las verdaderas causas.

- Lo segundo que ocurre es una lamentación generalizada, que hace llorar a empresarios grandes y pequeños por el desplome de sus negocios. Los grandes trust se vuelen inoperativos y los dueños de las grandes corporaciones conversan para buscar una salida y enfrentar el fenómeno comercial. Los expertos dicen que no es dumping, mi antidumping. Se preguntan «¿Están arrojando mercancías al mar, para después subir los precios? ¿Es la teoría del Malthus al revés? ¿Hay mercancías, pero no hay gente que compre? ¿Será el castigo divino por vender chatarra a la gente y manipularlos para que compren por comprar, sin que necesiten esos productos? ¿Estarán vengándose los consumidores por los siglos de explotación, que los comerciantes y publicitarios, obligaron a comprar a la gente cosas que no eran necesarias?». Ninguna explicación encontrarán.

El versículo nueve es severo. Señala que los gobernantes y poderes fácticos de la tierra han fornicado con el sistema inmoral y corrupto, viviendo deleites temporales. Ahora lloran por el humo que sale del incendio del sistema.

- Lo tercero que narra el ángel de gran poder es que el juicio para dictar la sentencia al mundo comercial mundano solo duró una hora: «Ay de la gran ciudad de Babilonia, porque en una hora vino tu juicio». ¡SOLO UNA HORA! Las evidencias del mal comportamiento de Babilonia, la grande, madre de todas las rameras, la ciudad fuerte e invencible, eran de tal firmeza y convicción que no se requerían los dilatados y engorrosos procedimientos de los jueces humanos y los galimatías de los abogados mundanos. Los grandes grupos de poder en el planeta por fin aceptaron que el sistema que ellos endiosaron se volvía ahora contra de ellos. No se aprecia arrepentimiento, pero sí un gran lamento por el temor de su tormento.

**«MERCADERÍA DE ORO Y DE PLATA, DE
PIEDRAS PRECIOSAS, DE PERLAS, DE LINO FINO,
DE PÚRPURA, DE SEDA, DE ESCARLATA, DE TODA
MADERA OLOROSA, DE TODO OBJETO DE
MARFIL, DE TODO OBJETO DE MADERA
PRECIOSA, DE COBRE, DE HIERRO Y DE MÁRMOL;**

**Y CANELA, ESPECIAS AROMÁTICAS, INCIENSO,
MIRRA, OLIBANO, VINO, ACEITE, FLOR DE
HARINA, TRIGO, BESTIAS, OVEJAS, CABALLOS
CARROS, Y ESCLAVOS, ALMAS DE HOMBRE»**
Apocalipsis 18: 12, 13.

En los versículos precedentes, el listado de las mercaderías afectadas incluye artículos que hacen retroceder a la civilización a tiempos de barbarie y salvajismo. Insertan las almas de los hombres como mercadería vendible. Los traficantes de drogas y los jerarcas de los carteles y trusts han catalogado a sus trabajadores como fichas o esclavos en las áreas de explotación. Las almas de las gentes se han convertido en artículos de ventas al mejor postor. Millones de almas solo han sido estadísticas del consumismo. Las han ubicado al costado de las especies, carros u objetos de mármol y de marfil. Han cuantificado toda cosa útil y necesaria como monedas fuertes, para incrementar las utilidades de las compañías.

LAS ALMAS DE LOS HOMBRES LAS HAN OFERTADO COMO ARTÍCULOS PARA EL AGIGANTAMIENTO DE SUS ESTABLECIMIENTOS. VENDEN Y COMPRAN ALMAS AL POR MAYOR.

El versículo trece, sin dilación alguna, informa que el mundo ha colocado en la lista de las mercancías a los hombres, no como personas, sino como activos disponibles en el proceso de producción. Muchas veces los han ubicado por debajo de los sistemas computarizados y digitales. En ocasiones, la robotización ha desplazado la mano de obra humana. La llaman «cuarta revolución electrónica, mecatrónica» para crear prótesis funcionales que reemplacen brazos, piernas y manos con diseños apropiados. El trabajador común y corriente tiene que competir en desventaja con los robots. Entonces la fría automatización desplaza a la persona humana, que se torna esclava del nuevo planteamiento.

Es en el versículo trece, donde se revela que el hombre vende su alma al mejor precio, y los otros, la gran multitud, se convierten en esclavos. Es Babilonia, la grande, la madre de las rameras, la ciudad fuerte y poderosa, la convertida en la mandona del sistema mundano junto a la bestia, que apabulla al ser humano, y la explotación del hombre por el hombre continúa con las llamadas revoluciones industriales, cibernéticas y tecnológicas. La biblia señala que «los mercaderes de estas cosas, se han enriquecido a costa de ellas».

Un comentario de Jack W. Hayford, editor bíblico, refiriéndose a estas revelaciones del Apocalipsis, anota que las lamentaciones (PENTHEO), de llorar y apenarse, de los mercaderes a los que alude el capítulo dieciocho es por la destrucción de Babilonia como sistema. Los impíos experimentarán una tristeza profunda por la desaparición del andamiaje económico y mercantilista.

Los poderosos han creado el engranaje monetario que permite y garantiza las transacciones comerciales. El patrón de oro es el respaldo de cada moneda. Hay una cantidad de oro de cada país que permite al emisor de las monedas y billetes garantizar con el oro el valor de cambio. El equilibrio de dinero y oro constituye la base del sistema financiero internacional. Hubo una conferencia monetaria de las Naciones Unidas en BRETTON WOODS en 1944, en los Estados Unidos, donde se aprobó el dólar como moneda global. Con el transcurrir de los años, el dólar ha adquirido preponderancia por el respaldo de la economía estadounidense y no tanto por el oro. La confianza de los países ha estado sustentada en la confianza del sistema y en los cíclicos acuerdos monetarios internacionales. Sin embargo, el peligro de quiebra siempre ha estado presente. El factor exógeno espiritual no ha sido tomado en cuenta, y economistas y gobernantes han preferido el becerro de oro o el Dios Mammon, que es el dios del dinero. He allí la razón de los eventos apocalípticos que se mencionan en el capítulo dieciocho, porque la humanidad alejada de Dios no ha querido comprender.

El hecho de que la incredulidad y la rebeldía hayan tomado cuerpo en los reyes gobernantes y mercaderes de los cinco continentes podría ser la causa espiritual del estrepitoso derrumbamiento de las estructuras económicas internacionales, que anuncia el Apocalipsis con superlativo dramatismo.

**«LOS FRUTOS CODICIADOS POR TU ALMA
SE APARTARON DE TI, Y TODAS LAS COSAS
EXQUISITAS Y ESPLÉNDIDAS TE HAN FALTADO,
Y NUNCA MAS LAS HALLARÁS.**

**LOS MERCADERES DE ESTAS COSAS, QUE SE HAN
ENRIQUECIDO A COSTA DE ELLA, SE PARARÁN LEJOS
POR TEMOR DE SU TORMENTO, LLORANDO Y
LAMENTANDO»**
Apocalipsis 18. 14, 15.

El mercantilismo ha llegado al extremo de que todo tiene precio. El agua, el aire y aun las piedras tienen precios. Los cálculos biliares de los bovinos son adquiridos por la industria farmacéutica para elaborar medicinas de alto valor. Se dice que un kilo de cálculos biliares puede costar cincuenta millones de dólares. Las piedras corrientes también se venden para la construcción de viviendas y edificios. Un hombre llamado Gary Dahl vendió cinco millones de rocas como mascotas en 1975.

Algunos han criticado la estupidez de alguna gente, pero cada vendedor tiene su comprador. El mercantilismo siempre ha estado presente en el sexo. La venta de sexo es antiquísima. En la biblia se menciona la historia de Rahab, la ramera de Jericó que ayudó a los israelitas. La prostitución no es otra cosa que la venta del sexo. Las hay promiscuas y de alto vuelo. En el deporte se fichan a los jugadores de fútbol, que cambian de equipos según la oferta y la demanda. Equipos de Brasil compran el pase de un futbolista uruguayo y luego lo transfieren por varios millones a teams españoles, ingleses o franceses. Los cantantes, actrices, actores o las *misses*, reinas de belleza, venden su fama y título por publicidad en la venta de perfumes, cremas o vestidos. El pulpo publicitario es incansable y las ganancias se multiplican en la medida en que se venden los productos que se ofrecen. Incluso el mercantilismo ha invadido al mundo de los gays y lesbianas, que arrojan grandes dividendos económicos.

En el versículo catorce se anuncia el final trágico de estos «frutos codiciados» por almas erráticas, que ven perder y desaprovechar las exquisiteces que no volverán a sus vidas. Este grupo también llorará y se lamentará.

¡EN UNA HORA CAERÁN TODAS LAS RIQUEZAS!

¿Es posible que en solo una hora se desplomen todas las riquezas de las naciones? Las mentes escépticas dudarán y calificarán de ciencia ficción lo anunciado por el ángel en el Apocalipsis. «¡Es imposible que esto suceda!». Ellos aseguran que el mundo es sólido y ha permanecido así siempre. Descartan todo vaticinio tremendista, SON AGOREROS CON MENTES AFIEBRADAS Y PROCLIVES A DESDICHAS. Este sector asegura que el mundo es mundo y no dejará de serlo, ni habrá fuerza alguna que destruya el estado actual de cosas.

Hay similitud entre la generación incrédula, antes de diluvio, con la actual generación, previa al colapso económico mundial. Los versículos diecisiete y dieciocho son elocuentes:

**«PORQUE EN UNA HORA HAN SIDO CONSUMIDOS
TANTAS RIQUEZAS. Y TODO PILOTO Y TODOS LOS
QUE VIAJAN EN NAVES, Y MARINEROS, Y TODOS
LOS QUE TRABAJAN EN EL MAR, SE PARARON
LEJOS.**

La red portuaria, a nivel de los mares atlántico, pacífico, índico, caribe, arábigo, mediterráneo y otros, paralizarán sus operaciones ante la ausencia del tráfico marítimo. Grandes puertos y poderosas marinas mercantes experimentarán un bajón. Los buques portacontenedores, petroleros y misceláneas quedarán acoderados ante las ausencias de cargas. Los embarques y descargas cesarán y las poderosas grúas no operarán por falta de mercancías. Este shock repentino se compara a un infarto en el corazón comercial mismo, y los latidos del sístole—diástole del comercio marítimo quedarán interrumpidos.

Al paralizarse toda actividad marina y al fallar la red de ordenadores, comunicaciones e informática, los servidores, con sus bases de datos y áreas de almacenamiento, dificultarán la telefonía de los móviles, impactando negativamente en el comercio electrónico a nivel mundial. Las transferencias de bienes y servicios se detendrán abruptamente y el mundo quedará incomunicado en un instante. ¡El cumplimiento del Apocalipsis de que en una hora quedarán consumidas tantas riquezas es del todo posible! ¿PREMONICIÓN, PROFECÍA O PROYECCIÓN CIENTÍFICA?

Se dice que premonición es la capacidad de una persona de intuir un acontecimiento del futuro. Otros sostienen que viene de una fuente esotérica, mientras la profecía se origina en revelación de una fuente divina. En tanto, la proyección científica es el estudio y análisis de las cosas presentes que, proyectadas hacia adelante en el tiempo, producirán los resultados esperados. En el campo cinematográfico, se han hecho muchas películas usando la premonición de personas con capacidad intuitiva para anunciar algún sueño futuro. En el versículo diecisiete, que anuncia el colapso comercial en una hora, es indudable que se trata de una revelación por medio de un ángel de Dios. No es premonición ni proyección científica, es revelación del tercer cielo.

**«LUZ DE LAMPARA NO ALUMBRARÁ MÁS
EN TI, NI VOZ DE ESPOSO Y DE ESPOSA SE
OIRÁ MÁS EN TI; PORQUE LOS MERCADERES**

ERAN LOS GRANDES DE LA TIERRA; PUES POR TUS HECHICERÍAS FUERON ENGAÑADAS TODAS LAS NACIONES»

Apocalipsis 18: 23

La descomposición que se ha de producir es como una contaminación universal, algo epidémico que abarca el medio ambiente, la atmósfera, los vientos, los ríos, las lagunas y los mares. Ingresa a las células y órganos de las personas y afecta a los propios espíritus. La invasión del ma es el resultado de lo que el propio ser humano sembró en el tiempo, desde su caída en el Eden. Ahora llegó abruptamente la cosecha de lo que sembró. El vaso lleno de maldad ha empezado a desbordar al agua de la iniquidad, malcición, brujería y hechicería. ¡Todo lo ha mezclado el hombre! El aquelarre y el pandemónium se entremezclan, reuniéndose brujos, hechiceros, espiritistas, cartománticos, siquiatras, sicólogos, esotéricos, antropólogos, médicos, religiosos, dioses, promotores del Halloween, maestros de la ouija, agnósticos, ateos, adoradores de los dioses del Olimpo, médiums, sabios, catedráticos, estudiosos de las ciencias ocultas y representantes de iglesias de diferentes matices y colores. Es la gran conferencia, conciliábulo, gran asamblea, convención mundial de la problemática humana y su medio ambiente, disertación sobre la crisis del alma y su entorno social y tecnológico…

Los institutos de investigación, las universidades y las preclaras reuniones de científicos se convocarán en la búsqueda de respuestas ante el derrumbe de la sociedad humana. Los más connotados se reun rán en la búsqueda de la luz ante el pavor de la tragedia.

En el versículo veintitrés de Apocalipsis 18 está escrito que la «la luz de la lámpara no alumbrará más en ti (…) pues los mercaderes eran los grandes de la tierra» y por su hechicería fueron engañadas todas as naciones.

Aquí, el término «hechicería» no solo debe interpretarse con prácticas de magia u ocultismo, existe la hechicería sofisticada, pulida y perfeccionada como una falsa ciencia, para darle el rango de «científica». En realidad, la hechicería tecnológica es un conjunto de conocimientos y prácticas usadas para influir, manipular y dominar hechos, sucesos y acontecimientos a la voluntad de grupos de poder. Estas formas estratégicas son para dominar economía, el comercio y la política, y, actuando entre bastidores, para manejar los gobiernos. Son las acusaciones que hace el ángel de Dios a los mercaderes. Debe tomarse en cuenta que este mismo ángel es el que toma una piedra y la arroja en el mar. Este acto implica una alegoría al derribamiento del régimen mercantilista y frío que ha imperado en muchos siglos en el mundo, cuando el hombre volvió sus espaldas al Creador.

Hammerly Dupuy descubre que debajo del maquillaje del mundo la «desorientación y el agotamiento se manifiestan en el orden moral, político, económico, social, artístico y hasta religioso». ¿Hay solución para el mundo? La respuesta es negativa. Subrayamos la respuesta: <u>Este mundo no tiene solución</u>. Lo que tiene solución es el hombre como individualidad. A él le corresponde cambiar y transformarse por medio de la renovación de su entendimiento. Yeshua dijo: «Conoceréis la verdad y la verdad os hará libre». En otra ocasión, aseguró: «el que no naciere del agua y del espíritu, no puede entrar al reino de Dios». Contrario sensu, el que naciere del agua y del espíritu entrará al reino de Dios, y este reino es eterno, de paz y amor. Entonces existe un reemplazo de este mundo perdido, sin solución, por un nuevo mundo, al que Yeshua denomina el «reino de Dios».

La caída de Babilonia causa regocijo en el cielo. El mismo Apocalipsis se refiere a la desaparición de los FALSOS MOLDES y la vieja tierra (el mundo corrompido), para dar paso a los nuevos cielos y nueva tierra, donde la justicia habrá de morar. Hammerly Dupuy, al escribir sobre los vislumbres de un nuevo orden mundial, establece una diferencia crucial entre «individualismo» y «colectivismo». No te salva, ni tienes el pasaporte para ingresar al nuevo mundo, el hecho de pertenecer a una colectividad religiosa, organización eclesiástica, asociación evangélica bíblica o el ser miembro activo de tal o cual institución filosófica grupal o colectiva. NO, aunque podemos pertenecer y, de hecho, debemos hacerlo. Pero el requisito para migrar al nuevo estatus es de decisión personal.

Lo que acredita el pase del viejo mundo al nuevo mundo es la decisión individual, personal, de haber renunciado a ser parte del actual estado de cosas, <u>a pesar del maquillaje y ropaje de pureza</u> y haber optado para el plan «B». El plan «A» es de Luzbel, el plan «B» es de Yeshua. La decisión es personal de cada uno.

Tommy Tenney, conocido como evangelista, allá por los años 1990, y su esposa Jeannie, en el estado de Luisiana, tenían y tienen una obsesión: ¡Que los creyentes sean auténticos y manifiesten la presencia de Dios! Tommy preconiza una fórmula para la supervivencia eterna en un mundo reciclado. Es decir, convertir la basura y los escombros en que ha de terminar el actual mundo, para, con estos residuos, obtener un producto reutilizable. El físico Lavoisier sostenía que la materia no desaparece, no se destruye, solo se transforma. En este enfoque físico y químico, tal vez tenga la razón Lavoisier; sin embargo, Tommy Tenney introduce un elemento vital: el espíritu. El resumen es su fórmula de la supervivencia eterna en tres pasos:

1. Reconocer a Dios como ESPÍRITU.
2. Hacer crecer tu espíritu, no tu alma ni carne. Pero cuídalos.
3. Atrapa a DIOS y ÉL te atrapa a ti.

El siglo XXI, que preconiza la conectividad y valora las comunicaciones, descuida algo simple: CONECTARNOS CON EL PLAN DE DIOS. Este es el punto débil de la humanidad. El individuo debe amar al Creador y, por ende, a sus hijos, sus hermanos. No se trata de mantener un individualismo egoísta, sino comprometido con los demás. El reconocer que nuestra actitud y acciones pueden ayudar a perjudicar a los demás motiva a ser amorosos, eliminando el orgullo. La caída de Luzbel se originó en el orgullo, que dio a luz la rebeldía en contra de Dios. Cristo es la humildad, dejó su gloria como el Verbo y se humilló como esclavo. Vino al perdido mundo para pagar con su vida perfecta la caución exigida de entregar con una vida perfecta la recuperación total del pecado y la muerte en que cayó Adán como otro hombre perfecto. En cierto modo, la ley del talión exigía ojo por ojo, diente por diente. La pérdida de una vida perfecta (Adán) tenía que ser pagada por otra vida perfecta (YESHUA).

Esta llamada ley del talión ya no se aplica, por cuanto el amor supera toda ley. El propio Yeshua, refiriéndose a esto, dijo: "OYERON USTEDES QUE SE DIJO: OJO POR OJO Y DIENTE POR DIENTE. SIN EMBARGO, YO LES DIGO: NO RESISTAN AL QUE ES INICUO; ANTES BIEN, AL QUE TE DE UNA BOFETADA EN LA MEJILLA DERECHA, VUÉLVELE TAMBIÉN LA OTRA" (Mateo 5: 38-39).

El sacrificio de Yeshua, al morir por los pecadores, supera a la ley del talión y excede el legalismo de la caución. ¿Qué es la caución? En el diccionario español jurídico, se le define como una garantía pecuniaria para garantizar la satisfacción de un derecho. El derecho civil es una protección o resguardo a una persona. Es garantía aportada para cerciorarse de que una determinada obligación será cumplida. La caución garantiza el eventual cumplimiento de una sentencia.

Al morir Yeshua en la cruz, Pablo dice, escribiendo a los eruditos romanos lo siguiente: «Así como por la transgresión de uno vino la condenación a todos los hombres, de la misma manera por la justicia de uno vino a todos los hombres la justificación de vida» (Romanos 5: 18). La premisa es: si por uno todos heredan la muerte, por otro uno, todos recuperan la vida. La condición es que el segundo «uno» debe ser tan perfecto y del mismo valor que el primer «uno». En esta equivalencia, Dios ha sido ampliamente generoso. Adán, el primer hombre perfecto, fue hecho a imagen y semejanza de Dios, mientras que el verbo, siendo el unigénito del padre, se encarnó, naciendo de María, y se llamó Yeshua. Indudablemente, el segundo hombre perfecto superaba al primero en la valoración espiritual.

Capítulo IX
EL CÓDIGO DEL NUEVO REINADO

LA PROMESA QUE SE CUMPLE SÍ O SÍ

El joven pastorcito que venció al gigante Goliat se llamaba David. Este muchacho, que ni siquiera fue considerado por su padre para calificarlo con opción para ser un rey, fue escogido por el Espíritu Santo a través del profeta Samuel. La óptica del ser humano es distinta a la de Dios. El enfoque del mundo natural es diferente al del Espíritu. Este penetra hasta partir el alma, discierne las intenciones del corazón y conoce los íntimos pensamientos.

Dios conocía el corazón de David. De muchacho pastor de ovejas llegó a ser rey de Israel. Él escribió lo siguiente:

**«LOS JUSTOS HEREDERÁN LA TIERRA,
Y VIVIRÁN PARA SIEMPRE SOBRE ELLA»**
Salmo 37: 29

David escribió el Salmo 37, uno de los salmos que reflejan gran sabiduría. Hay consejos, promesas, profecías y declaraciones, que constituyen mensajes que, a no dudarlo, vienen del propio corazón del Supremo Creador. Lo escrito en este salmo viene de una dimensión a la que el ser humano no tiene acceso, a no ser que la Divinidad le abra las puertas. Y eso es lo que ocurre. El Ser Supremo usa a David y le garantiza, con su firma, que los justos serán los verdaderos herederos del planeta tierra. Y además vivirán para siempre sobre ella.

El Salmo 37 de David está protocolizado, registrado notarialmente e inscrito en los Registros Celestiales de la Eternidad. Su cumplimiento está garantizado. La fe de los justos es la fe del hijo unigénito de Dios, porque él habita dentro de ellos. Este grupo tiene absoluta confianza en los nuevos cielos y la nueva tierra.

SEPARADOS POR SETECIENTOS AÑOS EN EL TIEMPO, DOS ESCRITORES ← → COINCIDEN EN LO MISMO

El poderoso Nabucodonosor tuvo un sueño que los astrólogos y magos de la época no pudieron interpretar, porque ni siquiera lo sabían. El caprichoso rey ordenó a sus adivinos que le explicaran el significado del sueño, pero ellos le reclamaron que antes se los contara, para luego darle la interpretación. Nabucodonosor no se acordaba lo que había soñado. Sin embargo, estaba muy inquieto por lo del sueño. En este difícil contexto, aparece el joven Daniel e, implorando al Dios de sus padres, le pide que le revele el sueño del rey y su interpretación.

Nabucodonosor había soñado con una estatua gigante, con cabeza de oro, pecho y brazos de plata, vientre y muslos de bronce, piernas de hierro, y pies con una parte de hierro y una parte de barro. Daniel le reveló al rey que la cabeza de oro era él y su poderoso imperio, el resto de la estatua eran los diferentes reinos e imperios que iban a existir en el mundo, terminando con reinados débiles y moribundos, representados por los pies de barro. Esta fuerte estatua fue derribada de pronto por una piedra cortada del cielo, que terminó derrumbando toda la estatua. Daniel le explicó al ansioso rey que todos los reinos del mundo a través de la historia serían destruidos para dar paso a un nuevo reino, el reino de Dios. Daniel escribió la profecía que conmovió no solo la historia, sino a los mismos cielos y tierra. He aquí el gran anuncio:

«Y EN LOS DÍAS DE ESTOS REYES, EL DIOS DEL CIELO LEVANTARÁ UN REINO QUE NO SERÁ JAMAS DESTRUIDO, NI SERÁ EL REINO DEJADO A OTRO PUEBLO; DESMENUZARÁ Y CONSUMIRÁ A TODOS ESTOS REINOS, PERO EL PERMANECERÁ PARA SIEMPRE»

Daniel 2: 44

Esta escritura es corroborada, aproximadamente setecientos años después, por Juan, discípulo de Jesucristo, quien, desterrado en una isla del mar mediterráneo (mar Egeo), escribió, por revelación divina, lo siguiente:

**«EL SÉPTIMO ANGEL TOCÓ LA TROMPETA, Y
HUBO GRANDES VOCES EN EL CIELO,
QUE DECÍAN: LOS REINOS DEL MUNDO
HAN VENIDO A SER DE NUESTRO SEÑOR
Y DE SU CRISTO; Y ÉL REINARÁ POR LOS
SIGLOS DE LOS SIGLOS»**

Apocalipsis 11: 15

Daniel y Juan, que vivieron en diferentes épocas (el primero, aproximadamente, seiscientos años antes de Cristo, y, el segundc, unos cien años después de Cristo), coinciden y se refieren al definitivo reino que vendrá sobre la redondez de la tierra y cuya vigencia será eterna.

Mientras Daniel reveló el escenario de la tierra en sus diferentes épocas, donde nacieron y cayeron imperios, Juan escuchó unas voces del cielo y el sonido de una trompeta tocada por un ángel. Daniel atestiguó que el reino venidero nunca sería destruido y, por el contrario, tendría la capacidad guerrera determinante para desmenuzar a las potencias políticas y militares existentes, eliminándolas de raíz y sin ninguna posibilidad para los hombres que hubieran vivido en el planeta. La estatua representa a las potencias mundiales de la historia. Buscaban el oro y solo encontraron plata; y os que iban tras la plata, recibieron bronce; hasta llegar al hierro y al barro. Se volvieron polvo, porque hasta la humedad huyó de la tierra mojada, que quecó seca.

La visión de Juan es coadyuvante con la interpretación de Daniel sobre el sueño que tuvo Nabucodonosor setecientos años antes. Si al profeta Daniel la revelación le llegó por el Espíritu Santo; a Juan, en cambio, le es trasmitida por un ángel. El Apocalipsis menciona que el séptimo ángel y las grandes voces que se escuchan en el cielo son claras y directas: «LOS REINOS DEL MUNDO HAN VENIDO A SER DE NUESTRO SEÑOR». ¡El cambio es indebatible! La decisión de lo Alto es que todos los poderes humanos y espirituales demoníacos den paso al reino del Señor Jesucristo.

Nótese que el libro de Apocalipsis describe las implicaciones que ello genera en el cielo. El versículo dieciséis narra que los veinticuatro ancianos que están delante de Dios se postran sobre sus rostros y dan gracias al Todopoderoso al tomar su gran poder y reinar, destruyendo a todos aquellos «que destruyen la tierra». ¡El espectáculo celestial es de victoria, de regocijo y celebración! ¡Jehová reina!

¿QUÉ HAY DEL PASADO, PRESENTE Y FUTURO DE LA HUMANIDAD?

¿Qué pasará con los miles de millones de seres humanos que han existido y ahora están muertos? ¿Qué hay para las actuales personas que ahora viven y los que nacerán más adelante?, ¿cuál será su futuro?

Para responder estas preguntas, debemos analizar antes en qué momento llegó la desgracia a este mundo y cómo fue al principio. Esto nos lleva al Génesis, cuando el primer hombre, Adán, y su esposa, Eva, cayeron en desobediencia y trajeron todas las calamidades a su prole. En otras palabras, la desobediencia trajo la maldición y esta pasó, por herencia, a todas las generaciones. ¿Cómo revertir esta situación? Las Escrituras Sagradas lo explican. El catecismo católico y las escuelas básicas evangélicas han instruido e instruyen sobre el llamado Plan de Salvación, y la restauración del hombre y toda la tierra es el gran objetivo: la salvación, la vida eterna y la *comunión* con el Creador son metas a alcanzar.

Jesucristo es el precio y la paga. Pero, además, Dios ha provisto dos elementos de valiosa ayuda, la gracia y la misericordia

El apóstol Pablo lo explica claramente: «pues si por la transgresión de uno solo reinó la muerte, mucho más reinarán en vida por uno solo, Jesucristo, los que recibirán la abundancia de la gracia y del don de la justicia. Así que, como por la transgresión de uno vino la condenación de todos los hombres, de la misma manera por la justicia de uno vino a todos los hombres la justificación de vida. Porque así como por la desobediencia de un hombre los muchos fueron constituidos pecadores, así también por la obediencia de uno, los muchos serán constituidos "justos"» (Romanos 5: 17-19).

HABRÁ RESURRECCIÓN DE JUSTOS Y DE INJUSTOS

¿Qué hay de los miles de millones y billones que nunca escucharon el mensaje de salvación y que murieron sin conocerlo? ¿Qué hay de aquellos que se portaron bien pero no conocieron a Cristo? ¿Qué hay de aquellos que se acogieron al plan de salvación pero, al final de la vida, regresaron al mundo y al pecado? Hay muchas preguntas y distintas situaciones en todos los tiempos. Y la variedad de casos implicaría diferentes respuestas según sea cada situación. Sin embargo, la relación divina es clara: «Habrá una resurrección de los muertos, así de justos como de injustos» (Hechos 24: 15). En la carta a los hebreos, está escrito que habrá una «RESURRECCIÓN DE LOS MUERTOS Y DEL JUICIO ETERNO» (Hebreos 6: 2). El propio Señor Jesucristo dijo lo siguiente:

> **«NO OS MARAVÍLLEIS DE ESTO; PORQUE**
> **VENDRÁ HORA CUANDO TODOS LOS QUE**
> **ESTÁN EN LOS SEPULCROS OIRÁN SU VOZ;**
> **Y LOS QUE HICIERON LO BUENO, SALDRÁN A**
> **RESURRECCIÓN DE VIDA, MAS LO QUE HICIERON´**
> **LO MALO, A RESURRECCIÓN DE CONDENACIÓN»**
> Juan 5: 29

> **«YO SOY LA RESURRECCIÓN Y LA VIDA;**
> **EL QUE CREE EN MÍ, AUNQUE ESTÉ MUERTO,**
> **VIVIRÁ»**

> **«Y TODO AQUEL QUE VIVE Y CREE EN MÍ,**
> **NO MORIRÁ ETERNAMENTE ¿CREES ESTO?»**
> Juan 11: 25, 26

¿CÓMO SERÁ EL JUICIO DE DIOS?

La palabra de Dios garantiza que habrá resurrección de justos e injustos. Luego se desarrollará un juicio. El libro de Apocalipsis reseña la voz de un ángel que tenía «el evangelio eterno para predicarlo a los moradores de la tierra, diciendo a gran voz: Temed a Dios, y dadle gloria, porque la hora de su juicio ha llegado» (Apocalipsis 14: 6, 7). No debemos imaginar el juicio, el tribunal y el juez a la usanza del mundo. No habrá sentencias «acomodadas», de «favor» o emocionales. Los libros serán abiertos y todos seremos juzgados por lo que está allí escrito. No será un juicio inmediato, tendrá etapas. La muerte de cada persona cumplirá una etapa, la resurrección será otra etapa. La presencia del tribunal estará presidida por un anciano de Dios vestido de blanco y conformada por los santos del Altísimo, rescatados de la tierra. A estas personas consagradas no solo se les da el privilegio de juzgar a los hombres, sino también a los ángeles rebeldes (Daniel 7: 9 y 1 Corintos 6. 2, 3). El escenario del tribunal será simultáneamente el cielo y la tierra. Desde luego, hay muchas posiciones sobre el gran juicio final, pero el enfoque no debe parametrarse en la lógica humana, sino en la multidimensión de Dios. Recordemos lo que dijo el apóstol Pedro: «<u>porque si Dios no perdonó a los ángeles que pecaron, sino que arrojándolos al infierno los entregó a prisiones de oscuridad, para ser reservados al juicio</u>» (2 Pedro 2: 4). Aclaremos que, para muchos investigadores, el infierno está en el centro de la tierra, en cavernas de tinieblas. Por lo tanto, se puede colegir que muchos ángeles rebeldes están presos en el infierno, esperando también el día en que serán juzgados (Judas 6).

Deberíamos entender el día del juicio al que se refiere Judas 6 y 2 Pedro 2: 4 como el día de la sentencia y no del todo el proceso judicial de los habitantes del planeta tierra y de la tercera parte de los ángeles del cielo que se amotinaron contra el Creador. Por ejemplo, veamos lo que está escrito en el Libro de Judas (no el Iscariote):

«Y LOS ÁNGELES QUE NO GUARDARON SU DIGNIDAD, SINO QUE ABANDONARON SU PROPIA MORADA, LOS HA GUARDADO BAJO OSCURIDAD, EN PRISIONES ETERNAS, PARA EL JUICIO DEL GRAN DÍA»
Judas 6

<u>El juicio del gran día</u> no puede ser otro que el día en que el tribunal dicta la sentencia, luego de haber culminado las etapas anteriores: El día de la muerte, el día de la resurrección, el día que se abren los libros, el día que se instala el tribunal en el cielo, el día que los santos se trasladan para integrar el tribunal, el día de la sentencia, el día de la ejecución de la sentencia.

Nótese, asimismo, que en el caso de los ángeles que tenían cuerpos angelicales, ellos, en su degradación, abandonaron dichos cuerpos para materializarse y así tener relaciones sexuales con las mujeres de la época previa al diluvio. Este grupo de ángeles pecadores fue enviado a las prisiones de oscuridad, esperando el proceso judicial y el día de la sentencia definitiva.

«PORQUE SI DIOS NO PERDONÓ A LOS ÁNGELES QUE PECARON, SINO QUE ARROJÁNDOLOS AL INFIERNO LOS ENTREGO A PRISIONES DE OSCURIDAD, PARA SER RESERVADOS AL JUICIO»
2 Pedro 2: 4

Como lo expone el apóstol Pedro, el castigo a la humanidad incluye a los ángeles desobedientes y al propio planeta, que cayó en maldición, por lo cual debe ser purificado, esta vez por fuego y ya no por el aniego de las aguas, como lo fue en el diluvio. Pedro señaló, en el primer siglo de nuestra era cristiana, que el mundo de Noé «pereció anegado en agua; pero los cielos y la tierra que existen ahora, están reservados por la misma palabra, guardados para el fuego en el día del juicio y de la perdición de los hombres impíos» (2 Pedro 3: 6, 7). En el versículo doce, Pedro añade las implicaciones geográficas y del medio ambiente en todos los continentes: la atmósfera y estratósfera se encenderán y los elementos ardiendo serán deshechos, y la tierra y las obras arquitectónicas, puentes, edificios y monumentos serán quemados y se fundirán. El cuadro del globo terráqueo será horrible, pero necesario conforme al pensamiento del Supremo, a fin de que todo se convierta en cenizas. Desde los escombros, Pedro expresa y escribe en su carta una palabra, «epangelma», que viene de la raíz «epangelia», que significa «promesa hecha». ¿A qué promesa se estaba refiriendo Pedro? El versículo trece lo dice:

«PERO NOSOTROS ESPERAMOS SEGÚN SUS PROMESAS, (EPANGELIA) CIELOS NUEVOS Y TIERRA NUEVA, EN LOS CUALES MORA LA JUSTICIA»
2 Pedro 3: 13

Cole Porter, autor de la canción *Begin the beguine*, que puso de moda Bing Crosby, cantante americano, allá por los años 1935, y que fue popularizada internacionalmente por Deanne Durbin, Frank Sinatra y Dean Martin, tiene una letra orientada a volver a empezar algo que se había perdido. En el siglo XXI, esta canción siguió en el ranking con cantantes como Julio Iglesias y Plácido Domingo. Fue instrumentalizada por orquestas como Ray Conniff y Richard Clayderman, que vendieron millones de discos.

¿Qué es lo que hizo popular a esta canción? ¿La letra o la música? ¿O ambas? ¿Qué es lo que canta? ¿A quien lo dice? Por la letra, se deduce que se le canta al amor. Al amor en su concepción amplia. Según los griegos, el amor que implica la pureza y que viene de Dios está interpolado con el amor fraternal, familiar y amigable. Al primero le denominan «AMOR ÁGAPE» y al segundo «AMOR STORGE». Pero tanto el amor ÁGAPE como el STORGE tienen otras interpolaciones de amores diferentes, como el «EROS», que es el amor sexual, carnal y muchas veces pasional. Otras clasificaciones de amores diferentes pueden coexistir en una persona, como el AMOR LODUS, de emociones, motivaciones, juegos y atracción física. El AMOR PHILIA, que es el amor al prójimo y solidario. Puede también estar presente con el AMOR ROMÁNTICO, lo cual nos lleva a un ENJAMBRE de varios amores que podrían estar encapsulados en una sola persona. Una introspección sicológica, el Espíritu Santo o indagar por los puntos que muestre cierta persona podría llevarnos a deducir qué clase de amor es el prevalente en dicha persona.

La canción *begin the beguine* podría proyectar la manifestación de uno o varios amores en una persona que cante el *begin* con absoluta sinceridad. Esta canción podría también significar el anhelo de alguien o «algo» que anhela volver a empezar «algo», que en un momento se deterioró y que tiene consciencia de su deterioro. ¿Hay un algo en la creación de Dios? La respuesta es tridimensional. Retrocedamos al libro de Génesis y encontraremos, en el capítulo tres, que el planeta tierra, creado por Dios con grandes auspicios y bendiciones, es el «algo» que sufrió un total revés por la desobediencia del primer hombre. «MALDITA SERÁ LA TIERRA POR TU CAUSA; CON DOLOR COMERÁS DE ELLA TODOS LOS DÍAS DE TU VIDA. ESPINOS Y CARDOS TE PRODUCIRÁ». Es el planeta tierra que por muchos siglos viene gimiendo y llorando porque está enfermo. El mismo Dios ha pedido a su pueblo que se humille y busque su rostro para «perdonar sus pecados y sanar su tierra».

El ángel rebelde sabe que su final se aproxima, y también de sus seguidores, aunque ellos lo ignoren o no lo crean. Pedro fue enfático al escribirnos: «Tenemos también la palabra profética más segura, a la cual hacéis bien en estar atentos como a una antorcha que alumbra en lugar oscuro, hasta que el día esclarezca y el lucero de la mañana salga en vuestros corazones» (2 Pedro 1: 19).

Amable lector:

El mundo está a oscuras, «levántate, resplandece, porque ha venido tu luz y la gloria de Dios, Jehová, ha nacido sobre ti».

Isaías 60: 1.

FIN

TÍTULOS RELACIONADOS

Luz en la oscuridad. Demonología moderna (María Virginia Mancebo)

Gritos en el silencio de la esposa de un pastor (Olinka Córdoba)

Dios, la esencia y la verdad (Liz Huerta)

Todo va a estar bien (Jean Samira)

Tu gracia es suficiente (Diana Ramírez)

Los secretos revelados de la biblia (Julio Vargas)

Derrota a tus enemigos (María Menchaca)